Anja Kruse

Mein Weg mit Buddha

Anja Kruse

Mein Weg mit Buddha

Bibliografische Information der Deutschen Nationalbibliothek:
Die Deutsche Nationalbibliothek verzeichnet diese Publikation in der Deutschen Nationalbibliografie; detaillierte bibliografische Daten sind im Internet über http://d-nb.de abrufbar.

Für Fragen und Anregungen:
anjakruse@mvg-verlag.de

1. Auflage 2013

© 2013 by mvg Verlag, ein Imprint der Münchner Verlagsgruppe GmbH,
Nymphenburger Straße 86
D-80636 München
Tel.: 089 651285-0
Fax: 089 652096

Alle Rechte, insbesondere das Recht der Vervielfältigung und Verbreitung sowie der Übersetzung, vorbehalten. Kein Teil des Werkes darf in irgendeiner Form (durch Fotokopie, Mikrofilm oder ein anderes Verfahren) ohne schriftliche Genehmigung des Verlages reproduziert oder unter Verwendung elektronischer Systeme gespeichert, verarbeitet, vervielfältigt oder verbreitet werden.

Redaktion: Birgit Walter
Umschlaggestaltung: Julia Jund
Titelfoto: © Larry Williams, aufgenommen im Kulturzentrum der SGI-Europe in Trets, Südfrankreich
Rückseite: privat, Gelände des SGI-Kulturzentrums, Campagne Longarel, Trets, Südfrankreich (mit Blick auf den Mont Sainte Victoire)
Satz: Georg Stadler, München
Druck: GGP Media GmbH, Pößneck
Printed in Germany

ISBN Print 978-3-86882-433-9
ISBN E-Book (PDF) 978-3-86415-450-8
ISBN E-Book (EPUB, Mobi) 978-3-86415-451-5

Weitere Informationen zum Verlag finden Sie unter

www.mvg-verlag.de

Beachten Sie auch unsere weiteren Verlage unter
www.muenchner-verlagsgruppe.de

Inhalt

Prolog	9
Auf der Suche	17
Erste Begegnungen	37
Jahre des Lernens	47
Ursache und Wirkung	65
Die Zehn Welten	85
Mein Leben bewegt sich	125
Die Ewigkeit des Lebens	139
Trets	165
Nutzen, Hindernisse und Irrwege	179
Tsunami	193
Jeder Winter wird zum Frühling	205
Dank	213
Anmerkungen und Quellen	215

»Die große Revolution des Charakters eines einzelnen Menschen trägt dazu bei, das Schicksal einer ganzen Nation und sogar das Schicksal der Menschheit insgesamt zu verändern.«

Daisaku Ikeda

Prolog

»Das ist dein Jahr«, sagte die beste Freundin von allen mit Tränen in den Augen.
»Na ja!«, wiegelte ich ab, »es ist Juli und so prickelnd war's bisher noch nicht.«
Tja, wenn man über den Zaun sehen könnte, wenn ich wenigstens ein kleines bisschen wüsste, was dieses Jahr noch mit mir vorhat ... Ist es nach den unterirdischen Zeiten der letzten Jahre nicht endlich Zeit für den Reset-Button? Es ist schwer zu beschreiben, aber irgendwie hatte ich das Gefühl, dass gerade ein Knoten aufgegangen war. Der interessante Theaterjob in Worms zum Beispiel, der im Frühjahr ganz unerwartet vom Himmel (oder sage ich besser: aus dem Universum?) gesegelt kam. Aus dem Nichts. Er gab mir plötzlich dieses unbestimmte Gefühl, dass da irgendjemand oder irgendetwas den Reset-Schalter gedrückt hatte.
Ich bin ein Küken oder – treffender formuliert – ein Schmetterling und sitze auf den Resten meines zerbrochenen Kokons, den Überbleibseln aus einer Zeit der Metamorphose. Beinahe ungläubig stelle ich fest, dass ich Flügel habe, auch wenn ich noch nicht den Mut habe, damit zu fliegen. Ich fühle mich in gewisser Weise neu, spüre, dass die Menschen mir anders begegnen – offener, positiver.
»Das ist dein Jahr! Sag ich doch immer. Und du wirst endlich den ganzen Müll hinter dir lassen«, setzte die beste Freundin von allen mit Nachdruck fort. Wir saßen im vornehmen Frühstücksraum des noch vornehmeren Hotel Adlon in Berlin und hatten ein herrlich spaßig-sportliches Rallye-Wochenende mit einer Flotte absolu-

ter Traumautos und einigen kniffligen Aufgaben verbracht. »Und wenn du mich nicht verpfeifst«, fügte meine Freundin hinzu, »verrate ich dir jetzt schon etwas: Du hast die Rallye gewonnen!« Und ihre Augen schwammen vor lauter Rührung und Anteilnahme regelrecht davon. Nicht wegen der Rallye, denn die war in unserem Universum so unbedeutend wie das berühmte umgefallene Fahrrad in China.

Meine Süße hatte schon lange vor mir begriffen, dass ein ganz dunkelfinsteres Kapitel meines Lebens langsam, aber sicher zu Ende ging und dass ich dabei war, endlich ein riesen-karmisches Gepäck abzustreifen. Eine wahre Erleuchtung ihrerseits, denn meine Freundin weiß zwar, wie man Karma buchstabiert, ist aber ansonsten eher in christlichen Gefilden zu Hause. Diese kluge und hochemotionale Frau – ich war total gerührt über so viel Anteilnahme. Z8-Rallye-Sieger ... Nun ja: Jeder Sieg ist ein Sieg!

Und es stimmt: In den letzten Monaten hatte es viele kleine Siege gegeben. Siege, die mir verdeutlichten, dass es richtig war, meinen Weg unbeirrt weiterzugehen und meine buddhistische Praxis fortzusetzen. Kleine Siege, die mich ermutigten, überhaupt wieder an Siege zu glauben, wieder nach draußen zu gehen, mich dem Leben zu stellen. Es hatte diese Talkshow gegeben, in der ich tiefere Einsichten in das Leben gewonnen hatte, in der ich erfahren hatte, mit welcher Größe andere Menschen mit Leid umgehen. Ein lieber Freund von mir war verstorben und sein Tod hatte mich gelehrt, dass das Wichtigste im Leben das Leben selbst ist, im Hier und Jetzt. Mir war bewusst geworden, dass es völlig albern ist, Vergangenes, Gewohntes und Liebgewonnenes um jeden Preis festhalten zu wollen. Ein gewaltiger Sieg, diese Erkenntnis, wie ich finde. Außerdem hatte ich zum Beispiel einen wundervollen Brief von einem Fan erhalten, der sich durch meinen Weg, meine buddhistische Praxis, ermutigt fühlte, sich aber die gleiche verzweifelte Frage stellte, die sich auch mir immer wieder aufdrängt: Warum man trotz der Anstrengungen in der buddhistischen Praxis so viel Mist um die Ohren gehauen bekommt. Eine junge Kollegin in Worms fragt mich

Löcher in den Bauch über Buddhismus, über das »Chanten«[1], über den Sinn, der dahintersteht, über das Lebensprinzip von Ursache und Wirkung. Dabei erkenne ich, dass ich ein Paradebeispiel für Karma und für das Prinzip von Ursache und Wirkung bin. Jacques Prévert schreibt: »Man müsste versuchen, glücklich zu sein, und sei es nur, um ein Beispiel zu geben.« Und genau das will ich tun. Es ist wohl an der Zeit, etwas weiterzugeben, jetzt, da ich langsam aufwache und beginne, mich zu begreifen, da ich anfange zu verstehen, wo ich bin, wo ich war und wohin ich mich verloren hatte. Und dabei fast vom Weg abgekommen wäre ...
Es ist leicht, in eine Sackgasse zu geraten, das wird mir jeder, der schon ein bisschen gelebt hat, bestätigen. Man glaubt, sein Leben unter Kontrolle zu haben, doch Fußangeln gibt es überall. Man tappt leicht hinein. Der Mensch neigt zu dieser speziellen Art Blindheit, denn Fallen präsentieren sich in der Regel ungeheuer attraktiv, verführerisch und prickelnd. Eines Morgens wacht man dann auf und denkt: »Hallo? Wo ist mein Leben hin? Hier läuft irgendetwas ganz eklig falsch.« Aber man klebt wie mit Superkleber an diesem sogenannten Leben fest, und das erschwert den Abflug ungemein! Dennoch ist der erste Schritt geschafft: Man ist aufgewacht (wenn auch unsanft, verkatert, mit dickem Kopf) – und in diesem Erwachen liegt der Neubeginn.
»Die Hand, die etwas loslässt, zeigt auf etwas Neues«, sagte mein lieber Freund R. in einem weniger lustigen Moment meines Lebens, ein altes chinesisches Sprichwort zitierend. Wie ermutigend, wie wahr. Und wie schwer! Loslassen, nicht mehr der kreischenden Stimme im Innenohr zuhören, die ständig plärrt: »Ich will-will-will, ich brauch-brauch-brauch, das muss-muss-muss so sein und nicht anders!«
»Lâcher prise« begegnete mir damals in Paris: »Das Genommene, Festgehaltene loslassen«. 18 Jahre habe ich gebraucht, um dieses Konzept halbwegs zu verstehen und umzusetzen.
Dabei war ich doch schon so gut unterwegs gewesen. »Warum bin ich meinen spirituellen Weg nicht unbeirrt weitergegangen? Wie konnte so etwas passieren?«, frage ich mich. Ich hatte mich doch

immer ernsthaft meiner buddhistischen Praxis gewidmet. Mich um gute Ursachen bemüht. Oder? Ich denke schon. Sollte sich das dann aber nicht als positive Wirkung bemerkbar machen? Schließlich hat man mir beigebracht, dass ich durch die Beherzigung dieser Grundsätze von den positiven Kräften des Universums beschützt werde. Heißt es doch: »Die Ausübenden des Lotos-Sutra[2] werden beschützt.«

»Warum bekomme ich andauernd so viele Schwierigkeiten, obwohl ich doch chante wie verrückt?«, stand in dem Brief des Fans, einer praktizierenden Buddhistin.

Tja, vielleicht hatte ich mich selbst einfach zu sehr darauf verlassen, den Buddhismus in meinem Leben zu haben. Wie einen Knirps-Regenschirm, den man für alle Fälle in der Tasche hat. Und wenn es dann plötzlich regnet, wundert man sich, dass man nass wird. »Ich habe doch den Regenschirm dabei?« Doch es nutzt nichts, wenn man ihn in der Tasche hat. Solange wir ihn nicht aufgespannt haben, werden wir nicht beschützt. Vielleicht hatte ich in der Tiefe meines Lebens dem Schutz des aufgespannten Schirmes, sprich der Kraft des Chantens, noch nicht wirklich vertraut. Oder nicht damit gerechnet, dass ich mich in meinem Leben nicht nur in überdachten Malls bewegen würde, sondern auch Felder, Wälder und Wiesen durchqueren musste.

Im Buddhismus geht es um das Urvertrauen, dass wir siegen können, wenn wir es aus tiefstem Herzen wollen, ganz gleich, in welcher Lage wir uns gerade befinden. Das ist das universelle Geheimnis, das Gesetz des Lebens. Es geht um Sieg oder Niederlage. Wir schaffen die Basis für unzerstörbares Glück im Leben, indem wir uns den Herausforderungen stellen. Probleme und Schwierigkeiten lassen uns stark werden, je größer sie sind, umso mehr wachsen wir über uns hinaus. Widrigkeiten sind quasi das Fitnesstraining fürs Leben. Wie bei den Pflanzen, deren Wurzeln tiefer wachsen, wenn sie starkem Wind ausgesetzt sind.

»Na bravo!«, werden Sie, liebe Leser, jetzt sagen, doch ich kann es nicht ändern, es ist einfach so. Hindernisse kann man nur überwin-

den, nicht umgehen. Ausweichen oder Davonlaufen funktioniert nicht. Theoretisch weiß ich das seit 18 Jahren, die Umsetzung in die Praxis dauerte jedoch etwas länger als geplant. Diese Erfahrung war eine der wichtigsten, die ich machen durfte und musste. Sie war mein persönliches karmisches Thema.
Stopp. Ich stelle gerade fest, dass ich mächtig vorgreife und eigentlich zurückblättern muss. Wie war das noch? Wie fing alles an? Das, was ich heute bin, ist die Summe meiner Ursachen.
Fakt ist: Wenn du die Wirkung des Heute verstehen willst, betrachte die Ursachen, die du gestern gesetzt hast. Richte die Ursachen, die du heute setzt, danach aus, was du morgen als Wirkung erhalten willst. Jede Tat, ob gut oder böse, wird in der Tiefe des Lebens eingraviert und zeigt schließlich die entsprechende gute oder schlechte Wirkung. Der Buddhismus erklärt, dass die Taten unserer vergangenen Existenzen im gegenwärtigen Leben ihre Wirkung zeigen, während unsere gegenwärtigen Taten unsere Zukunft bestimmen. Das Leben ist ewig und das Gesetz von Ursache und Wirkung durchdringt unser Leben in Vergangenheit, Gegenwart und Zukunft.
Alles klar? Nein?
Also gehen wir ein Stückchen zurück.
Nein, ich glaube, ich muss wirklich ganz von vorn anfangen …
Keine Angst, das hier wird kein trockenes Lehrbuch über Buddhismus. Auch nicht das dreitausendzweihundertsiebenundneunzigste Buch über den Sinn des Lebens. Ein solches Unterfangen wäre schwierig, mühsam und anspruchsvoll – und ich glaube, nicht allzu viele Menschen haben die Zeit und die Muße, sich damit auseinanderzusetzen. Eines ist aber sicher: Wir Menschen wollen sehen, dass unser Leben eine Bedeutung hat, oder wir wollen wissen, wie wir ihm Bedeutung geben können. Wir möchten einen Grund haben, morgens aus dem Bett zu krabbeln. Wir wollen uns und unsere Rolle in diesem riesigen Universum ein bisschen verstehen.
Was also bringt eine Anja Kruse morgens aus dem Bett? Abgesehen von den Tagen, an denen sie fürs Aufstehen bezahlt wird? Es

hat etwas mit Glauben zu tun. Mit Vertrauen, dass die Dinge einer universellen Ordnung unterliegen und somit auf jeden Fall »in Ordnung« kommen. Und es kommt nicht darauf an, ob man das versteht oder nicht. Es macht keinen Unterschied. Jeder mag das auf seine Art und Weise leben.

Ich möchte hier versuchen, meinen Weg zu erzählen, meine Suche zu beschreiben und den Prozess meiner Orientierung zu schildern. Mir ist etwas Wunderbares begegnet. Etwas, das mein Leben auf den Kopf gestellt hat. Umgekrempelt. Etwas, das alles Bisherige infrage gestellt und die Karten neu gemischt hat. Mein ganz persönlicher Weg mit Buddha. Meine »menschliche Revolution«. Die Erkenntnis, dass ich allein der Grund meiner Veränderung bin. Diese Erfahrung möchte ich gerne teilen. Ich will Mut machen anzuhalten, den eigenen Weg zu überdenken und das Vertrauen zu entwickeln, dass jeder von uns unendliche Lebenskraft besitzt. Das haben wir mitunter einfach nur vergessen.

Worum geht es letztendlich? Was wollen wir alle? Glücklich sein, natürlich! Doch das sogenannte Glück, das uns in unserem Leben begegnet und das wir krampfhaft festhalten wollen, ist in Wahrheit meist nur von vorübergehender Natur. Es ist nicht das, was unser wahres Wesen ausmacht und uns wirklich Freude und Zufriedenheit schenkt. Diesen Unterschied zu verstehen und daraus die Konsequenzen zu ziehen, erfordert Zeit, gelebtes Leben, Höhenflüge, aber auch Tiefschläge. Gewaltige Tiefschläge, leider.

Mann, klingt das banal! Was für ein Allgemeinplatz! Das weiß doch jeder. Streichen! Nein, ich lasse den Abschnitt trotzdem stehen, weil ich nun alt genug geworden bin, um das, was ich als wirkliches Glück bezeichne, annähernd zu begreifen. Und nach den tief greifenden Erfahrungen, die ich auf meinem buddhistischen Weg gemacht habe, nach vielen, vielen Interviews und einigen Talkshows, in denen ich mich zu diesem Thema geäußert habe, ist es, denke ich, jetzt an der Zeit, alles einmal zu Papier zu bringen.

Eines ganz klar vorab: Wer jetzt denkt: »Ach, schon wieder so eine ›Promibiografie‹, – bitte weiterlesen. Denn das wird's garantiert genauso wenig wie der oben erwähnte »buddhistische Ratgeber für alle Lebenslagen«. Und wer jetzt enttäuscht ist, keine hübschen und prickelnden Enthüllungsgeschichten aus dem Leben eines Fernsehstars (schreckliches Wort!) erzählt zu bekommen, bitte dieses Buch gleich wieder zuklappen und weiterverschenken – und 30 Jahre warten. Dann werde ich vielleicht so etwas schreiben. Wenn ich alt, grau und weise geworden bin. Und die nötige Distanz zu dieser Parallelwelt auf dem roten Teppich gewonnen habe. Und den Humor, mich damit auseinanderzusetzen. Falls ich mich dann noch daran erinnern kann …

Auf der Suche

Ich war ein besonderes Kind. An einem Sonntag geboren, im Zeichen des Löwen. Ich hatte immer meinen eigenen Kopf, einen dicken Kopf, zugegeben. Für mich musste eine Fünf immer gerade sein, der Weg geebnet und Probleme von anderen für mich aus der Welt geschafft werden. Geschenke erachtete ich als Selbstverständlichkeit.
Bei dieser Gelegenheit fällt mir das Bonmot ein, das mein Vater immer parat hat, wenn es um mich geht: »Woran erkennt man einen echten Löwe-Geborenen? Er geht hinter einem durch eine Drehtür und kommt vor einem heraus.«
Das Leben hat mich verdammt reich beschenkt. Mit einer glücklichen, behüteten Kindheit, in der alles, was Spaß machte, möglich war – ohne aufs Geld schauen zu müssen. Ich durfte Flöte und Gitarre spielen lernen, reiten und voltigieren. Im Alter von sechs Jahren hatte ich bereits mein eigenes Konzert- und Theaterabo. Im Winter stand Skifahren auf dem Programm, im Sommer Klettern, Wandern oder Strandurlaub. Meine Eltern finanzierten meine Turniertanzkurse, freuten sich über meine Teilnahme in der Laienspielgruppe der Schule und legten auch meiner Berufswahl als Schauspielerin keine Steine in den Weg. Die Aufnahmeprüfung an einer der renommiertesten Schauspielschulen Deutschlands bestand ich auf Anhieb – ich bekam unter 900 Kandidaten einen der zehn Studienplätze, inklusive Stipendium. Was für ein großartiges Geschenk, was für ein Sieg! Damit begann eine der glücklichsten Zeiten meines Lebens – wenn man unter »Glück« versteht, sorglos

wie ein Kind in der Sandkiste spielen zu dürfen und alle Wünsche erfüllt zu bekommen, sogar jene, von denen man gar nicht weiß, dass man sie hat. Eine gefährlich unreflektierte Welt. Die Welt meiner Rollenfiguren, die ich spielend erforsche, ohne Verantwortung übernehmen zu müssen, denn das harte Berufsleben hatte ja noch nicht begonnen. Für mich war es aufregend und Spaß pur. Und nach dem Schulabschluss ging es genauso weiter: Ich erreichte alles, was ich wollte, ohne kämpfen zu müssen. An den Theatern, die ich mir aussuchte, wurde ich engagiert, Hörspiele kamen als interessante und lukrative Nebenjobs hinzu, die ersten Drehtage beim Fernsehen stellten sich ein. Und auch ein A-Klasse-Kinofilm: *Die Weiße Rose* von Michael Verhoeven. Wenig später gesellte sich noch das absolute Überflieger-Geschenk dazu: die Hauptrolle in *Die schöne Wilhelmine*, die auch noch mit der »Goldenen Kamera« als Sahnehäubchen obendrauf dekoriert wurde. Die Fernsehkarriere lief in einem atemberaubenden Tempo mit mir davon. Ich spielte ausschließlich Hauptrollen – und fand das ganz normal. Zum Nachdenken und Innehalten blieb mir keine Zeit. Auch privat befand ich mich auf der Sonnenseite des Lebens. Ich wurde geliebt. Immer. Und fast bedingungslos. War das für kurze Zeit nicht der Fall, begegnete mir mit Sicherheit der nächste Mann, der mir in die Arme fiel und dem ich meine Liebe schenken konnte. Der Platz auf Wolke sieben war für mich der schönste im Universum und speziell für mich reserviert.

Alles lief wie geschmiert und ich gewöhnte mich an die Geschenke, die mir das Leben machte.

Es ist schon verwunderlich, dass ich bei so viel Glücklich- und Zufriedensein trotzdem auf Sinnsuche war. Vielleicht, weil mich die Sonnenstrahlen meines Glücks nie komplett blind gemacht haben? Vielleicht aber auch nur, weil ich, wie viele andere Menschen, wissen und verstehen wollte, was »die Welt im Innersten zusammenhält«, wie Goethe es im *Faust* so treffend formuliert.

Glaubenstechnisch war meine Kindheit evangelisch geprägt, mit Kindergottesdienst, Christkind, Nikolaus, Christmette in den Skiferien, Konfirmandenunterricht, also mit dem ganzen traditionellen Programm. Ich fand das okay so und nahm die Existenz von Gott und Jesus als selbstverständlich und gegeben hin.

Trotzdem schlich sich eine latente Unzufriedenheit ein. In irgendeiner Weise schien mir das, was mir meine Kirche erzählte, zu vielen Dingen des Alltags im Widerspruch zu stehen. Ich war 16. In der Schule lasen wir *Siddhartha* von Hermann Hesse, die Geschichte eines Suchenden, der zwischen Askese und weltlichem Überfluss pendelnd einen langen Weg geht, um dem Sinn des Lebens auf den Grund zu kommen. In dem Roman begegnet Siddhartha dem historischen Buddha (Gautama beziehungsweise Shakyamuni) und erkennt, dass man nicht durch die reine Lehre, also durch Studium, die Erleuchtung erlangt, sondern sie mit seinem eigenen Leben erfahren muss. Ich bezweifle, dass ich dieses beeindruckende Werk damals wirklich verstanden habe, doch es warf viele Fragen auf. Zum Beispiel die Frage nach dem Tod, den ich nicht verstand, vor dem ich mich fürchtete und den ich bis dato erfolgreich aus meinem persönlichen Leben ausklammern konnte. Dennoch gibt es in der ganzen Welt Mord und Totschlag, hungernde Kinder, Ungerechtigkeit, Krankheit und anderes Leid. Hinzu kommen die Religionskriege, die Inquisition und die Hexenverbrennungen, die alle im Namen Gottes beziehungsweise der Kirche durchgeführt worden waren. Es stimmte doch einfach nicht, sagte ich mir, dass ein sogenannter lieber Gott das alles so geschehen ließ. Und die Kirche darf tun, was ihr Spaß macht? Das kann's doch nicht sein! Die Antwort, die ich auch bei meinen gelegentlichen Ausflügen in die »katholische Fraktion« erhielt, war immer die gleiche: Nicht hinterfragen, nicht zu verstehen versuchen, einfach glauben. Der Glaube, so hieß es, wäre über jeden Zweifel erhaben.

Wie so viele andere in meiner Klasse war ich in jugendlicher Aufbruchsstimmung. Im Religionsunterricht stand *Jesus Christ Superstar* auf dem Programm. Echt cool. Der Typ in dem Musical zweifelt so sehr an sich und kommt so absolut »irdisch« daher ... Ein Mensch mit allem Drum und Dran. Das gefiel mir um vieles besser

als das Bild, das uns die Kirche vermittelte. Es machte viel mehr Sinn.
Und Gott? Uns christlichen Teenagern wollte man weismachen, dass das, was Gott mit seinem Sohn getan hatte, sprich ihn einfach ins offene Messer laufen zu lassen, um die Schrecklichkeit des Todes mit den »normalen« Menschen zu teilen, ein Akt der »Liebe« gewesen war. Wie grausam! Irgendwie passte da etwas für mich nicht zusammen. Als neugieriger Mensch, wissensdurstig und kopflastig, wie ich oft bin, muss ich die Dinge des Lebens hinterfragen. Ich wählte Biologie als Leistungskurs. Das fand ich spannend. Auch Chemie und Physik. Und schon gab es ein neues Problem. Die Figur »Gott« konnte ich in diesem Umfeld nirgendwo einordnen. Dass Materie nicht verschwinden, jedoch zu Energie werden kann, fand ich dagegen superlogisch. Also nix mit Himmel und Engeln auf weißen Wölkchen …
Andererseits sah ich in jener Zeit das cineastische Meisterwerk *Ben Hur*, das mich tief beeindruckt hat: Jesus als Motor, als Quelle der Kraft, als Sonnenstrahl in der Dunkelheit, die die verzweifelten Menschen umgab. Was für eine Geschichte! Da will man doch einfach glauben, dass sie wahr ist!
Die Esoterikwelle spülte unter anderem Thorwald Dethlefsen in mein Jungmädchenzimmer. In seinem Hauptwerk *Schicksal als Chance* behauptet er, dass der Mensch den Gesetzen des Schicksals unterworfen ist, das ihm Themen oder Aufgaben stellt, um sich zu entwickeln und sein Bewusstsein zu erweitern. Wenn wir uns weigern, diese Gesetze anzunehmen, erfahren wir Leid. Dethlefsen schreibt: »All die bösen Menschen und unliebsamen Ereignisse sind in Wirklichkeit nur Boten, sind Medien, das Unsichtbare sichtbar zu machen. Wer dies begreift und bereit ist, die Verantwortung für sein Schicksal selbst zu übernehmen, verliert alle Angst vor dem bedrohenden Zufall.«[3] Das klingt plausibel. Aber schwer anwendbar für eine 17-Jährige.
Dennoch war es ein Samenkorn, ein Teil eines Schrittchens auf dem richtigen Weg.

Ich hatte mir damals meinen eigenen Glauben zurechtgezimmert und schwamm irgendwo zwischen Siddhartha und Katechismus. Nach einem Ferienaufenthalt in einem Kloster war ich auch davon ganz begeistert. Ich ersetzte das Wort »Schicksal« wieder einmal durch »Gott«, hörte gregorianische Gesänge und wollte unbedingt nach Taizé[4] fahren und auch den Jakobsweg gehen. Unter dem Eindruck des beschaulichen Klosterlebens schrieb ich folgendes Gedicht:

Klostermauern

Himmlischer Friede
in jedem Hauch
Atem Gottes
in schwarzgrünen Wiesen
der Abenddämmerung
Heilige Stille
in uralten Mauern
deren Stärke auch mein Herz erfüllt
gibt mir tröstliche Ruhe und Glauben wieder
lange entbehrt
in meiner so anderen Welt
Vertrauen löst mich
offen Dir, Vater
Durchströmt von Deiner Gegenwart
dankbar dieser klösterlichen Stille
fernab all dem
was mich fernhält von Dir
gibst Du neue Hoffnung und Kraft
zurück auf dem Wege zu Dir

Mannomann, da war ich ganz schön auf dem katholischen Trip. Verständlicherweise, denn ich arbeitete zu jener Zeit mit Leib und

Seele und der tiefsten Hingabe, zu der eine junge Schauspielschülerin fähig ist, an der Johanna, Friedrich Schillers *Jungfrau von Orleans*. Diese Figur, ihre Geschichte, hatte mich schon immer fasziniert. Auch die prächtige Kathedrale von Reims, die ich als Kind mit meinen Eltern besucht hatte, trug zur Begeisterung für dieses Thema bei. Ich glaube, Kinder sind sehr aufnahmefähig für den hollywoodesken Glamour, den Kirchen mit ihrer prunkvollen Vielfalt vermitteln. Ich jedenfalls war es und nahm dieses kindliche Staunen, diese Ergriffenheit nun mit in meine Arbeit hinein. Die Figur der »Johanna«, dieses Bauernmädchen aus Domrémy, das dem göttlichen Befehl, Frankreich zu retten, folgt und dann grausamerweise auf dem Scheiterhaufen der Inquisition endet, ergriff quasi von mir Besitz. Den Text kann ich noch heute!
Wie so viele Anfänger in diesem wunderbaren Beruf des Schauspielers, der eigentlich ja kein Beruf, sondern eine Berufung ist, verlor ich mich komplett in den Geschichten meiner Rollen.
Mein eigentlicher Weg als Mensch durch diese Welt dagegen schlummerte noch tief vor sich hin. Ich wollte damals zwar einen spirituellen Background haben, betrachtete ihn jedoch als von meinem privaten und beruflichen Leben getrennt, gewissermaßen als »Freund« an meiner Seite. Was für ein Unsinn! Dennoch zog der spirituelle Teil in mir das an, was für mich wichtig und später sogar überlebensnotwendig werden würde.
Die erste Reise nach Asien. Der erste Schritt in eine andere Richtung. Ich war Ende 20. Dreharbeiten in Singapur und Malaysia. Ich lernte einfache Menschen kennen, die so zufrieden schienen mit ihrem bescheidenen Leben, mit dem wenigen, das sie besaßen. Nein, mehr noch: Sie erschienen mir reich und glücklich! Sie mussten über innere, verborgene Schätze verfügen. Es ergab sich, dass S., ein Kollege von mir – ebenfalls ein Sinnsuchender, nur schon viel weiter fortgeschritten und erfahrener als ich – bei mir quasi offene Türen einrannte. Wir verbrachten sehr viel Zeit miteinander und neue Welten erschlossen sich für mich. Zum ersten Mal wurde ich mit dem spannenden Thema der Seelenwanderung konfrontiert. S.

gab mir ein Buch, das ihn, wie er sagte, sehr beeindruckt und berührt hatte: *Zwischenleben* von Shirley MacLaine. Auf einmal machte das ganz Konstrukt von Schicksal, Erfahrungen, Leid, Tod und Geburt für mich einen Sinn. Unter dem Aspekt der Langfristigkeit ist das nämlich logisch und konsequent: weil ein einziges Leben allein nicht ausreicht! Nur so lässt sich die scheinbare »Ungerechtigkeit« erklären, dass wunderbare Menschen oft mühsam kämpfen müssen und am Ende sogar alles verlieren, während eine ganze Menge rücksichtsloser und völlig moralfreier Egomanen das Glück in dieser Welt offenbar gepachtet hat.

Doch wie sieht dann das nächste Leben aus? Und wie lange dauert es, bis man schließlich, nach vielen Leben abgekämpft, das Nirwana erreicht? Offensichtlich gab es also auch im indischen, buddhistischen Glauben wie bei den Christen ein Paradies. Auch die Message war dieselbe: Sei brav, dann wirst du belohnt! Das Prinzip der Strafe galt also auch hier. So ganz war's das deshalb noch nicht für mich. Es fiel mir damals schon schwer, zu glauben, aufgrund von »bösen Taten« im nächsten Leben als Ameise wiedergeboren zu werden. Auch wenn David Safier das in seinem Buch *Mieses Karma* herrlich witzig beschreibt. Da haben wir's, das Zauberwort: Karma. Es sollte mich von nun an dauerbeschäftigen. Willkommen in der Welt der Spiritualität!

Ich sog alles auf, was S. mir erzählte. Dass jeder Mensch ein Karma hat, das aus unseren früheren Taten besteht, aus schlechten und auch aus guten. Dass wir Menschen ein getreues Abbild des Universums sind, in winzig kleinem Format. Mikrokosmos – Makrokosmos.

S. besaß eine große Ehrfurcht vor dem Leben. Das gefiel mir und steckte mich an. Gemeinsam erkundeten wir das Land. Wir besuchten hinduistische und buddhistische Tempel und hielten uns dort länger auf als gewöhnliche Touristen. Ich liebte die Stille dort, das Kontemplative, aber auch die Fröhlichkeit der Zeremonien, die mir nicht so »feierlich-ernst« wie die der christlichen Kirche erschienen. Einmal hatten wir sogar die Gelegenheit, einen Brahmanen

kennenzulernen. Der Gelehrte, ein unglaublich weiser Mann, der der höchsten Kaste angehörte, führte ein durch und durch asketisches Leben. Es war einer dieser Tage im Leben, die man niemals vergisst. Dieser Mensch war die personifizierte Liebe. Ja, das Wort »Liebe« schien plötzlich eine neue Dimension zu bekommen. Und ich lernte, dass dieser Lebenszustand aus einem selbst heraus entsteht. Durch eigenes Bemühen. Dass einem das niemand abnehmen kann, nicht das Universum und auch nicht jemand, den wir »Gott«, »Allah« oder »Jahwe« nennen. Bei seinen Offenbarungen zwinkerte mir der weise alte Mann zu. Humor hatte er auch noch! Ich war total von den Socken – beziehungsweise wäre es gewesen, wenn ich nicht (selbstverständlich!) sowieso schon barfuß in seinem Haus gewesen wäre.
Gott war in diesem System irgendwie überflüssig, wie eine Rolle, die man gestrichen und deren Text man auf alle menschlichen Mitspieler verteilt hatte. Dieser Umstand fügte sich wunderbar in mein Weltbild.
Damals, Mitte der 1980er-Jahre, wurde also der Grundstein für meinen weiteren Weg gelegt. Doch es sollte noch einige Abzweigungen, Sackgassen und Irrwege geben … Mein spiritueller, asienerfahrener Kollege wurde von mir ausgequetscht wie eine Zitrone. Den Mund und die Augen vor Staunen und Bewunderung weit aufgerissen, sog ich die Informationen in mich hinein wie ein ausgetrockneter Schwamm. Und ich bin kein Mensch, der unreflektiert für alles und jedes zu begeistern ist, um es dann nach kurzer Zeit wieder fallen zu lassen. Das hier war einfach mein Ding! Ich spürte, dass diese spirituelle Weggabelung für mich in die richtige Richtung wies.
Dass es bei den buddhistischen Schulen und deren Ausübung beträchtliche Unterschiede gibt, überriss ich damals noch nicht. Ich war einfach fasziniert von dieser so friedlichen Welt und der scheinbar grundlosen Gelassenheit und Heiterkeit der Menschen in Asien. Es war so anders als bei uns im Westen.
In jüngerer Zeit ist vielen Fernsehzuschauern aufgefallen, mit welcher Geduld, Disziplin und einer besonderen Art von Unerschüt-

terlichkeit die Menschen in Japan mit der Nuklearkatastrophe von Fukushima umgegangen sind. Buddhismus. Eine andere Lebenseinstellung.

An dieser Stelle einmal ein dickes Dankeschön an meinen wunderbaren Produzenten Wolfgang Rademann, der mir, kaum war ich wieder zu Hause, sozusagen zur Vertiefung die nächste Asienreise bescherte: Thailand und wenig später Bali, ganze vier Wochen lang. Mann, war ich glücklich! Den Beruf ausüben, Geld verdienen und noch dazu leben lernen dürfen. Wie wunderbar!

Neben der Arbeit war Bali touristisch schnell erkundet. Der letzte Programmpunkt war ein buddhistisches Kloster im Landesinneren, das mich magisch anzog. Ich blieb eine Weile dort. Die Gespräche mit den Mönchen erweiterten meinen Horizont ungemein. Viel besser als ein Lehrbuch es kann, vermittelten sie mir die Basis der buddhistischen Lehre, die sogenannten Vier edlen Wahrheiten. Davon hat sicher jeder schon einmal irgendwie gehört. Doch worum geht es da genau?

Erstens: Das Leben bedeutet Leiden. Und zwar in Form von Geburt, Krankheit, Alter und Tod, aber auch in jeglicher Art von Schmerz, Verlust, Trauer, Einsamkeit, Depression und so weiter.

Zweitens: Die Ursache des Leidens wird hervorgerufen durch Egoismus, Begierden, fehlendes Mitgefühl, Arroganz, Ärger, Dummheit und leider noch vieles andere mehr.

Drittens und viertens – gute Nachricht: Das Leiden kann aufgehoben werden, und zwar durch den »Achtfachen Pfad«. Das heißt, man bemühe sich bitte um:

1. Rechte Einsicht und Anschauung,
2. Richtiges Denken,
3. Richtige Rede,
4. Richtiges Handeln,
5. Richtige Lebensweise,
6. Rechtes Bestreben und Bemühen,

7. Achtsamkeit,
8. Richtige Versenkung, Konzentration, Meditation beziehungsweise richtiges Gebet.

Auf gut Deutsch: Es gilt, vor Gebrauch des Mundwerks das Gehirn einzuschalten, moralische Werte hochzuhalten, die angeborene Trägheit zu überwinden, sich für das Wohl anderer einzusetzen, nach Kants kategorischem Imperativ[5] zu leben und brav an seiner Erleuchtung zu arbeiten.

Mir erschien das alles gut nachvollziehbar, nur das mit der »Erleuchtung« blieb noch ein relativ dunkles Fragezeichen. Das lernt man eben nicht in einem Crashkurs.

Das Wichtigste war für mich jedoch, mit welcher Liebe diese Mönche mir begegneten. Ich lernte, dass Wut, Ärger, Arroganz und fehlendes Mitgefühl oft an unseren misslichen Lebenslagen Schuld sind – Krankheiten eingeschlossen (aber das kannte ich ja schon von Herrn Dethlefsen). Und dass es stattdessen sinnvoll sei, sich mit anderen auf eine Stufe zu stellen, Verständnis aufzubringen, mit-zuleiden (aber nicht zu be-mitleiden, das ist nicht dasselbe!). In der westlichen Philosophie gibt es dafür das Zauberwort »Empathie«. Viel zu wenig beachtet! Und auch Omas altes Sprichwort, zeitlos gültig, scheint fast einen buddhistischen Hintergrund zu besitzen: »Was du nicht willst, dass man dir tu, das füg auch keinem andern zu.«

Wie oft denken wir daran? Mal ganz ehrlich!

Im Kloster auf Bali teilte ich mit den Mönchen ihr einfaches Essen und es gab einen ebenso einfachen Schlafplatz für mich. Absolut in Ordnung für die Dauer der Zeit.

In mir machte sich eine unendliche Dankbarkeit breit, eine Art von Dankbarkeit, die ich, vom Schicksal verwöhnt, nicht gekannt, geschweige denn praktiziert hatte: Dankbarkeit über das wunderbare, sorgenfreie Leben, das ich führen durfte – mit dem herrlichsten Beruf aller Zeiten, der mich an die Traumplätze dieser Welt führte. Schnitt auf das Ende dieser erkenntnisreichen Reise: Oben am Vorderdeck des in der Abendsonne von Bali ablegenden *Traumschiffes*

steht ganz klitzeklein eine junge Frau mit strahlenden Augen und voller Lebenskraft, glücklich und unendlich dankbar.
Zu Hause ging meine spirituelle Reise weiter. Ich studierte damals Gesang bei einer ganz wunderbaren Frau in München: A.
Es war weit mehr als Gesangsunterricht. Wir trafen uns oft in den gleichen Gefilden spiritueller Suche, stellten fest, dass wir die gleichen Bücher kannten, und diskutierten darüber. Zum ersten Mal in der westlichen Welt hatte ich bei A. das Gefühl, einer Person begegnet zu sein, die dieselbe Friedlichkeit, Ruhe, Gelassenheit und Wärme ausstrahlte wie die glücklichen Menschen, die mir in Asien begegnet waren. Diese Frau war die Zufriedenheit, Güte und Liebe in Person. Beispiellos. Ich lernte viel von ihr. Wie gesagt, viel mehr als nur singen. Ich erfuhr, dass sie in einem vergangenen Leben in Ägypten gewesen war und als Priesterin oder so etwas Ähnliches ein hohes Amt bekleidet hatte. Das leuchtete mir ein: Die Weisheit, die A. ausstrahlte, konnte nicht innerhalb eines einzigen Lebens, einer einzigen Erfahrung angesammelt worden sein. Wir sprachen auch viel über den Tod. A. hatte eine bewundernswert entspannte Einstellung dazu. Für mich war das eine weitere Bereicherung auf meinem spirituellen Weg. Nicht mehr wegdenken, nicht mehr mit christlicher Erziehungssülze zukleistern lassen. Aufhören mit dem Horrorbild des »Sensenmanns« aus der mittelalterlichen Schreckensmystik, mit dem Tod als Figur zum Fürchten aus dem *Jedermann*.
Tod und Vergehen, wie ein Blatt, das verwelkt, im ewigen Wandel der Wiedergeburt der Seelen. So ergab es endlich einen Sinn für mich. Zwar auch nicht gerade tröstlich, weil Verlust und Abschied immer wehtun, aber immerhin zu verstehen. Dennoch blieb ein Thema unbeantwortet. Warum sterben Menschen außerplanmäßig? Das heißt, nicht nach einem langen, erfüllten Leben, sondern durch schreckliche Umstände wie Krankheit, Unfall oder Gewalt? Und warum passiert das oft schon in jungen Jahren? Auch das wunderbare Buch von Elisabeth Kübler-Ross *Der Tod und das Leben danach*, das die Erfahrungen sterbender Kinder dokumentiert, bot mir keine Antwort – zwar nicht auf die Frage nach dem Wie und

Wohin, wohl aber nach dem Warum. Trotzdem: Die Lektüre dieses Buches und die Gespräche darüber mit meiner Lehrerin und Freundin A. brachten mich immerhin ein Schrittchen weiter auf meinem Weg, das Leben zu verstehen und somit den Tod als Teil des Lebens zu betrachten. Man mag an Wiedergeburt glauben oder nicht – ich persönlich war damals schon fest davon überzeugt. Ich hatte mich inzwischen endgültig aus meiner kleinen christlichen Welt entfernt und trat aus der Kirche aus. Dennoch hielt diese gewisse Unzufriedenheit immer noch an. Etwas fehlte. Aber was? Die großen Meister haben alle tolle Sachen geschrieben. Aber genügen denn Verstehen und Einsicht allein? Nun, ich hatte mich der buddhistischen Philosophie verschrieben, mit einem ordentlichen Schuss westlicher Esoterik und spiritueller Deko. »Übersinnliches« akzeptierte ich nur, wenn es wissenschaftlich erklärbar war und nicht mit den Gesetzen der Natur kollidierte. Ratio statt Religion. Das war für mich ein praktikabler Weg. Punktum. Basta.
Vom heutigen Standpunkt aus kann ich über diese Zeit nur lächeln. So viel Halbverdautes, Dreiviertelverstandenes ... Jetzt weiß ich natürlich, was gefehlt hat: das Leben selbst, in Vergangenheit, Gegenwart und Zukunft und das Wissen darum, wer und wo ich in diesem Kontext bin.

Um nun ein bisschen Klarheit in das Thema Buddhismus und seine vielen Schulen und Verzweigungen zu bringen, liebe Leser, zwecks »Entwirrung« ein bisschen Geschichte:
Alles begann mit der Erleuchtung von Prinz Siddhartha Gautama (Shakyamuni Buddha) um 500 vor Christus. Siddhartha Gautama riss von seinem wohlbehüteten königlichen Zuhause aus, weil er spürte, dass das nicht das »wirkliche Leben« war. Das echte Leben »draußen«, jenseits der Palastmauern, bestand aus Leid – bedingt durch Geburt, Alter, Krankheit und Tod. Dem wollte der junge Prinz auf den Grund kommen. Der Name »Buddha«, den er erhielt, bedeutet »Der aus eigener Kraft zur Wahrheit Erwachte«. Shakyamuni Buddha lehrte über viele Jahre hinweg seine sich permanent

weiterentwickelnden Erkenntnisse (Sutren). Er wurde von Schülern begleitet, die peu à peu begannen, seine Lehren aufzuschreiben. Da er auf dem Weg zu seiner Erleuchtung viele Stadien durchlief, bezeichnete er die sich ansammelnden Erkenntnisse als »vorübergehende Lehren«. Am Anfang versuchte er sich in Askese und meditativer Versenkung. Das heißt, er führte ein Eremitendasein, in dem man das als schwere Last empfundene normale Leben einfach ausknipst und in die geistige Welt (Ku) eintaucht. Dann erprobte er das Gegenteil, den physischen Aspekt des Lebens (Ke). Das beinhaltet, das Hier und Jetzt auf dieser Welt voll auszukosten, als sei das Leben ein immer wiederkehrendes Spiel. Letztendlich fand Shakyamuni Buddha dann heraus, dass Körper und Geist eine Einheit sind. Diese Erkenntnis propagierte er dann als den »Mittleren Weg« (Chu). Stellen Sie sich eine zweispännige Kutsche vor. Pferd eins ist Ku, Pferd zwei ist Ke und der Kutscher muss die beiden dazu motivieren, gleichmäßig zusammen zu laufen, sonst bewegt sich die Kutsche nicht ordentlich vorwärts (Weg der Mitte), sonst gibt es Chaos. Alles klar?

Buddha hat 50 Jahre gebraucht, um zu dieser Erkenntnis zu gelangen, die er dann in das Lotos-Sutra, seine allerletzte Lehre, packte. Insofern ist es nicht verwunderlich, dass seine Schüler zwischenzeitlich schon einmal weiterzogen und das bisher Gelernte verbreiteten. Daraus resultieren die verschiedenen buddhistischen Strömungen, die sich eigenständig in den verschiedenen Ländern Asiens entwickelten.

Ganz anders als bei der Lehre Jesu. Hätte der länger gelebt und gelehrt, wäre es vielleicht ähnlich gewesen.

Das heißt also, wenn jemand sagt: »Ich bin Buddhist«, ist noch lange nicht klar, wie sein Leben, seine Praxis und seine spirituelle Orientierung genau aussehen!

Ich glaubte mit meinem damaligen Wissensstand zum Beispiel, dass Erleuchtung bedeutet, dass man irgendwann später einmal, nach vielen Jahren des Nachdenkens (am besten auf einer Matratze in einem Ashram in Goa), irgendwo mit leuchtendem Kopf auf einer Bergkuppe sitzt – in diesem speziellen unbequemen östlichen Schneidersitz – und sich einfach freut, den ganzen »Mistdreck«, auch Leben genannt, hinter sich gelassen zu haben und dann endlich ins Nirwana-Paradies darf.

Mit einem ordentlichen Joint könnte man das schneller haben, sage ich jetzt mal ganz ketzerisch – was heißen will, dass ich die damalige Zeit nicht ganz so ernst nehme. Doch in jenen Tagen fühlte ich mich mit meiner Privat-Philosophie ganz hervorragend, hatte ich doch den buddhistischen Spiritualismus als Sicherheitsnetz, falls einmal etwas schiefgehen sollte. Ich gab mich zufrieden mit dem bisschen, was ich gelernt und verstanden hatte. Insgesamt war ich superzufrieden, denn nach wie vor lief mein Leben richtig toll! In der Stadt meiner Träume: Wien! Sogar aus dem unschönen Ende meiner langjährigen Beziehung mit dem Wiener Sänger-Knaben ging ich wie Phönix aus der Asche hervor. Die Medien standen auf meiner Seite, ganz Österreich liebte mich trotzdem, oder jetzt erst recht, und meine Karriere in diesem Land schoss steil nach oben, parallel zur Karriere im Wald als »Förstersfrau«. Ich war ein »Superstar« in jener Zeit und genoss die wärmende Sonne des Ruhms in vollen Zügen. Einen kleinen Unterschied zu früher gab es aber: Das auf meinen Reisen erfahrene Gefühl von Dankbarkeit hielt an. Ich war mir bewusst, was mir da geschenkt wurde, ehrlich! Ich nahm es nicht mehr als selbstverständlich hin, sondern war dem Schicksal dafür aus tiefstem Herzen dankbar. Allerdings war ich mir dieser Tugend auch recht bewusst. Heute weiß ich, dass ich da ganz schön in einer Welt der Arroganz lebte. Ich war ein »spiritueller« Mensch, bitte schön! Ganz was Feines! Und ich fand, dass ich alles richtig machte. Ein bisschen Dankbarkeit und gute Taten, zum Beispiel die Auftritte an Weihnachten in der ORF-Sendung *Licht ins Dunkel*, die Lesungen in Krankenhäusern und andere karitative Aktivitäten, und dafür gab's Geschenke – vor allem im Job, aber auch privat, denn eine neue Liebe schien sich an meinem schier unendlichen Glückshorizont abzuzeichnen: W.

Doch siehe da: die ersten Wolken am bislang strahleblauen Kruse-Himmel ...
Das mit der Liebe war leider vorbei, bevor es richtig begonnen hatte, bedingt durch – sagen wir mal – widrige äußere Umstände, die eine langfristige räumliche Trennung verlangten.
Rückblickend betrachtet, war ich natürlich nicht ganz so oberflächlich, wie das hier scheinen mag. Trotz ultimativer Zufriedenheit war ich auf der Suche nach einem fundamentalen, wirklichen Glück mit unsterblichen Werten. Ich hatte nur keine Ahnung, wie ich das anstellen sollte.
Im Hintergrund stand mein »besseres, weiseres Ich« bei Fuß, bereit, durch eine Tür zu gehen, die im Grunde schon jahrelang offen stand. Und ich sehnte mich ernsthaft nach einem Menschen an meiner Seite, mit dem ich meine Lebensphilosophie teilen konnte. Ich war stolz auf all das, was ich wusste, die tollen Bücher, die ich besaß, auf das, woran ich glaubte – beziehungsweise zu glauben glaubte. In erster Linie waren all diese Einsichten jedoch Theorie. Ich wollte mein Wissen gerne anwenden, darüber sprechen, es praktizieren. Ich wollte mich mit jemandem austauschen und mich gemeinsam mit ihm entwickeln.
W. war ein solcher »jemand«. Wir führten viele tief greifende Gespräche, schwammen auf einer Wellenlänge. Irgendwie verliebten sich unsere Seelen ineinander. Doch im realen Leben sollte es wohl einfach nicht sein. Diese Begegnung war ein weiterer Schritt auf dem Weg zu dem, was ich heute bin. Ein wichtiger Schritt. Auch eine erste Erfahrung mit Verlust und Schmerz. Und der Versuch zu verstehen, da diese Trennung so sinnlos schien, war sie doch von uns beiden nicht gewollt. Im Nachhinein betrachtet war sie dennoch sinnvoll. Wir haben beide das Leben gelebt, das für uns am richtigsten war. Und ein gemeinsames Leben wäre das nicht gewesen. Das ist das tiefere Verständnis für die Natur der Dinge. Meistens dauert es jedoch elendslang, bis man dahinterkommt, warum es nur so richtig war und nicht anders.
Dass W. heute noch ein guter und wichtiger Freund ist und beständig einen Platz in meinem Herzen hat, zeigt mir, dass das, was wir

damals »gepflanzt« haben, tatsächlich in gewisser Weise spiritueller Natur war. Es ließ zwischen uns eine Verbundenheit entstehen, die Zeit, Beziehungen, Ehen und manche Stürme in unser beider Leben überdauert hat. Liebe im altruistischen Sinn, ohne Anspruch. Etwas Einzigartiges und Wunderbares.

Die dunkle Wolke Nummer zwei betraf das Thema Verlust durch Tod. Die erste Begegnung in meinem bisher ach so unbeschatteten Leben:

K., meinen Gesangslehrer in Wien, liebte ich nicht nur dafür, dass er mit einer neuen revolutionären Technik innerhalb von zwei Jahren meine Stimme bahnbrechend umgekrempelt hatte, sondern auch dafür, dass er immer positiv war, ein wahrer Sonnenschein und der beste Tänzer aller Zeiten. Meine Tanzkarte für die Wiener Ballsaison gehörte ihm allein. Da er Männer doch ein bisschen mehr liebte als Frauen, waren auch die Fronten von Anfang an klar und ich habe ihn herrlich entspannt fest in mein Herz geschlossen. K. bereitete mich auf den schweren und sauungemütlich hohen Part der Polly in Kurt Weills *Dreigroschenoper* vor. Dreimal die Woche kämpfte ich mich mit meinem Professorfreund durch Partitur und Vokalisen. Eines Tages wurde K. krank. Er bekam Schnupfen, Grippe, Lungenentzündung – in wechselnder Abfolge – und erholte sich nicht mehr davon. K. bat mich inständig, mit seiner Lehrerin weiterzumachen, doch ich weigerte mich, sah es doch aus, als würde ich ihn aufgeben. Als er aber gar nicht mehr aus dem Krankenhaus herauskam, unternahm ich – pflichtbewusst an meine Rolle denkend – diesen schweren Schritt. Und als sollte es so sein: Meine neue Lehrerin war ein Geschenk des Himmels.

I. war eine entzückende Frau, nicht größer als eine Parkuhr, aber mit der Power eines Atomkraftwerks. Und immer gut drauf! Sie begleitete mich viele Jahre lang und ich verdanke ihr unendlich viel.

Am Tag der Premiere der *Dreigroschenoper* bei den Bad Hersfelder Festspielen starb mein Freund K. im Alter von 27 Jahren.

All die Jahre, die ich mit der Lektüre esoterischer Bücher, mit Gesprächen über Buddhismus, das Leben und den Tod verbracht hatte, schienen für die Katz. Der Tod meines Freundes traf mich unvorbereitet. Peng. Und alles Gelesene verschwand im Nirwana. Obwohl ich doch meinte, auf dem richtigen Weg zu sein. Von wegen! Grau ist alle Theorie …

Welch tiefe Verzweiflung damals in mir tobte, zeigt wohl am besten das Gedicht, das ich am Tag nach der Beerdigung für K. geschrieben hatte:

Adieu, mein Freund

Adieu, mein Freund, servus, goodbye …
Warum bist du fortgegangen?
Die Zeit, die du uns gabst, ist nun vorbei,
In unser Leben hast du einen Krater gerissen!
Weißt du, wie sehr wir dich vermissen?
Denk mal an uns auf deiner Reise!
Wir sehnen dich so sehr herbei,
Du fehlst uns so –
Servus, mein Freund, adieu, goodbye.

Auf deinem Lächeln konnte man spazieren gehn,
Die Zeit mit dir war mehr als schön.
Warst Vater, Mutter, Bruder und Professor.
Mit dir lief das Leben irgendwie besser.
Wir haben gelacht und gesungen,
Nicht immer hat es gut geklungen,

Doch mit deiner Geduld wuchsen uns Flügel!
Du hast versperrte Türen aufgebracht,
Nie hätt' ich das ohne dich geschafft!

Nun bin ich allein – ein Pferd ohne Zügel –
Lässt mich einfach steh'n, mittendrin,
Das ist nicht schön.
Nie haben wir daran gedacht, dass Zeit so kurz sein kann.
Man geht mal fort, irgendwann –
Doch nicht ohne Lebewohl zu sagen, nein –
Man holt dich einfach fort – das ist nicht fein!

Mitten im Leben lässt du alles liegen und steh'n,
Das ist nicht schön.

Ich weiß nicht, was ich denken soll,
Die blöde Kapelle spielt irgendwas in Moll.
Auch du bist dieser Krankheit nicht entgangen,
Und nun hält die Nacht dich gefangen.
Wir können es einfach nicht glauben,
Dass jene Schatten dich uns rauben
Und auf einmal ist Tod mehr als ein Wort.
Warum verwandelt sich alles in Leid?
Wo bleibt Gott bei dieser Angelegenheit?
Warum regnet es verdammt noch mal in einem fort?
Du sinkst ins Dunkel und hinterlässt die Welt so leer …
Das ist nicht fair!

Adieu, mein Freund, servus, goodbye,
Du hast uns für immer verlassen
Und in mein Leben einen riesigen Krater gerissen,
Ich werd' dich unendlich vermissen!
Ich wünsche dir trotzdem eine gute Reise,
Wo immer sie hingehen mag …
Und dein Platz in meinem Herzen
Bleibt auf ewig für dich frei …
Servus, mein Freund. Adieu. Goodbye.

Und genau in diesem Moment meines Lebens, in einer – und jetzt greife ich mit einem Ausdruck schon vor – fundamentalen Dunkelheit voller Angst und Zweifel, fand meine erste Begegnung mit dem »Mystischen Gesetz des Universums« statt.

Und die eigentliche Geschichte dieses Buches beginnt …

Erste Begegnungen

Festspielkantine Bad Hersfeld. Ein sonniger Spätnachmittag. Zwischen der Probe für einen Kurt-Weill-Abend und dem Vorstellungsbeginn gab es dort wie üblich eine herrlich erfrischende Apfelschorle und eine Kleinigkeit für hungrige Schauspielermägen. Kollegin D. setzte sich an meinen Tisch. Das war mir gar nicht recht. Meine Seele waberte immer noch dunkelgrau vor sich hin, wollte allein sein. Und diese spezielle Kollegin war erst recht nicht mein Fall – einfach zu anstrengend!
Der Tod meines Freundes ließ mich nicht eine Sekunde los. Die Lieder, die ich am Abend sang, ob es das »Schiff mit acht Segeln« war, der »Mond über Soho« oder das »Schriftstück vom Standesamt«, zu viele Erinnerungen klebten an jeder einzelnen Note. Nur eiserne Disziplin hielt mich bei der Stange und versetzte mich in die Lage, das überhaupt jeden Abend singen zu können.
Ein bisschen lustlos und etwas neben der Spur ließ ich mich also mit Kollegin D. auf ein Gespräch ein. Sie war ein recht lautes, temperamentvolles Wesen mit ausgeprägter Gestik, und so war es nicht verwunderlich, dass sie ihre – ich weiß es noch wie gestern – offene rote Handtasche Marke Biobeutel aus dem Indienladen von dem voll beladenen Tisch herunterfegte. Hunderte von Einzelteilchen verteilten sich auf dem Boden. Textbuch, Noten, Kosmetikartikel, ein Schal, Müsliriegel, Schlüssel, Sonnenbrille, na ja, was frau halt so den ganzen Tag braucht. Darunter auch so ein Ding Marke indischer Minikulturbeutel, aus dem eine Gebetskette und ein Heftchen purzelten.

Ein Zufall? Wenn man's wörtlich nimmt, dann schon.
Ich wurde neugierig, hob das Heft vom Boden auf und reichte es ihr. »Noch ein Textbuch?«, grinste ich.
»Nein«, sagte sie, »das ist privat.«
D. mit ihrer ständig frechen Klappe wirkte auf einmal fast ein wenig verlegen.
»Ähm«, räusperte sie sich, »ich bin Buddhistin.«
»Aha«, sagte ich, »Om und so …«
»Blödsinn«, erwiderte D.
Es entspann sich ein kontroverses Gespräch über das Leben im Allgemeinen und im Besonderen. Über Esoterik, Religion, Philosophie und natürlich auch Buddhismus. Das alles hatte ich schon zigfach verdiskutiert. Seelenwanderung? Ja, kenne ich. Manches stimmt schon, was in der Bibel steht – darf man nur nicht so wörtlich nehmen. Kirche? Nee, lieber nicht! Wegen des »Bodenpersonals«. Jesus war sicher in Indien. Dafür gibt es inzwischen Beweise. Hast du die Qumran-Rollen denn nicht studiert? Das ist doch Buddhismus in Reinkultur. Mikrokosmos – Makrokosmos, logo, und Karma auch, klar, unbedingt, unser »Gepäck« von früher halt, Schicksal, das man annehmen muss. Das hatte ich ja in Indien gelernt.
»Nee, eben nicht«, klinkte sich D. an dieser Stelle ein. »Das ist ja das Wunderbare daran, dass ich mein Karma verändern kann, ja, sogar muss, um letztendlich glücklich zu werden!«
»Wie bitte? Wie soll das denn gehen?«
»Da gibt es dieses Mystische Gesetz des Universums. Das steht in einem Buch namens Lotos-Sutra, wir zitieren den Titel davon. Eine Art Mantra, wenn du so willst. ›Chanten‹, nach dem englischen ›chanting‹, das heißt ›singen‹. So nennen wir das. Mit dem Klang verbinden wir uns mit dem Universum.
»Hier, da steht's drin, siehst du?« D. hielt mir das kleine Büchlein unter die Nase. »Pass auf, das klingt so …« Und dann hörte ich ihn zum allerersten Mal, diesen Satz, diese Worte, die mein Leben verändern sollten: *Nam Myoho Renge Kyo*.
»Und was heißt dieser Satz bitte schön?«

»Nun, wörtlich übersetzt würde das wohl heißen: Ich widme mein Leben dem Mystischen Gesetz von Ursache und Wirkung.«
Super! Damit konnte ich wirklich wahnsinnig viel anfangen!
»Und den sagt man dann also einfach vor sich her, diesen Satz?«, hakte ich nach. »Das ist alles?«
»Nun, es ist die Essenz. Alles Weitere kommt dann.« Und meine Gedanken erratend, fügte D. hinzu: »Außerdem ist es völlig unwichtig, ob man es versteht!«
Nicht mit mir! Dennoch verkniff ich mir zu bemerken: »Aha, so eine Art Zauberspruch!« Stattdessen fragte ich ganz brav: »Aber das kann doch nicht alles sein? Ich meine, das ist dann doch auch nicht anders, als den Rosenkranz zu beten oder als dieser islamische Singsang!?«
»Oh doch«, meinte D. »Das ist etwas völlig anderes. Es ist der Klang des Universums. Und du klinkst dich mit ein. Wie eine Glocke. Es ist einfach wunderbar und hat mein Leben total verändert. Echt! Und ich persönlich habe großen Nutzen dadurch bekommen.«
»Nutzen bekommen?« unterbrach ich meine Kollegin. »Wie soll ich das denn verstehen?«
»Ich bekomme etwas vom Universum, nämlich Schutz und positive Kraft für mein Leben – und das nennen wir Nutzen. Manchmal ist der Nutzen auch ganz konkret, wie zum Beispiel ein neues Engagement, das Traumhaus, der Traummann ... Es ist absolut richtig, Wünsche zu haben, sie gehören zum Leben dazu. Obwohl natürlich die Hauptsache ist, sein Karma zu reinigen. Pass auf, ich zeig dir was ...«
D. verschwindet Richtung Küche und kehrt kurz darauf mit einem Glas zurück, mit einem dieser Halbliter-Riesendinger, die wir immer voll Apfelschorle mit hinter die Bühne nehmen. In diesem Glas ist aber nur klares Wasser drin. Den unteren Teil hält D. mit ihrem Schal verdeckt.«Stell dir vor, das hier ist mein Leben. Sieht doch ganz prima aus, klar und sauber. Aber ich habe mich entschlossen zu chanten – und jetzt passiert Folgendes ...« D. nimmt einen Löffel und rührt kräftig in dem Glas herum. Braune Teilchen steigen auf, das Wasser wird trüb.

»Igitt, hör auf! Das sieht ja widerlich aus.«
»Mag sein«, antwortet D., »aber ich habe nur den Bodensatz aufgerührt, ein bisschen Erde. Was hast du gedacht? Auf das konkrete Leben bezogen wär es wohl tatsächlich Sch ... Und genau das passiert, wenn du chantest und damit dein Leben änderst: Du setzt Ursachen, indem du ordentlich umrührst. Der Dreck kommt zum Vorschein. Das ist wichtig, damit du die Chance hast, ihn zu sehen und nach draußen zu befördern. Sonst bleibt er bis in alle Ewigkeit in deinem Leben hängen. Klar?«
»Findest du das nicht ein bisschen pragmatisch?«, frage ich skeptisch.
»Warum?« kontert D. »Ich habe ja mein Karma – ob gut oder schlecht – selbst verursacht! Dann werde ich es bitte schön doch wohl auch ändern können! Ursache – Wirkung!«
Das war für mich Neuland. »Also ich dachte immer, Karma ist das unveränderbare Schicksal«, werfe ich ein.
»Vorübergehende Hinayana-Lehre aus Indien«, schnaubt D. verächtlich. »Das waren Buddhas Anfänge. Später hat Buddha rausgefunden, dass unser Karma die angesammelten Wirkungen aller unserer jemals in allen unseren Leben gesetzten Ursachen ist. Und das schleppen wir jetzt sozusagen als Gepäck mit herum. Bis wir es abbauen. Ganz einfach.«
Vermutlich war es das, was D. mit »Nutzen« meinte, den Abbau ihres ganz persönlichen schlechten Karmas durch das Setzen positiver Ursachen, also Handlungen, für positive Wirkungen. »Wie es in den Wald hineinruft, so schallt es heraus!« Diese Weisheit existiert bei uns im Westen schon seit Omas Zeiten. Alles klar!
Diese Selbstverantwortlichkeit gefiel mir sofort. Mein Schicksal liegt in meiner Hand, ist nicht bloß »Kismet«, wie ich es in Indien gelernt hatte. Und auch Gott ist logischerweise endgültig raus, ebenso wie das »Bodenpersonal« der Kirche. Damit hatte ich nämlich bisher auch im Buddhismus ein Problem: Solange es Mönche gibt, die in Klöstern und Tempeln für andere beten, ist das doch das Gleiche wie in der christlichen Kirche! Oder im Judentum. Oder

im Islam – de facto sowieso alles dasselbe! Man zahlt Kirchensteuer oder spendet. Man füttert die Institution Kirche oder einzelne Auserwählte, die dann für einen beten. Man erkauft sich sein Seelenheil. In krasser Form waren das wohl die Ablassbriefe zu Luthers Zeiten.

Jetzt aber ergab das Konzept für mich einen Sinn: Ich kann niemandem meine Probleme aufhalsen und ihm die Verantwortung für mein Leben übertragen, weder Gott noch einem Priester, der für mich betet. In meinem tiefsten Inneren spürte ich damals, dass ich dem auf der Spur war, wonach ich bisher vergeblich gesucht hatte: einem Glauben oder einer Philosophie, die alltagstauglich ist, die mit allen Aspekten des täglichen Lebens kompatibel ist. Die mich nicht fremdbestimmt.

»Alles schön und gut«, versuchte ich meine tanzenden Gedanken auf den Punkt zu bringen, »gute Taten – gute Auswirkungen. Aber kann man tatsächlich nur durch das Chanten etwas bewirken? Ich weiß nicht …«

»Doch«, entgegnete D. im Brustton tiefster Überzeugung. »Was du beschreibst, ist äußerlich, rational. Das Chanten ändert deinen grundlegenden Lebenszustand und damit wirst du automatisch richtig handeln. Wenn du dich nur auf ›gute Taten‹ verlässt, um gute Wirkungen zu erhalten, bist du dem christlichen ›Belohnungsprinzip‹ wieder ganz nah! Und darum geht es nicht: Das ist äußerlich und rational. Nur durch das Chanten veränderst du etwas in der Tiefe deines Lebens – und das kann auch jemand, der weniger intellektuell daherkommt als du.« Auf meine hochgezogene Augenbraue hin erwiderte sie dann noch: »Entschuldigung, aber es ist eben so. Und das ist das Einzige in diesem Buddhismus, das du glauben musst. Alles andere ist beweisbar. Chante einfach, dann wirst du sehen …«

Puh … das war zu diesem Zeitpunkt wirklich ein bisschen viel für mich, mich einfach hinzusetzen und diesen komischen Satz aufzusagen. Und warum eigentlich, wenn ich das überhaupt tue, nicht in meiner eigenen Sprache? Das war nicht mein Ding. »Ich werde darüber nachdenken«, wiegelte ich ab, »und apropos ›chanten‹ – ich geh' mich jetzt einsingen.« Damit beendete ich die Diskussion, bedankte ich mich artig für den Crashkurs in angewandtem Buddhismus, und das war's. Weitere Gespräche ergaben sich nicht. Irgendwie erinnere ich mich noch daran, dass D. sagte: »Macht nichts. Das ist wie ein kleines Samenkorn. Es war meine Aufgabe, es zu säen. Deswegen sind wir uns hier begegnet. Und irgendwann – vielleicht noch in diesem Leben – wird es aufgehen.« Zum Abschied drückte sie mir ein kleines grünes Heftchen in die Hand, die *Einführung in den Buddhismus Nichiren Daishonins* mit ihrer persönlichen Widmung: »Nur Mut«.

Da ich in dieser Phase meines Lebens allerdings keine Notwendigkeit für einen karmischen Hausputz sah, vergaß ich die Begegnung mit D. schnell wieder. Das grüne Büchlein wanderte in die Umzugskiste – ich war gerade dabei, meine neue Dachwohnung in Wien zu beziehen – und verschwand zwischen Dethlefsen, Hesse, Kübler-Ross, Shirley MacLaine und all den anderen.

Ich war nicht scharf auf Veränderungen. Mein Leben war toll! Ich hatte genug Geld, freute mich auf die neue Wohnung, die ich ganz für mich allein haben würde, und schob kleine Alltagsquerelen wie gewohnt auf die Seite. Ich machte, was ich wollte und was mir gerade Spaß machte, und ließ andere, meistens Männer, »gentlemanlike« die Verantwortung tragen. Ich hatte keinen blassen Schimmer, dass das Thema ›Verantwortung‹ in meinem späteren Leben einen Logenplatz einnehmen sollte – und dass es mich jede Menge Kraft kosten würde, dieses spezielle karmische Thema zu überwinden.

Heute weiß ich, dass jene Zeit in Wien, so saugemütlich sie sich auch anfühlte, eine Zeit des Umbruchs und des Aufbruchs war, dass in mir eine Unzufriedenheit über das Leben, das ich gewählt hatte, kochte, und dass ich permanent, wenn auch unbewusst, Ursachen setzte, um etwas zu verändern.

Zum einen habe ich meinem Architekten und Bauherren zu sehr vertraut. Oder habe ich mich nur nicht genug gekümmert? Ursache

für den Supergau bei meiner Dachwohnung: irreparable Schäden und immense Folgekosten. Baustopp.
Zum anderen fand diese Audition für ein neues Musical statt. Ich war gut vorbereitet, trat dann aber doch nicht an. Angst, noch ein weiteres Jahr in Wien angekettet zu sein?
Manchmal scheint man auch Gegenursachen zu setzen, die so gewaltig sind, dass sie die anderen Kräfte in noch stärkerem Maße herausfordern. Wie mein beharrliches Abtauchen im November des betreffenden Jahres bei den Anrufen einer deutschen Filmproduktion wegen eines Projekts in Kooperation mit Frankreich. Bei einer Premierenfeier im Theater in der Josefstadt erwischte mich die Castingdame aus Deutschland dann doch am Telefon im Theaterfoyer. Sie teilte mir mit, ich müsse am nächsten Tag nach Paris fliegen, um den Regisseur zu treffen. Vermutlich gab es in diesem speziellen Augenblick nur zwei Menschen im ganzen Universum, die sich absolut nicht kennenlernen wollten: einen französischen Regisseur, dem man eine deutsche Schauspielerin vor die Nase setzte, und einen verwöhnten, superbekannten »Star« aus Deutschland, der seinen ersten eigenen Soloabend in seiner Lieblingsbar in Wien absagen musste und der sich außerdem vorgenommen hatte, nur mit der ganz großen Liebe zusammen das erste Mal nach Paris zu reisen.
Der Rest ist Geschichte: eine Amour fou bei den Dreharbeiten, ein neues Leben in Paris, eine Ehe, eine Scheidung mit anschließender Lebensfreundschaft. Doch das sind nur biografische Eckdaten …
Rückblende:
Ein dreiviertel Jahr war seit der Episode in der Kantine in Bad Hersfeld vergangen. Die Wirkungen der Ursachen, die ich im November gesetzt hatte, zeigten sich 8523,12 Kilometer weiter südwestlich. Ein ehemaliges Militärcamp unweit des Guri-Stausees in Venezuela. *Les Aventuriers du Rio Verde – Die Abenteurer vom Rio Verde* mit Mario Adorf, Jean-Pierre Bouvier – und mir …
Nach sechs Wochen Dreharbeiten in der feuchten Hitze des Dschungels, nach 18-Stunden-Tagen, Übermüdung, Verletzungen, Versorgungsengpässen und emotionalem Chaos ging es am Set drunter

und drüber, die Probleme waren fast nicht mehr lösbar. Und dann gab es in Venezuela auch noch einen Staatsstreich – Kriegszustand, Revolution, Ratlosigkeit, Angst. Wir schliefen kaum, unser beziehungsweise »mein« Regisseur (und zukünftiger Lebenspartner) am allerwenigsten. Oft hörte ich ihn nachts aufstehen und ins andere Zimmer gehen. Dann erklang so ein Glockenton – und – diesen Satz hatte ich doch schon einmal irgendwo gehört ... Natürlich! Die ... Dings ... wie hieß sie noch gleich? ... Bad Hersfeld, »Dreigroschenoper« ... das ist »Chanten«! Er chantet. Weil er was in Ordnung bringen will. Karma putzen oder so.
Irgendwie gerührt krabbelte ich aus dem Bett, kniete mich neben ihn und hörte zu. Es war ein magischer, fast heiliger Moment. Nur das schwache Licht einer Kerze erhellte den Platz, an dem wir saßen. Ansonsten war es dunkel. Ein Licht in der Finsternis von Guri. Der Mann an meiner Seite ermutigte mich mitzumachen, aber ich kam mir blöd vor und traute mich nicht. Ich bin da nicht so spontan. Außerdem wollte ich den Moment nicht zerstören. Heute weiß ich, dass ich damals seinen Buddhazustand[6] gespürt habe. Zu jener Zeit nannte ich es einfach nur »einen ganz wunderbaren, heiligen Moment der Liebe«.
Statt mich anzuschließen, stellte ich lieber Fragen. Meine Devise ist: Erst Theorie, dann Praxis. Allerdings war mein Französisch damals mehr als lausig und mein lieber Regisseur beherrschte die buddhistische Fachterminologie auf Englisch auch nicht gerade aus dem Effeff. Im Wesentlichen wiederholte er das, was meine Kollegin D. mir schon gesagt hatte: Dass Chanten allein völlig ausreichend ist, die Dinge ändern sich dann. »Chanting is calling the powerful forces of the universe – mit dem Chanten rufst du die positiven Kräfte des Universums auf den Plan, die dich auf jeden Fall beschützen. Indem du chantest, änderst du dich und deine Umgebung. You are part of your environment! Du bist mit deiner Umgebung untrennbar verbunden. Also liegt es an dir, wenn du etwas ändern willst!« Diesmal blieb der Gedanke bei mir hängen und ich fand ihn revolutionär: Nur durch Chanten positive Ursachen setzen, einfach so.

»Ohne eine physische ›gute Tat‹ als positive Ursache?«, hakte ich noch einmal nach.
»Sure.«
Aha! Das war wirklich neu. »Und das funktioniert?«
»Yes. You are Buddha. Your Buddhahood is nothing outside yourself – du selbst bist Buddha, nicht irgendetwas außerhalb von dir! Wenn du chantest, erweckst du deine Buddhanatur und verbindest dich mit der Buddhanatur des Universums. It's a mirror – wie ein Spiegel. Wenn wir chanten, bringen wir diesen Spiegel – our life – zum Glänzen. Dieser Spiegel ist oft matt und blind durch angesammeltes schlechtes Karma. We have to polish it – und erhalten positiven Nutzen. Immer. Wenn auch nicht gleich sofort. Ursache – Wirkung. Very simple!«
Zu einfach, schoss es mir durch den Kopf und ich erinnerte mich an mein Gespräch mit D.
Nichtsdestotrotz fiel mir auf, dass dieser Mann, der die Liebe meines Lebens und drei Jahre später mein Ehemann werden würde, jedes Mal, wenn er vom Chanten zurückkam, entspannter war und endlich schlafen konnte. Und dass sich am Ende dann doch alle Probleme beseitigen ließen. À la longue wurde der Film ein großer Erfolg für uns beide. Außerdem schafften wir es, den überdimensionalen Schwierigkeiten und Hindernissen zum Trotz, als Paar zusammenzubleiben. Sogar die Presse bekam erst Monate später Wind davon.
Das alles gab mir zu denken …
Heute, viele Jahre später, weiß ich, dass wir durch das Mystische Gesetz beschützt wurden. Weil wir zusammen sein sollten, um etwas gemeinsam zu lernen. Füreinander. Aneinander. Miteinander.

Jahre des Lernens

Servus Wien – bienvenue Paris. Ich hatte wirklich alles hinter mir gelassen, einen radikalen Schnitt gemacht. Eine neue, unbekannte Zukunft erwartete mich. Liebe macht ganz schön mutig! Oder war dieser Schritt schon die allererste Auswirkung auf die Ursache, die ich gesetzt hatte, indem ich diesem Buddhismus begegnet bin, den ich heute, da ich dieses Buch schreibe, seit ziemlich genau 18 Jahren praktiziere. 18 Jahre! Ich glaub's fast selber nicht!
Mein erstes Zuhause in Paris war ein winziges Studio im Quartier Saint-Germain. Wenn schon, denn schon! Der »Klassiker« à la Sartre und Simone de Beauvoir, zwischen »Café de Flore« und »Les Deux Magots« und nur ein paar Schritte vom Seine-Ufer mit seinen Bouquinisten entfernt. Unter den Dächern der Stadt der Liebe auf 35 Quadratmetern. Da erlebte ich natürlich jeden Morgen und Abend die Zeremonie des Chantens im wahrsten Sinne des Wortes hautnah mit! Mein Liebster saß auf der Bettkante, ein kleines Buch und eine Gebetskette in der Hand, und sprach diese fremden Worte vor sich hin. Ich wusste damals nicht ganz genau, was ich davon halten sollte, aber ich respektierte seinen Glauben und bemühte mich, nicht zu stören, was auf 35 Quadratmetern wirklich nicht einfach war …
»Du bist viel näher dran, als du glaubst«, ermutigte mich mein geliebter Mitbewohner. Aber ich bin jemand, der erst wissen und verstehen will, bevor er etwas tut. Bei mir können die Dinge nicht am Kopf vorbeilaufen. Ein großes Hindernis, tiefer in die Theorie einzutauchen, war allerdings nicht zu leugnen: das sprachliche Problem.

»Hindernisse sind eine Tatsache des Lebens und dazu da, überwunden zu werden!«, wurde mir voller Begeisterung erklärt. »Sie manifestieren sich vor allem dann ganz automatisch, wenn wir diesem Buddhismus begegnen. C'est vrai! Das habe ich nicht erfunden. Sie erscheinen, weil wir daran wachsen, uns entwickeln, unser Leben zum Glänzen bringen. C'est ça, la Revolution Humaine – die Menschliche Revolution. Davonlaufen gilt nicht! Wenn wir ein Problem leugnen oder vor uns herschieben, verschwindet es nicht – et tu mangeras le même salade sur une autre jolie assiette – du bekommst den gleichen Salat auf einem neuen Teller serviert, spätestens im nächsten Leben!«

Doch im Problemeverschieben war ich Meister! Das wird jetzt aber unbequem, dachte ich. Sollte ich den Rückwärtsgang einlegen? Nein. Ich hatte mich für diesen Mann entschieden, der seine Überzeugung und seinen Glauben mit in unsere Beziehung brachte. Ich hatte mich für dieses Leben entschieden, also würde ich jetzt auch damit klarkommen. Irgendwie. In welcher Weise genau, war mir noch völlig unklar. Erst mal anständig Französisch lernen, dachte ich. Das war zwar eher eine pragmatische als eine spirituelle Entscheidung, aber was zählt, ist doch allein der Wille – und irgendwann das Ergebnis.

Eines schönen Nachmittags zierte plötzlich ein wunderschönes chinalackschwarzes Schränkchen die Kommode im Schlafzimmer unserer ansonsten cremeweißen »Puppenstube« unterm Dach.

»Was ist denn das für ein Ding?«, wollte ich wissen.

»Ein ›Butsudan‹, so eine Art Schrein, in dem der ›Gohonson‹ aufbewahrt wird. Das ist eine Schriftrolle, die das Gesetz des Universums enthält. Ich werde so einen Gohonson demnächst bekommen«, verkündete mein Liebster voller Vorfreude.

»Und dann?«

»Dann werde ich davorsitzen und chanten.«

»Das ist jetzt nicht dein Ernst!«, empörte ich mich. »Ich verstehe ja, dass dieser Satz, den du vor dich hinsagst, dir hilft, dich auf das Universum zu konzentrieren und dein Leben in Bewegung zu bringen. Aber du willst mir doch jetzt nicht erzählen, dass du in Zukunft stundenlang in eine Kiste gucken und ein Stück Papier anbeten wirst?« Ich war ziemlich aus dem Häuschen. Das ging mir dann doch echt zu weit.

Der Liebste blieb erstaunlich gelassen, vielleicht hatte er meine Reaktion erwartet.

»Das ist ein Symbol«, sagte er.

»Du meinst wie das Kreuz in der Kirche? Das ist ganz bestimmt nicht mein Ding!«

»Lass mich doch ausreden, merde!«, ereiferte er sich, »diese Worte wurden von jemandem niedergeschrieben, der einen ganz hohen Lebenszustand hatte, also schon ›erleuchtet‹, im Buddhazustand war. Somit ist das nicht nur ein Text auf Papier, sondern der Gohonson an sich ist dadurch im Zustand der Buddhaschaft. So wie alle Dinge in diesem Universum die Buddhaschaft besitzen. Ob diese gerade sichtbar ist oder nicht, ist egal. Sie ist da. Tout simple!«

Jetzt hatte ich ein Problem! Also doch ein Objekt der Anbetung! Wie diese ganzen Buddhastatuen und Götterfiguren für alle Lebenslagen, wie man sie in Indien und vor allem in China findet. Irgendwie hatte ich plötzlich auch das Goldene Kalb aus der Bibel vor meinem geistigen Auge. Also doch etwas außerhalb von einem selbst! Das ging mir gewaltig gegen den Strich.

»Ich weiß, das ist schwer zu verstehen, mein Schatz«, lenkte mein Liebster ein, »versuche bitte nicht, es mit dem Verstand zu begreifen. Ich kann dir nur eines sagen: Der Gohonson ist kein Objekt, das wir ›anbeten‹, sondern wir konzentrieren uns auf den Buddhazustand in uns selbst, indem wir ihn anschauen.«

»Hm …« Irgendwie war ich unzufrieden.

»Weißt du was?«, sagte mein inzwischen etwas ungeduldig gewordener Franzose (man muss wissen, dass diese Konversation in einem Mischmasch aus Englisch, Französisch und ein bisschen Deutsch geführt wurde. Das war ziemlich mühsam!). »Ich möchte gerne, dass du M. kennenlernst. Sie organisiert diese Versammlungen, zu denen ich hin und wieder gehe. Am Samstag ist die nächste. Komm einfach mit. Und lass dir von M. alles erklären, was du wissen willst.« Und grinsend fügte er hinzu: »Erstens ist sie viel geduldiger als ich, zweitens ist sie eine Frau und drittens ist ihr Englisch in diesem Themenbereich um einiges besser. Ich glaube, sie hatte sogar einmal Deutsch in der Schule.«

M. war eine sympathische Frau Ende 40, in deren Apartment im vornehmen Seizième Arrondissement die Versammlungen stattfanden. Ein unglaublich positiver Mensch. Sie schien dauerglücklich zu sein. Keine Ahnung, warum. War das die buddhistische Praxis? Aus allem, was ihr begegnete und was sie wahrnahm, machte sie Liebe. »Das Leben mit Liebe betrachten« war ihr Credo. »La pratique a changé ma vie – das Chanten hat mein Leben verändert!«, strahlte sie mich an und bei ihrem breiten herzlichen Lächeln wurden ihre Viertel-Chinesen-Augen noch ein bisschen schmaler …

Anfänglich musste ich mich ganz schön anstrengen, um überhaupt folgen zu können. Viele der Anwesenden waren Japaner, und wenn diese Französisch sprechen beziehungsweise das, was sie dafür halten, hat man als Ausländer wenig Chancen! Dennoch habe ich schnell kapiert, dass es primär gar nicht darum geht, etwas zu verstehen. Das wurde mir anhand von ganz banalen Beispielen schnellstens klargemacht, unter anderem mit der folgenden Situation: Ich lasse eine Gabel zu Boden fallen. Sie fällt, ob ich das will oder nicht. Das ist Schwerkraft. Auch wenn ich nicht an Schwerkraft glaube, die Gabel fällt. Ein weiteres Beispiel ist Einsteins Relativitätstheorie. Wer von uns kann schon behaupten, dass er sie versteht? Dennoch ist sie existent. Der Relativitätstheorie ist es wurscht, ob wir an sie glauben, sie bewirkt trotzdem, dass das Universum so und nicht anders funktioniert. Es leuchtete mir auch ein, dass das gemeinsame ›Chanten‹ eine besondere Kraft besitzt – gültig auf der ganzen Welt, über sämtliche Grenzen und Kulturen hinweg. Etwas, das alle Menschen egal welcher Herkunft, ob aus dem Königshaus oder dem Slum, miteinander verbinden kann. Ziemlich gerecht, finde ich, denn ein Glaube oder eine Lebensphilosophie kann doch nicht denjenigen vorbehalten sein, die über ein gewisses Maß an Intelligenz und Bildung verfügen! Ich bin im Laufe meines Lebens sehr vielen Menschen begegnet, die diese Form von Buddhismus praktizieren, und bei manchen tat ich mich schwer, ein Gespräch zu führen, weil sie so »simple minded« waren. Doch auf den Geisteszustand kommt es nicht an, um seinen Lebenszustand zu erhöhen und Glück in seinem Leben zu schaffen. Das ist eine Sache des Herzens und nicht der Birne! Auch wenn ich damals noch nicht bereit war, mich vollständig auf die buddhistische Praxis einzulassen, wurde mir klar, dass ich dem, was ich mein Leben lang gesucht hatte, ein großes Stück nähergekommen war. Besonders erfreulich und angenehm fand ich, dass bei diesen Versammlungen in keiner Weise »missioniert« wurde. Heute weiß ich auch, warum das nicht der Fall war: Diese Lehre, diese Philosophie, diese Religion – wie auch immer man es nennen mag – pflanzt sich »von Herz zu Herz« fort. Das funktioniert nicht mit Nachdruck und massivem Angriff, sondern läuft ganz im Stillen ab. Es ist Teil der »Menschlichen Revolution«, die jeder für sich vollzieht, bei der es darum geht, im eigenen Leben Werte zu schaffen, beruflich wie privat. Man arbeitet daran allein, aber auch – und das ist ganz wichtig – gemeinsam mit anderen, im eigenen Kreis, der eigenen Stadt, dem eigenen Land und auf der ganzen Welt, im friedlichen Dialog auf der Basis der buddhistischen Lehre des Lotos-Sutra mit dem Endziel des Weltfriedens. Das ist die Intention der Menschen, die diese Art des Buddhismus praktizieren: sich selbst und damit die Welt in friedlicher Weise zu revolutionieren. Toll! Was für ein gewaltiger Unterschied zu den buddhistischen Lehren, mit denen ich mich bisher beschäftigt hatte. Die folgten eher dem Prinzip, dass jeder auf seiner Matte sitzt, in mehr oder weniger tiefer Versenkung meditiert und für sich allein an seiner Erleuchtung herumwurschtelt.

Darum gibt es in diesem Buddhismus auch eine Organisation. Schließlich ist in diesem Universum ja alles irgendwie »organisiert«, von den simpelsten Vorgängen bis zum komplexen Zusammenspiel von Erde, Wasser, Pflanzen und allen Lebewesen in der Natur …

Diese Vereinigung von Menschen, Laien, ganz normalen Leuten mit normalen Berufen ist die »Soka Gakkai«, die »Werteschaffende Gesellschaft«. Ihr oberstes Credo ist der Dialog zum Zwecke des Friedens. Albert Camus sagte einmal: »Das echte Gespräch bedeutet: aus dem Ich heraustreten und an die Tür des Du klopfen«. Das ist die Lebensbasis der Mitglieder der »Werteschaffenden Gesellschaft«, die inzwischen viele Millionen Menschen in fast 200 Ländern dieser Erde zählt. Außerdem ist die Soka Gakkai als »non-governmental organization« in der UNO vertreten. Ihr Präsident, Daisaku Ikeda, ist ein Botschafter des Friedens – nein, kein »Guru«! – und in der Welt im friedlichen Dialog mit den führenden Köpfen aus Kultur, Wissenschaft und Politik unterwegs. Im Gegensatz zum Dalai Lama wurde Ikeda nicht zur schillernden Buddhismus-Popikone hochstilisiert und glanzpoliert. Er ist in all seinen Friedensaktivitäten erfreulich unpolitisch und kommt ohne Bodyguards und PR-Meute aus. Die Ermutigungen, die er regelmäßig in alle Welt sendet, lassen auf eine 200-Stunden-Woche schließen. Ikeda lebt es vor: das ehrliche Bemühen um andere Menschen! Das Leben eines »Bodhisattva«, eines Menschens, der andere auf ihrem Weg zur Buddhaschaft unterstützt. Die Soka Gakkai wird in Frankreich sehr angefeindet. »Aha, da haben wir's«, dachte ich damals, »Sekte! Vorsicht!« Obwohl ich diesen Eindruck gar nicht hatte. Im Gegenteil: Niemand will etwas von dir, Geld schon gar nicht. Du wirst ermutigt, aber nicht geschubst. Du kannst alles fragen und bekommst auf alles eine Antwort. Die Organisation ist absolut transparent. Wenn jemand etwas spenden will, kann er das tun, es besteht aber keine Verpflichtung. Buddhistische Spenden sind keine Mitgliedsbeiträge. Natürlich sind finanzielle Mittel nötig, um zum Beispiel buddhistische Zentren zu unterhalten. Diese Mittel stammen aus freiwilligen Spenden der Mitglieder. Doch im Buddhismus ist »Geben« etwas anderes als eine karitative Spende für »irgendeine gute Sache«. Das muss man etwas tiefer, aus einem aufrichtigen Glauben heraus, betrachten: Buddhistische »Spenden« sind letztendlich »Opfergaben« an unser eigenes, ewig bestehendes

Leben und somit nichts anderes als Darbringungen an uns selbst: Wir geben nicht an irgendjemanden – sondern unserem eigenen, ewigen Leben. Und es kommt nicht auf die Höhe einer Gabe an.
Ich werde zu diesem Thema immer wieder befragt, deshalb ist mir diese Erläuterung wichtig – damit das mal geklärt ist.
»Dein Schatz hat mir gesagt, dass du ein bisschen mehr wissen möchtest«, sagte M. einmal nach einer dieser Versammlungen. »Weißt du was, morgen ist ein ruhiger Tag für mich. Magst du nicht vorbeikommen, wir kochen und reden ein bisschen. Am Abend kommt der Rest der Familie und dann essen wir zusammen, wenn du willst. D'accord?« Das gefiel mir, eine »leçon privée«, eine Privatstunde. Ich wollte als »Anfänger« in den Versammlungen nicht so viel Zeit für »Basisfragen« verplempern.
»Das ist zwar Unsinn« kommentierte M. meine Begründung, »denn dazu sind diese Versammlungen ja unter anderem da, aber, entre filles – unter uns Frauen,« fügte sie augenzwinkernd hinzu, »ist es doch manchmal ein bisschen leichter.«
Am nächsten Tag saß ich in ihrer Küche. Wir putzten Gemüse für ein Ratatouille, während ich meine »Privatstunde« bekam.
»Weißt du«, sagte ich, »ich habe das mit dem ›Gohonson‹ noch nicht wirklich verstanden. Okay, ich habe das Ding ja jetzt bei dir gesehen, aber ich weiß nicht so ganz genau, was ich damit anfangen soll. Mein Kerl hat mir zwar erklärt, dass der Gohonson nicht angebetet wird, sondern nur eine Art Symbol ist. Aber irgendwie sind wir da nicht weitergekommen.«
»Alors. Hast du Lust auf eine kleine geschichtliche ›excursion‹?«, begann M., wobei sie mit bewundernswerter Geschicklichkeit den Tomaten die Haut abzog. Ich hatte die »Fleißaufgabe« bekommen, die Thymianblättchen einzeln abzuzupfen. Wollte M. mein Multitasking testen? Klar kann ich aufmerksam zuhören und gleichzeitig etwas anderes tun. Ich bin doch kein Mann! Doch ich lag mit meiner Vermutung vollkommen daneben. M. hatte mich von den Schneidearbeiten dispensiert, damit ich mich nicht verletze, falls ich abgelenkt sein sollte aufgrund allzu großer Aufmerksamkeit ih-

ren Worten gegenüber. So viel zum Thema Mitgefühl! M. hatte das offenbar schon längst verinnerlicht.

»Alors, chérie, pour commencer«, fuhr M. fort, »du weißt, wer Shakyamuni war?«

»Natürlich. So weit müssen wir nicht zurückgehen! Nach der Geschichte, die wir alle kennen, wurde er unter dem Bodhibaum erleuchtet.«

»Und was bedeutet das?«, hakte M. nach.

»Na ja, dass er verstanden hat, wie das Leben funktioniert.«

»Und was meinst du damit?« Ich war ein bisschen ratlos. »Je t'explique«, sagte M. lächelnd, hatte sie mich doch bei einem profunden Halbwissen ertappt, »ich erklär's dir. ›Erleuchtung‹ bedeutet, dass er zur ›wahren Natur des Lebens‹ erwachte. Écoute bien: Shakyamuni Buddha erwachte zu der Erkenntnis, dass unsere Unfähigkeit, die wahre Natur oder das wahre Wesen des Lebens zu begreifen, dafür verantwortlich ist, dass wir auf dem Weg des Leidens gefangen sind. Wenn wir lernen, wie wir das unbegrenzte Potenzial des Lebens erreichen, können wir alles Leid umwandeln in dauerhaftes und unzerstörbares Glück. Compris?«

»Ja, das habe ich verstanden, aber was genau ist das ›wahre Wesen des Lebens‹?«

»Attends! J'y arrive, das kommt schon noch. Nicht so ungeduldig! Shakyamuni zog viele Jahre durch Indien und lehrte seine Erkenntnisse, die nach seinem Tod in unzähligen Sutren, das heißt Schriften, niedergeschrieben wurden …«

»… und seine Lehren verbreiteten sich über ganz Asien und veränderten das Leben von vielen Millionen Menschen grundlegend«, musste ich mein Wissen dann doch anbringen.

»Richtig. Aber jetzt wird's spannend: Mit der Zeit begann Shakyamunis Lehre auseinanderzubröckeln. Es entstanden verschiedene buddhistische Schulen, die sich seine Erkenntnisse so zurechtlegten, wie es ihnen passte.«

»Klar!«, setzte ich noch eins drauf, »immer wenn Menschen im Spiel sind, vor allem Priester und ›Instanzen‹, die sich für befugter als den

Rest der Menschheit halten, laufen die Dinge aus dem Ruder und die Wahrheit verflüchtigt sich! Hast du gewusst, dass in der ›Ur-Bibel‹ sehr wohl die Reinkarnation vertreten war? Beim Konzil von Konstantinopel wurde sie dann rausgekickt. Ist doch klar, warum. Mit der ›Nur-ein-Leben-und-danach-Himmel-oder-Hölle‹-Theorie haben die sogenannten ›Diener Gottes‹ doch mehr Macht über die Menschen!«

»Das mag sein«, entgegnete M., »aber führt das jetzt nicht ein bisschen zu weit? Wir wollen doch vor neun Uhr essen.« Sie schob mir den Knoblauch zum Abpellen rüber.

»Ich wollte es nur mal gesagt haben. Diese Tatsache hat mich sehr dazu motiviert, mich glaubenstechnisch anderswo zu orientieren, und zwar dort, wo es kein ›Bodenpersonal‹ und keine ›Mittelsmänner‹ gibt.«

»D'accord. Tu as raison! Regarde: Mit Shakyamunis Lehren ist das Gleiche passiert. Die wahre Essenz, nämlich dem Leiden der Menschen ein Ende zu setzen, ging unterwegs verloren. Im 13. Jahrhundert fragte sich dann in Japan ein junger Mönch namens Nichiren Daishonin, warum die Menschen, obwohl sie ihr Leben nach dem buddhistischen Glauben ausrichteten, nicht aufhören zu leiden, warum es nach wie vor Naturkatastrophen und allgemeine Verzweiflung gibt. Also studierte Nichiren sämtliche Sutren Shakyamuni Buddhas, die er in die Finger kriegen konnte, Buchstabe für Buchstabe auf der Suche nach der Essenz von Shakyamunis Lehre. Und er fand sie. Im sogenannten Lotos-Sutra, Buddhas allerletzter Lehre.«

»Warum ›Lotos-Sutra‹?«, fragte ich.

»Du kennst die Lotosblüte, n'est-ce-pas?«

»Natürlich! Die Blüten sind wunderschön! In Japan habe ich ganz viele gesehen!«

»Und wo wachsen sie?«, fragte M. nach.

»Nun ja, im Wasser, ich meine am Boden eines Sees oder Teiches.«

»Und wie ist es da so?«

»Ähm, ziemlich schlammig!« Ich schüttelte mich angesichts der Erinnerung an einen Bodenkontakt mit nackten Füßen. »Ich habe mal eine Szene gedreht, bei der ich in einem Teich baden musste. Bah, war das eklig, mit den Füßen in diesem braunen Modder zu stehen! Stimmt, Lotosblüten gab's dort auch.«

»Siehst du, und obwohl die Wurzeln in schlammigem Grund stecken, ist die Blüte doch rein und wunderschön. Sie repräsentiert die Buddhanatur. Das heißt: Schlamm und Dreck, also Leid, wenn du so willst, sind notwendig, um die Blüte der Buddhaschaft hervorzubringen. Entsprechend besitzen alle Lebewesen und Dinge in unserem Universum – nach der lebensbejahenden Philosophie des Lotos-Sutra – den reinen Lebenszustand der Buddhaschaft. Et maintenant, très important, und einzigartig in der buddhistischen Praxis des Lotos-Sutra: Ein Buddha ist kein transzendentales Wesen oder eine Gottheit, sondern ein ganz normaler Mensch, der im Hier und Jetzt lebt, der in der Lage ist, sich von eigenem Leid zu befreien und anderen dabei zu helfen, ihr Leid zu überwinden. Er tut das, indem er Weisheit, Mut, Mitgefühl und Lebenskraft hervorbringt. Die Menschen im Japan des 13. Jahrhunderts hatten, obwohl sie buddhistisch waren, längst den Glauben verloren, ihre Buddhaschaft verwirklichen zu können. Nichiren Daishonin beschloss, etwas zu unternehmen, um den Menschen wieder eine Möglichkeit zu geben, mit dem Mystischen, also dem ›Wahren Gesetz‹ in Einklang zu kommen. Zu dieser Erleuchtung gelangt, schrieb er sozusagen seinen eigenen hohen Lebenszustand auf, wie einst Buddha, der mit Weisheit und Mitgefühl für das Glück aller Menschen kämpfte. Das war im Jahr 1279. Und jetzt kommt's: Nichirens Niederschrift, genannt Gohonson, verkörpert den Buddhazustand, den höchsten Lebenszustand sowie das Gesetz des Universums. Und um allen Menschen zu ermöglichen, diesen Buddhazustand in sich zu aktivieren, machte Nichiren Daishonin einen Satz – *Nam Myoho Renge Kyo* – also, si tu veux, den Titel und die Kernaussage des Lotos-Sutra, zur Basis der buddhistischen Praxis. Dieser Satz ist der Ausdruck für das grundlegende Gesetz des Lebens.«

»Du meinst das Prinzip von Ursache und Wirkung und die Tatsache, dass jeder Mensch ein Buddha ist oder zumindest sein kann?«, hakte ich noch einmal nach, um ganz sicherzugehen, dass diese Information auch in meinem Großhirn angekommen war.
»Absolument! Nichiren war der tiefsten Überzeugung, dass mit dem Chanten dieses einen Satzes jeder Mensch das ihm innewohnende Potenzial, ein Buddha zu werden, verwirklichen könne, um somit den Kreislauf des Leidens zu beenden. Unsere Organisation Soka Gakkai lässt von dem ursprünglichen Gohonson, der im Tempel Taiseki Chi in Japan hängt, Abschriften machen.«
An dieser Stelle musste ich M. unterbrechen, weil ich plötzlich ein ganz klares Bild vor Augen hatte. Auf einmal wurde mir ganz heiß. »Ich war dort«, rief ich ganz aufgeregt, »ich habe das alles gesehen. Ich war vor vielen Jahren mit der Wiener Volksoper in Japan und wir haben so ziemlich alles besichtigt, was sehenswert war. Ich hatte natürlich keine Ahnung!«
»Wie wundervoll!«, sagte M. und umarmte mich spontan. »Da hast du vielen von uns etwas voraus.«
»Für mich war das damals einfach nur ein schöner Tempel mit einem wundervollen ›Altar‹.« Ich ließ die Bilder vor meinem inneren Auge Revue passieren.
»Und damit wir uns zu Hause täglich daran erinnern, dass wir die Buddhaschaft besitzen,« fügte M. noch hinzu, »haben wir also eine Abschrift des Gohonsons, vor dem wir morgens, damit der Tag gut beginnt, und abends, damit der Kreis sich schließt, chanten und die Zeremonie vollziehen, die du ja hier bei mir schon gehört hast. Dieser Gohonson ist nichts anderes als ein – wie heißt das in der Chemie? – Katalysator! Und über die Buddhaschaft und die Bedeutung von *Nam Myoho Renge Kyo* reden wir ein andermal. Setz schon mal die Kartoffeln auf. Ich zeige dir, wie man ein richtig tolles Gratin macht. Das ist auch nützlich. Wir wollen ja nicht nur den Geist, sondern auch den Körper ernähren.« Und damit war die »leçon privée« beendet.

Ich hatte nun eine ganze Menge zu verarbeiten und wandte mich dankbar der äußerst »diesseitigen« und praktischen Tätigkeit des Kochens zu. Ich muss zugeben, auch in dieser Domäne war ich Anfängerin. Aber es machte mir Spaß, es auszuprobieren. Die Jahre in Paris setzten einiges in Gang, nicht nur in philosophischer Hinsicht. Damals hätte ich mir kaum vorstellen können, dass aus mir einmal eine »Köchin aus Leidenschaft« werden würde …

»Eh alors?«, begann die Liebe meines Lebens wenige Tage später eine erneute religiös-philosophische Diskussion. »Kommst du jetzt klar mit dem Thema Gohonson?«

»Ja, ich denke schon. Der Gohonson ist ein Objekt, das die Buddhaschaft besitzt, genauso wie alle Menschen. Ich zum Beispiel. Und sogar du!« Diesen Kommentar konnte mir nicht verkneifen! Getreu dem Motto: Lieber einen guten Freund verloren als eine Pointe verpasst.

»Frechdachs! Mais, il faut que tu comprenne, dass du das richtig verstehst: Der Gohonson repräsentiert das Gesetz, unser Leben, also auch den Lebenszustand der Buddhaschaft. Aber er ist nicht als eigenständiges Objekt zu verstehen und somit außerhalb von uns selbst. Ça c'est très important, ganz wichtig: Der Gohonson ist lediglich ein Spiegel unseres eigenen Lebens. Er macht uns deutlich, dass wir die Buddhaschaft besitzen. Wenn wir chanten und uns ihm zuwenden, erinnern wir uns daran. Wir konzentrieren uns darauf. Er ist ein Objekt, das man wertschätzt und ehrt, aber nicht anbetet, weil es ja eigentlich in uns selbst existiert. C'est ça la différence! Compris?«

»Ja, klar. Stellt sich nur die Frage, ob ich das brauche«, frotzelte ich. »Es soll Leute geben, die ganz gut ohne Spiegel leben können.«

Er ging nicht darauf ein: »Du musst dir das so vorstellen: Tu es comédienne – du bist Schauspielerin. Du brauchst den Spiegel, um dich in deiner Garderobe auf die Vorstellung vorzubereiten. Er zeigt dir dein Gesicht, so wie das Publikum es sieht.«

»Und wenn der Spiegel schmutzig ist oder gar blind, werde ich keine Ahnung haben, wie das Publikum mich sehen wird, ich meine, ob das Make-up stimmt, die Frisur sitzt, mein Ausdruck richtig ist!«

»Tout à fait. Il te représente. Er ist dein getreues Abbild. Deswegen ...«
»J'ai compris. Man muss den Spiegel putzen. Ich hab's verstanden.«
Allerdings war mir das mit dem Buddha- und dem Lebenszustand noch nicht ganz klar, da musste ich bald noch einmal nachhaken. Auf gut »Christendeutsch« würde das ja bedeuten: Ich bin Gott. Das ist schon der Hammer ...

Wie auch immer. Was dieses Ding mit dem Namen Gohonson anbelangte, war ich erleichtert. Es war lediglich ein Symbol für etwas, das ich auch war, also kein Gegenstand der Anbetung. Super, denn Götzenanbetung, ob sie nun Statuen oder Menschen betraf, war mir schon immer ein Gräuel. Ich komme auch mit den Heiligen in der katholischen Kirche nicht richtig klar. Ich halte sie für herausragende Persönlichkeiten in der Geschichte der Menschheit, die Großartiges vollbracht haben und den Menschen zum Vorbild wurden. Aber einen noch höheren Stellenwert haben sie bitte schön nicht!
Dieser Gohonson hielt also kurze Zeit später in unserem Haushalt Einzug. Es gab eine schlichte Feier, bei der ich – als »nicht-praktizierendes Wesen« – gebeten wurde, dieses »Objekt der Verehrung« mit Respekt zu behandeln. Mein lieber Mann, die nahmen's aber genau! »Schlechte Erfahrungen«, wurde mir als Begründung mitgeteilt. Das konnte ich nicht wirklich nachvollziehen. Wahrscheinlich, weil Toleranz für mich selbstverständlich ist.
Auch wenn ich damals bei der Zeremonie nur zusah, beeindruckte mich die Ernsthaftigkeit dieser Menschen, ihren Glauben zu leben, schwer. Und ich nahm, soweit es mein beruflicher Terminkalender zuließ, weiterhin an den monatlichen Gruppenversammlungen teil. Ich erinnere mich gern an die Zusammenkünfte bei M. in Paris. Die Mitglieder der Organisation setzen auf Kommunikation und das reziproke Lernen voneinander statt auf die traditionelle Einbahnstraße von der Kanzel herab zur Gemeinde, wie ich es in der christlichen Kirche erlebt hatte. Dialog ist das Credo für eine fried-

liche Gesellschaft. Es gibt im Buddhismus das Prinzip von Meister und Schüler – und diese befruchten sich gegenseitig. Der Schüler bemüht sich, mit seinem Meister eins zu sein, das Gleiche gilt aber auch für den Meister. Ohne seinen Schüler ist er nichts. Beide bilden im Herzen eine Einheit.

»Ich denke, es geht nicht darum zu verstehen! Jetzt also doch Theorie?«, warf ich bei einer der Versammlungen in die Runde.

»Buddhismus ist Vernunft«, gab der damalige Verantwortliche der Organisation in Frankreich zur Antwort. »Buddhismus bedeutet, das Leben in seiner ganzen Komplexität zu verstehen. Dennoch ist Chanten das Wichtigste. Man muss den Buddhismus ebenso wenig verstehen wie ein Auto. Man kann trotzdem damit fahren. Aber es schadet nicht, wenn man ein bisschen was über den Motor weiß.«

»Oder man denke an ein Medikament«, sagte M. »Ich muss den Beipackzettel nicht lesen, damit es wirkt! Aber ich muss es nehmen! Si non, ça n'marche pas – sonst ist es wirkungslos!«

»Das stimmt!«, setzte ein weiterer Anwesender noch eins drauf. »Es hilft auch, glaube ich, nichts, wenn ich den Beipackzettel esse!« Allgemeines Gelächter. Es ging bei den Versammlungen nicht bloß »bierernst« und schon gar nicht »heilig« zu. Wie schön! Sehr häufig waren an diesen Abenden interessante Menschen dabei, mit spannenden Geschichten, aus allen sozialen Schichten. Oft haben wir uns mit 20 bis 30 Leuten in das kleine Zimmer gequetscht, das nur diesem Zwecke diente und in dem sich außer ein paar Stühlen und dem schwarzen, goldbeschlagenen Schrein, in dem der Gohonson hing, keine weitere Möbel befanden. Man traf sich zum »Chanten« und um die Zeremonie des »Gongyo« zu vollziehen. Dieses Gebet ist eine Art Mantra aufeinanderfolgender Texte in Altjapanisch, verbunden mit verschiedenen stillen Gebeten. Dazwischen wurde in Dauerwiederholung der Satz *Nam Myoho Renge Kyo* in einem bestimmten, gleichmäßigen Rhythmus gesagt – wie ein Sprechgesang, an besonderen Tagen auch als stundenlange »Gebetskette«, von morgens bis abends, manchmal auch rund um die Uhr. Ein Wahnsinn! Supermühsam! Gebetsmühlenartig. Das sollte wirklich

helfen und etwas bewegen? Ich hatte diesbezüglich noch ernsthafte Zweifel.
Heute weiß ich natürlich um die enorme Kraft, die das Dauerchanten hervorbringen kann. Und niemand tut das einfach »nur so«. Das macht man, wenn im Leben dringend etwas verändert werden muss. Und mit der Kraft des Chantens kann man etwas bewegen, wenn man sich ordentlich anstrengt. Ich behaupte nicht, dass das leicht ist …
Zum Chanten war ich damals allerdings noch nicht bereit. Bei den Versammlungen interessierte mich in der Hauptsache das »Dahinter«, die Lehre, die Philosophie. Ich mag zwar generell keine Klubs und Vereine, aber die Organisation erschien mir ganz locker. Sie war für mich irgendwo zwischen Schule, Diskussionsrunde und gruppendynamischer Erfahrung angesiedelt. Also lauschte ich den Erfahrungsberichten von wildfremden Menschen, die mit der buddhistischen Praxis unglaubliche Schwierigkeiten überwunden hatten – Lebenskrisen, die Zerstörung der Existenz, Tod, Verlust, Krankheit und dergleichen – auf dem Weg zu ihrem ganz persönlichen Glück.
Manche Geschichten rührten zu Tränen, andere waren spannend wie ein Krimi oder großartig wie ein Hollywood-Drama.
Ehrlich. Die Mitglieder sind keine Leute, die sich unglaublich aufspielen, um zu beeindrucken. Denn es ist alles andere als leicht – das weiß ich inzwischen aus ganz persönlicher Erfahrung –, sein Innerstes nach außen zu kehren, über den eigenen Schatten zu springen und seine ganz private Geschichte mit fremden Menschen zu teilen, ganz nach dem Motto: Hey, seht her, das und das ist mir passiert. Die und die Erfahrung habe ich mit der Praxis gemacht. Ich bin in der Hölle gewesen, habe Tausende von Hindernissen gestellt bekommen – und sie überwunden, obwohl das verdammt noch mal schwer war und auch ziemlich wehtat. Letztendlich habe ich aber großen Nutzen erhalten. Durch das Chanten habe ich mein Leben revolutioniert. Und so weiter und so weiter …

Die Erfahrungen, die wir hören, zeigen uns, wie wichtig es ist, sein Leben in die Hand zu nehmen, den Mut zu haben, sich den Hindernissen zu stellen und nie daran zu zweifeln, dass es möglich ist, die Schwierigkeiten aus eigener Kraft zu überwinden.

Vielleicht benutzen Sie, liebe Leser, dazu Ihr Gottvertrauen oder wenden sich an Jesus, Allah oder wen oder was auch immer. Mein Weg ist ein anderer: Es ist der Weg von Buddha beziehungsweise Nichiren Daishonin. Meine ganz persönliche Wahl. Er ist für mich klarer, durchsichtiger, näher an mir.

Die dritte Begegnung mit der buddhistischen Lehre, die mein Leben nachhaltig verändern sollte, war:

Ich, Tina. Mein Leben.

Es hatte sich unter den Mitgliedern der Organisation wie ein Lauffeuer verbreitet, dass keine Geringere als Tina Turner der buddhistischen Praxis in ihrer Autobiografie eine zentrale Rolle gegeben hatte. Mehr noch: Sie stellte heraus, dass ihr Leben, das an der Seite von Ike Turner die reinste Hölle gewesen war, durch den Buddhismus eine neue Wendung bekommen hatte, die sich nicht nur als kleiner Richtungswechsel manifestierte, sondern als großer Sieg!!! Ich verschlang das Buch in einer Nacht und sah einige Zeit später auch den darauf basierenden Film *What's Love Got To Do With It*. Tina Turners Geschichte rührte mich zu Tränen. Sie machte mich wütend, traurig und glücklich zugleich. Vor allem aber ermutigte sie mich unglaublich darin, in diesem Glauben, dieser Praxis ein Schrittchen weiterzugehen. Ja, ich möchte rückblickend fast behaupten, dass Tina Turner bei mir den Schalter umgelegt hat. Nicht, weil sie die große Tina Turner ist, sondern weil sie mit wenigen, ganz klaren Worten ohne Fachsimpelei beschreibt, worum es geht, was es bedeutet, sein Leben zu polieren, enorme Lebenskraft und Mut zu entwickeln, jegliches Hindernis zu überwinden und zu siegen. Vor allem dann, wenn man ganz, ganz weit unten ist.

Ihre Geschichte hat mir immer und immer wieder Mut gemacht. Bis heute. Ihre Geschichte ist einzigartig.

»Lotos ist eine Blume, die im Schlamm wächst.
Je zäher und tiefer der Schlamm, desto schöner die Lotosblüte. – Dieser Gedanke wird ausgedrückt durch das buddhistische Mantra *Nam Myoho Renge Kyo*.«

Darunter hört man leises Chanten. Das ist der Vorspann zu Tinas Film.
Wie schon gesagt: Im Buddhismus versinnbildlicht die wunderschöne Lotosblüte die Tatsache, dass das Leben eines jeden Menschen zwangsläufig aus Schwierigkeiten und Problemen (Schlamm) besteht und trotzdem oder vielmehr gerade deswegen die wunderschöne Blüte der Buddhaschaft oder innewohnende Göttlichkeit hervorbringt. Ohne Schlamm keine Blume. Ganz klar. Eine »Conditio sine qua non« – es geht nicht anders. Der »Dreck« in unserem Leben befähigt uns dazu, wunderbare Menschen zu sein. Für einen Botaniker ist das sicher nachvollziehbar. In unserem eigenen Leben ist es für uns jedoch nicht leicht zu akzeptieren, dass der ganze »Mist«, dem wir unweigerlich dann und wann oder, je nach Karma, vielleicht auch andauernd begegnen, einfach dazugehört. Sprich: dass Dreck und Schlamm Tatsachen des Lebens sind. Und solange man das nicht verstanden hat, rennt man ständig gegen neue Betonwände. Ist so. Das dürfen Sie mir jetzt einfach mal glauben.
Eng verbunden mit Buch und Film von Tina Turner ist meine Erfahrung in Südafrika.
Ein neuer Film. *Thelma*. Gemeinsam mit meinem Lebenspartner. Ich spielte die Hauptrolle. Eine Wahnsinnsrolle – böse, verrucht, sexy, schlampig. Sie eröffnete mir in meiner beruflichen Laufbahn neue Wege, denn bislang hatte man mich überwiegend als die »Nette-Liebe-Gute« besetzt, mit viel Romantik und Gefühl. Nichts gegen »Gefühl«, aber die bösen Rollen sind für Schauspieler nun einmal ein Leckerbissen. Und eine große Herausforderung. Und der durfte ich mich jetzt stellen – mit der Liebe meines Lebens, wie damals in Venezuela, hinter der Kamera. Glück pur.

Schauplatz Johannesburg. Ohne sich dessen auch nur ansatzweise bewusst zu sein, hatte mein Regisseur und Lebenspartner drei der damals 40 Soka-Gakkai-Mitglieder im ganzen Land für seinen Stab verpflichtet: Kamera, Maske und Script. Nicht zu fassen! Zufall? Sicher nicht. Die Dreharbeiten stellten sich als schwierig heraus, das Geld wurde knapp und auch die Kriminalität in der Stadt bereitete uns Probleme. Kurz: Wir brauchten Schutz durch das Mystische Gesetz des Universums. Und der stellte sich gewissermaßen im Handumdrehen ein. Tinas Film *What's Love Got To Do with It*, der gerade herausgekommen war, wurde in der Mittagspause zum Tischgespräch und die Gemeinsamkeit offenbarte sich, zur großen Freude unter den Praktizierenden des Lotos-Sutra. Bei mir löste das eher gemischte Gefühle aus. Das »Gongyo« im Hotel um halb fünf Uhr morgens war auch für mich Tiefschläfer nicht zu überhören. Igitt!

Einmal wach, zog ich es vor, im eiskalten Hotelpool zu schwimmen, was zwar mein Leben und meine Seele nicht polierte, wohl aber meinen Body, der mit wenig bis gar keiner Bekleidung in manchen Szenen vor der Kamera einfach top aussehen musste. Auch eine Art Nutzen, fand ich. Ein großer sogar! Ein bisschen Eitelkeit ist diesbezüglich in diesem Beruf schon erlaubt, vor allem bei einer so erotischen Rolle!

Was die seelische Baustelle und den fest schlafenden Buddha in mir betraf: Ich wunderte mich, dass der nicht schon ein Auge aufgemacht hatte – so »umzingelt«, wie ich inzwischen war …

Ursache und Wirkung

So romantisch und süß unser Nest in Saint-Germain auch war, es war uns längst zu eng geworden. Endlich hatten wir eine größere Wohnung gefunden. Was für ein Tag, als dann mein ganzer Umzugskrempel und vor allem meine heiß ersehnten Bücherkisten aus Wien eintrafen! Ende der Übergangslösung, Start in ein richtiges Leben! Beim Auspacken fiel mir das kleine grüne Heft aus der Zeit in Bad Hersfeld wieder in die Hände. »Nur Mut!«, stand auf der ersten Seite mit Kugelschreiber geschrieben. Lichtjahre schien mir das her zu sein, so viel war seitdem passiert.
Mein Französisch war inzwischen absolut top. Trotzdem wünschte ich mir mehr Literatur über den Buddhismus des Nichiren Daishonin in meiner Muttersprache. Es sollte noch ein bisschen dauern. Das Internet war noch nicht erfunden und somit konnte ich über den Verleger des kleinen grünen Heftchens nichts herausfinden.
Bemerkenswert und nicht gerade lustig war die Tatsache, dass sich, seitdem es diesen Gohonson in unserem Haushalt gab und regelmäßig zu unmenschlich früher Morgenstunde in unzumutbarer Lautstärke gechantet wurde, mit einem Mal meterhoch Probleme auftürmten. Diese Schwierigkeiten betrafen zwar in erster Linie meinen Partner, aber es war ja auch mein Leben. Das kann's doch nicht sein! »Du machst so viel. Du chantest, engagierst dich in der Organisation und kümmerst dich um andere Mitglieder! Dieser Müll ist doch kontraproduktiv und gegen jede Regel. C'est merdique! Ich denke, man erhält positiven Nutzen!«, ereiferte ich mich extrem genervt. Fast gerieten wir in Streit.

Ich rufe mir diese Zeit heute immer wieder ins Gedächtnis zurück, weil meine Reaktion so ganz typisch war, so menschlich, als Folge davon, dass man die Dinge eben nicht mit dem Kopf begreifen kann! Wer mit Logik zu Werke geht und sich eigene Strategien bastelt, folgt der irrigen Annahme, dass die Probleme und Schwierigkeiten aufhören, wenn man Buddhismus praktiziert. Doch so läuft das nicht. Und das Verständnis für die tieferen Zusammenhänge stellt sich erst ein, wenn man wirklich chantet. Das ist schwer zu verstehen, ich weiß, und ich selbst habe es im Lauf der Zeit auch immer wieder vergessen …

»Tu es vraiment dans l'état d'enfer! Du bist wirklich in der Welt der Hölle!«, kommentierte die Liebe meines Lebens meinen ziemlich aggressiven Zustand. »Sieh dich an! Du bist Opfer deiner eigenen Negativität! Il est temps que tu comprenne quelque chose hyper-important: les dix états! Ich habe dir doch schon von den Zehn Welten erzählt. Es wird Zeit, dass du endlich etwas grundsätzlich kapierst! Dieser Zeitpunkt passt perfekt, weil die »Welt der Hölle« die niedrigste von allen ist. Alors, eines der Hauptprinzipien im Buddhismus ist die Lehre von den »Zehn Welten« oder »Zehn Lebenszuständen«. Das heißt: alle Wesen, alle Dinge in diesem Universum – Menschen, Tiere, Pflanzen …«

»Auch Steine, Wasser und Atomteilchen?«, warf ich ein.

»Ja, alles! L'Univers ne choisit pas – das Universum unterscheidet nicht. Auch du bist nur ein Atomteilchen in diesem Universum. Also: Alles und jedes besitzt diese Lebenszustände. Wichtig dabei ist: Auch wenn in einem Moment einer dieser Zustände aktiv und dominant ist, sind die anderen Zustände trotzdem vorhanden, caché, sie sind versteckt.«

»Das heißt, ich kann mich in einem Moment ärgern und im nächsten vor Freude tanzen? Das ist doch nichts Neues!«, bemerkte ich lapidar. »Kennst du Goethe?«

»Bien sur! Wofür hältst du mich?«

»Ich meine: ›Himmelhoch jauchzend, zu Tode betrübt …‹ sagt Clärchen im *Egmont!*«

Ursache und Wirkung

Der Mann an meiner Seite ließ sich von meiner literarischen Bildung allerdings wenig beeindrucken. »Wie auch immer«, führte er unbeirrt fort, »ein Mensch kann innerhalb weniger Minuten alle Lebenszustände durchlaufen, je nach äußerem Anlass oder innerer Ursache.«

»Wie bitte?«

»D'accord …«, seufzte mein Liebster, »dann also noch einmal zurück zu Ursache und Wirkung. Das hast du, glaube ich, noch nicht ganz verinnerlicht. Äußere Ursachen sind Ereignisse, die innere Ursache ist deine Befindlichkeit!«

»Das macht es nicht klarer.«

»Alors, ein Beispiel: tu m'aimes?«

»Was hat das damit zu tun? Klar liebe ich dich. Weißt du doch.«

»Das ist deine innere Befindlichkeit.«

»Aha.«

»Et maintenant, je te donne une claque. Jetzt verpasse ich dir eine Ohrfeige!«

»Untersteh dich!«, grinste ich.

»Was würde passieren?«

»Ich wäre sauer!«

»Eh bien, voilà. Das wäre dann dein Lebenszustand, als Wirkung auf die Ursache, die ich mit meiner Ohrfeige gesetzt habe. Deine innere Befindlichkeit, sprich, dass du mich liebst, wird dich aber davon abhalten, mich deswegen zu erschießen. D'accord?«

»Und wenn ich sofort zurückhaue?«

»Das wäre dann fast der Beweis für die Gleichzeitigkeit von Ursache und Wirkung!«

»Was soll das denn schon wieder heißen?«

»Tiens, nach dem Gesetz des Lebens sind alle Phänomene im gesamten Universum dem Prinzip von Ursache und Wirkung unterworfen. Sie sind alle miteinander verbunden und beinhalten sich gegenseitig. Ça veut dire: Jede kleinste Veränderung des winzigsten Teilchens bewirkt eine Veränderung des Ganzen. Somit bist du Teil deiner Umgebung und mitverantwortlich für das Gesamtgeschehen. C'est clair?«

»Ja, ich bin ja nicht blöd. Wenn ich als Anja-Kruse-Teilchen salziger bin als alle anderen in der Riesensuppe, wird die ganze Suppe allein durch mich ein bisschen salziger. Und das bedeutet auch, dass es keinen Zufall gibt.«

»Bien sur que non!«, bestätigte mir der Liebste, »auf keinen Fall! Zufall ist bloß die Wirkung einer nicht erkannten Ursache! Also, wenn dir deine Umgebung nicht gefällt, musst du dich ändern. Ganz einfach! Wir neigen dazu, die Ursachen für unsere Probleme und Hindernisse, unsere Fehler, unser Unglück und unser Leid außerhalb unserer selbst zu suchen. Doch durch das Chanten, voilà, erkennen wir, dass die Ursachen in uns selbst liegen.«

»Das heißt«, warf ich ein, »niemand ist schuld daran, dass mir dies oder jenes passiert. Also keine Fremdschuldzuweisungen mehr.« Da sprach ich ein großes Wort gelassen aus. Ich ahnte zu jener Zeit nicht, in welchem Maße ich mit diesem Thema in Bezug auf gewisse Menschen in meinem Leben noch konfrontiert werden würde. Ich war selbst erstaunt, wie schnell ich es verstanden und verinnerlicht hatte. Die Haltung, etwas oder jemanden als Verursacher dessen zu sehen, was einem passiert, ob es nun negative oder positive Dinge sind, ist allseits beliebt und stark verbreitet. Doch mit dieser Einstellung wird man in seinem eigenen Leben nie etwas ändern können!

»Bravo«, sagte die Liebe meines Lebens ganz schlicht, um dann frech hinzuzufügen: »Geht ja doch was rein in deinen Dickschädel! Also, je répète: Wenn wir die innere Ursache ändern, können wir die Wirkung, also ein bestehendes Problem oder ein Lebensthema, beseitigen beziehungsweise ändern.«

»Und damit auch das Karma?«

»Bien sur! Darum geht es doch! Weil Karma die Summe aller Ursachen ist!«

»Aber«, hakte ich nach, »ich habe gehört, dass mein Schicksal unveränderlich ist, dass also grundlegende Dinge wie meine Lebensdauer und die Rahmenbedingungen meines Daseins festgelegt sind. Demnach trifft das, was du sagst, nur auf mein jetziges Leben zu.«

»Oui et non! Es gibt beides: Zum einen das sogenannte unveränderliche Karma, genannt »Schicksal«, will heißen »geschickte Mühsal«, also nach Shakyamuni, wie du weißt, die Vier Leiden, die allem Leben innewohnen. Aber, bonne nouvelle, sogar dieses Karma können wir durch das Chanten verändern – wir nennen das »Gift in Medizin verwandeln« – und somit ein glücklicheres, längeres Leben führen. Zum anderen gibt es das veränderliche Karma, das dich und deine Umgebung betrifft. Höchstwahrscheinlich gibt es irgendeinen anderen Menschen, der Komplize deines Karmas ist. Wenn du mit dieser Person ein Problem hast, fang bei dir an, damit sich aufgrund deiner eigenen menschlichen Revolution dein Gegenüber und damit deine Umgebung ändert. Das nennt man auch die »Einheit von Mensch und Umgebung«. Da das Prinzip von Ursache und Wirkung nun aber das ganze Universum durchdringt, liegt auch auf der Hand, dass es keinen Unterschied zwischen gestern, jetzt und morgen gibt. Alles ist immer da. Das ist die zweite Bedeutung des Bildes der Lotosblume.«

»Wie? Ich denke, Schlamm – also Leid – oder irdische Begierden, eben dieser ganz normale Alltagskram, sind der Nährboden für die Erleuchtung, das heißt für die schöne Blüte und unzerstörbares Glück? Was kommt denn nun noch?« Langsam wurde mir das ein bisschen zu viel ...

»Weißt du nicht, dass der Lotos eine der wenigen Pflanzen ist, die gleichzeitig Samen und Blüten tragen? Musst mal drauf achten.«

»Echt?«, fragte ich und konnte nur schwer der Versuchung widerstehen, augenblicklich nach draußen zu flitzen und diese Behauptung im nahe gelegenen Park mit dem Seerosenteich zu überprüfen.

»Tu peux me croire. Es stimmt. Und damit haben wir das Bild von der Gleichzeitigkeit von Ursache und Wirkung: Saat und Ernte.«

»Und was habe ich jetzt davon, dass ich das alles weiß?«, bemerkte ich trocken. »Mir brummt der Schädel!«

»Du bist unverbesserlich!«, lachte mein Liebster. »Kannst du die Dinge nicht einmal so akzeptieren, wie sie sind? Brauchst du immer eine Beweisführung?«

»Ja!«, sagte ich im Brustton der Überzeugung.
»Dann bist du hier richtig! Bienvenue au Bouddhisme du Nichiren Daishonin! Buddhismus ist beweisbar, Buddhismus ist Vernunft. Das Prinzip von Ursache und Wirkung ist Vernunft. Man kann es sehen, man kann es nachvollziehen. Wenn ich meine Hand in einen Topf mit kochendem Wasser halte, verbrenne ich mich. Ursache – Wirkung. Und der Wirkung ist es ziemlich egal, ob ich sie als böse, unmoralisch oder gemein bezeichne. Sie ist nicht »schuld daran«. Sie folgt ihrer ureigenen Gesetzmäßigkeit. Das kochende Wasser ist nicht »böse«, es ist nur heiß. Und der Topf kann auch nichts dafür. Also wenn ich meine Hand da hinein halte, bin ich entweder dumm oder wahnsinnig. Damit schaffe ich die Ursache für den negativen Effekt.«
»Ja, aber«, wandte ich ein, »in deinem banalen Beispiel ist das supereinfach und ganz klar. Ursache und Wirkung zeigen sich sozusagen gleichzeitig: Eine Hand, ein Topf mit kochendem Wasser – und die Verletzung erfolgt garantiert und augenblicklich. Aber so ist es doch meistens nicht im Leben. Denk doch nur einmal an diesen ›Dings‹, du weißt schon, diesen Mega-Drecksack, der seit Jahren gegen alles und jeden intrigiert. So, wie ich es mitbekommen habe, ist er außerdem ein Dauerfremdgeher. Und ständig auf Koks. Man sagt auch, dass er sich kleine Jungs nach Hause liefern lässt. Letztes Jahr hat er seinen Geschäftspartner rausgekickt und dessen Existenz zerstört, worauf sein Kompagnon sich umgebracht hat. Erinnerst du dich? Und was ist passiert? Kurz darauf bekam er diesen Millionenauftrag und jetzt geht er auch noch in die Politik. Es geht ihm blendend, auch gesundheitlich. Wo sind da Ursache und Wirkung? Wo ist das, was ich Gerechtigkeit nenne?«
»Das liegt daran, dass es zwei verschiedene, aber miteinander verbundene Arten von Ursache und Wirkung gibt.«
»Aua, jetzt wird's kompliziert!«
»Dann pass gut auf: Erstens gibt es die äußere Ursache und die manifeste Wirkung – die kann man sehen und wahrnehmen. Wie in dem Beispiel mit dem kochenden Wasser. Zweitens gibt es die

innere Ursache, meist angesammeltes Karma und die latente Wirkung. Ist ein Mensch zum Beispiel von Natur aus ängstlich, werden alle Auswirkungen in seinem Leben von Angst gesteuert, auch wenn man das nicht sehen kann. Die beiden Formen von Ursache und Wirkung sind aber miteinander verknüpft. Das heißt: Unser furchtsamer Mensch mag sein Leben lang Angst haben (innere Ursache), aber erst, wenn eine äußere Ursache eintritt – nehmen wir an, er ist mit seinem Boot auf dem Meer unterwegs und ein Sturm zieht auf –, erst dann stellt sich eine manifeste Wirkung ein: Der ängstliche Mensch kehrt augenblicklich zum rettenden Ufer zurück – und wird in Zukunft vor lauter Angst nie wieder ans Meer fahren (latente Wirkung). Trotzdem sind weder Meer noch Sturm, geschweige denn das Boot schuld daran. Das Ereignis war nur der äußere Anlass, der dem furchtsamen Menschen seine Angst vor Augen führt. Unter bestimmten Voraussetzungen wirbeln wir den Bodensatz in unserem Leben auf und wundern uns dann, dass dabei so viel Schlamm, also Unglück, nach oben steigt. Vielleicht hat jemand anderes umgerührt (äußere Ursache), aber es ist unser eigener Dreck (latente Ursache), der aus dem scheinbar klaren Wasser unseres Lebens eine braune Brühe macht (manifeste Wirkung). Dem ›Umrührer‹ können wir dafür nicht die Schuld in die Schuhe schieben.«

Ich musste lächeln. Wieder das gleiche Bild! Wie damals in der Bad Hersfelder Kantine ... Allerdings war meine Frage damit noch nicht beantwortet.

»Je sais, c'est très complexe«, räumte mein Liebster ein, »und es ist auch sehr schwierig. Du setzt mit deinem Leben, deinen Handlungen permanent Ursachen, sichtbar oder nicht sichtbar, die ständig Wirkungen erzeugen. Wie ich dir eben anhand der Lotosblume erklärt habe, ist dabei die Gleichzeitigkeit von Ursache und Wirkung von Bedeutung: Der jetzige Augenblick ist die Folge der Ursachen deiner Vergangenheit und er ist gleichzeitig die Ursache für alles, was in deiner Zukunft passiert. Dass – wie in dem Fall des eben erwähnten Herrn – nicht sofort eine manifeste Wirkung auf eine

fraglos böse Ursache sichtbar wird, liegt daran, dass, wie in der Natur auch, die Dinge zwar vorhanden sind, aber erst eine äußere Ursache brauchen, um sich zu manifestieren. Und das dauert manchmal lange, mitunter bis zum nächsten Leben. Es muss Frühling werden, damit ein Baum blüht, und trotzdem waren seine Blüten im Winter ja nicht »weg«, sie waren nur einfach nicht sichtbar. Aber das führt jetzt wirklich zu weit ... und gehört im Grunde genommen auch schon zum Thema Leben und Tod.«
Es war Hochsommer. Draußen wurde es langsam hell. Nach so viel »Ursache und Wirkung« würden wir die Lektion über die »Zehn Welten« wohl wieder einmal vertagen müssen ... Aber es war auch so schon sehr viel Information für einen einzigen Abend gewesen. Eigentlich war alles so klar, so richtig, so vernünftig, so logisch. Nur, und da wiederholte sich mein zugegebenermaßen einziges, aber prominentes Problem: Dass man durch einfaches Chanten allein positive Ursachen setzen kann, um damit Nutzen, also positive Wirkung, zu erhalten und damit sein Karma positiv zu beeinflussen respektive grundlegend zu verändern, das muss man schlichtweg glauben. Beweisen lässt es sich erst, wenn man wirklich chantet.
Peng. Da war sie also wieder, diese subtile Aufforderung, endlich einen Schritt weiterzugehen. Kein *Nam Myoho Renge Kyo*, kein Beweis. »Ich chante für dich, vraiment«, sagte die Liebe meines Lebens, »aber ich kann nicht deinen Lebenszustand erhöhen. Das musst du schon bitte schön selber tun.« Den Lebenszustand erhöhen, Lebenskraft ansammeln, das heißt Mut, Weisheit, Mitgefühl und Lebenskraft hervorbringen – dass es in erster Linie darum geht und dass dies auf diesem buddhistischen Weg das Wichtigste überhaupt ist, blieb mir zum damaligen Zeitpunkt noch weitgehend verschlossen. Im Spätsommer des gleichen Jahres ergab eine äußere Ursache den entscheidenden Ruck nach vorn und führte mich in die – wie ich nach 18 Jahren nun sicher weiß – für mich absolut einzige und richtige Richtung.
Ein Theater in Bochum bat mich, für eine erkrankte Kollegin einzuspringen, zwölf Tage vor der Premiere: die Hauptrolle in

Neil Simons *Ein ungleiches Paar*. Was für eine Herausforderung! Ich nahm diese schwierige Aufgabe, wenngleich mit ein bisschen Bauchschmerzen, an. Diese Entscheidung sollte in den nächsten Jahren gewaltige Auswirkungen nach sich ziehen. Ein großer Nutzen – eine neue Theaterwelt im Bereich der Komödie plus einer Lebensfreundschaft in einer Stadt namens Düsseldorf, die ich früher niemals freiwillig betreten hätte, denn das war für uns Essener Kinder »feindliches Ausland« und das Breitscheider Kreuz der »Eiserne Vorhang«. Aber das ist für mich inzwischen längst Geschichte.

Doch erst mal kam Bochum. Wo alles begann. Ich war zurück in heimischen Gefilden, überhaupt endlich wieder einmal in Deutschland. Deutschland ... hatte ich hier nicht etwas vor? Wollte ich nicht etwas finden, das es nur hier gab? Jawohl! Ich konnte es kaum abwarten, die Premiere des Stücks hinter mich zu bringen, damit ich mich tagsüber frei bewegen konnte.

Ich machte mich also auf die Suche nach dem Herausgeber des kleinen grünen Heftchens. Irgendwie musste ich doch verdammt nochmal an Literatur in Deutsch kommen. Erst lesen und verstehen, dann chanten, war mein Motto.

Mein erster Weg führte mich zum Hauptpostamt. Stundenlang wälzte ich die fetten, eklig abgegriffenen Telefonbücher, doch weder Nummer noch irgendeine Art von Adresse war herauszukriegen. Also fuhr ich in diesen Ort namens Mörfelden-Walldorf, der im Impressum angegeben war und von dem ich noch nie gehört hatte. Was heißt ich fuhr hin? Ich startete einfach los, in der Hoffnung, dort zu landen, wo ich hinwollte.

Wer diese Ecke im Süden von Frankfurt kennt, weiß vermutlich, dass man sich dort stundenlang herrlich verfahren kann. Das Navi war ebenfalls noch nicht erfunden worden. Und der Autoatlas informierte mich, dass es mindestens vier Orte mit fast gleicher Schreibweise gab. Puh! Gleich zu Beginn schon ein ganz schönes Hindernis! Aber ich gab nicht auf. Ich war entschlossen, mein Ziel zu erreichen und mich nicht von Schwierigkeiten besiegen zu lassen!

Und ich erreichte mein Ziel. Ich parkte meinen Wagen in einer unspektakulären Straße in diesem Ort, der kaum mehr als ein Industriegebiet war, vor dem deutschen »Headquarter« der Soka Gakkai (SGI-D). Ich wurde superfreundlich empfangen und obwohl die »Boutique« eigentlich schon geschlossen hatte, ließ man mir Zeit, mich umzuschauen, und beantwortete meine Fragen. Mit gefühlten 10 Kilogramm Büchern, Broschüren und Zeitschriften – sowie einem »Gongyo«-Buch, das Textheft für die morgendliche und abendliche Zeremonie – und jeder Menge herzlicher Ermutigungen im Gepäck gelangte ich an diesem Freitagnachmittag tatsächlich ohne allzu große Schwierigkeiten über den Kölner Ring und die ausnahmsweise mal gar nicht böse A 40 und war pünktlich um 19 Uhr im Theater. Es sollte einfach so sein. Ich war beschützt. Vom Gesetz des Universums. Hey, Anja! Nutzen! Positiver Nutzen! Super Ursache – meine Entschlossenheit – super Wirkung: Das ganze Unternehmen hatte bestens geklappt! Keine Hindernisse.

Noch nicht, denn mit dem Wichtigsten von allem, das eine Veränderung nach sich ziehen würde, nämlich dem Chanten, hatte ich ja noch nicht angefangen.

Die nächsten Wochen waren dem Studium gewidmet. Ich bekam schon glasige Augen vom vielen Lesen. Zuerst widmete ich mich dem Buch *Die menschliche Revolution*, das im weitesten Sinne die Geschichte der Soka Gakkai beschreibt. Einfach spannend. Dann studierte ich die *Gosho* genannten Schriften von Nichiren Daishonin, eine Sammlung von Briefen, die meist Ermutigungen an die Menschen in seiner Welt enthalten. Eine nicht ganz unkomplizierte Lektüre, jedoch so voller Liebe und Wahrheit. Anschließend las ich die Niederschriften von Gesprächen, die Daisaku Ikeda, der Präsident der Soka Gakkai, mit Wissenschaftlern oder Staatsmännern geführt hatte und deren thematischer Schwerpunkt auf dem Frieden durch Dialog lag. Was für ein unglaublicher Mann, dieser Ikeda!

Indem ich tiefer in die Lehre eintauchte, erfuhr ich auch von solch widerlichen Tatsachen wie den »Drei Giften«, die uns in Form von Gier, Ärger und Dummheit daran hindern, unser Potenzial als Mensch voll zu entwickeln. Oder von den »Drei Hindernissen und Vier Teufeln«. Das klingt fast katholisch, ist aber ganz anders gemeint. Unter »Hindernissen« sind erstens die Faktoren zu verstehen, die uns von innen heraus bremsen und die aus den »Drei Giften« bestehen. Zweitens werden damit die Schwierigkeiten beschrieben, die aus unserer unmittelbaren Umgebung, also zum Beispiel aus dem Zusammenleben mit dem Partner oder der Familie, erwachsen. Drittens sind damit die Bremsklötze in Form von Autoritäten, Chefs, Eltern oder dem Staat gemeint. Die »Teufel« darf man sich übrigens nicht als Personen vorstellen. Im Buddhismus bedeuten »Teufel« destruktive Kräfte, die uns daran hindern wollen, gute Ursachen für unser Karma zu setzen, und uns dazu verleiten, ja schön weiter in der Suppe unserer Illusionen zu schwimmen. Wenn wir vor dem Gohonson sitzen und chanten, können wir diese negativen Tendenzen erkennen und bekämpfen. Wir müssen diesen Kampf gegen die Widrigkeiten aufnehmen und dürfen uns unter keinen Umständen besiegen lassen. Die unangenehme Tatsache dabei ist dabei allerdings, dass in dem Moment, in dem wir ernsthaft damit anfangen, unser Leben zu polieren, die negativen Kräfte mit aller Gewalt aus dem Boden schießen und uns das Leben schwer machen. Nicht gerade ermutigend, um mit der buddhistischen Praxis zu beginnen! Doch ich hatte verstanden, worum es hier geht: Das Universum tritt uns quasi in den Hintern, damit wir unsere menschliche Revolution in Gang bringen, kämpfen lernen und dann unsere Buddhaschaft – am besten noch in diesem Leben – verwirklichen!

Na denn, einmal tief durchatmen und los! Ich hatte beschlossen, mutig zu sein. Trotz der im Hintergrund drohenden negativen Kräfte. Das würde ich in Kauf nehmen. Ich war bereit, das Risiko einzugehen. Mit dem Verstand kann ich das nicht erklären. Die ausgiebige Lektüre hatte mich zwar ein bisschen schlauer gemacht, aber das Gefühl, das sich einstellte, diese Notwendigkeit, diese Art Sehnsucht, mit dem Chanten dieses Satzes zu beginnen, schien irgendwie aus dem Universum zu kommen und sich direkt in mei-

nem Herzen einzunisten. Ein neuer Weg. Eine Reise ins Unbekannte. Und jede Reise beginnt mit einem ersten Schritt. Also los!
Warum ich mich gerade in diesem Moment meines Lebens entschlossen hatte, mit der Praxis zu beginnen, keine Ahnung. Ich war nicht in Not. Ich brauchte das alles nicht. Trotzdem hatte ich das Gefühl, dass es für mein künftiges Leben wichtig war. *Von heute an* lautete der Titel eines der Bücher, die ich von der SGI-D mitgebracht hatte, und ich nahm ihn gleichsam zum Motto. Wie aufs Stichwort meldete sich zudem mein praktisch veranlagtes Vernunftstimmchen im Innenohr: »Hey! Der Zeitpunkt ist günstig! Dir geht es gerade supergut: Du hast keine finanziellen oder anderen Sorgen, du wirst in einem halben Jahr die Liebe deines Lebens heiraten, dein Stück in Bochum ist ein Riesenerfolg und es werden bereits Verhandlungen über eine Neuinszenierung in Düsseldorf, Köln und München geführt. Also, meine Liebe, let's go!« Eine glückliche und sorgenfreie Zukunft lag vor mir. Vielleicht war das die beste Voraussetzung, um mit dem Chanten anzufangen. Sicher fällt es leicht, mit dem Beten zu beginnen, wenn es einem nicht gut geht oder wenn man dringend etwas braucht, aber ist man dann nicht versucht, gleich wieder aufzuhören, sobald die Dinge wieder im Lot sind? Mit einer vagen Vorstellung von dem, was Buddhaschaft sein könnte, den Blick fest auf die weiße Wand im Schlafzimmer meiner Bochumer Theaterwohnung gerichtet, konzentriert, aufrecht, die Handflächen gegeneinander haltend, so ernsthaft wie möglich – entweder richtig oder gar nicht – chantete ich ganz für mich allein meine ersten richtig lauten »Daimoku[7]«, also diesen einen Satz *Nam Myoho Renge Kyo.* Ich wiederholte ihn immer und immer wieder »mit der Entschlossenheit eines brüllenden Löwen«, wie es in einer Schrift von Nichiren Daishonin heißt. Blöd kam ich mir nicht mehr dabei vor. Sah ja auch keiner zu. Irgendwie hatte dieses Chanten etwas … Nach einer Weile spürte ich eine Art seltsamer Zufriedenheit, völlig grundlos. Ein simpler Glückszustand.
Und es war genau die richtige Entscheidung, die ich da getroffen hatte. Ich setzte, ohne es zu ahnen, eine Ursache, deren Wirkung

sich erst viele, viele Jahre später bemerkbar machen sollte, eine Wirkung in Gestalt eines Fallschirms. Ein Freund und Mentor brachte das mit einer einfachen Geschichte voll auf den Punkt: »Denk dir, du lebst in einer Gesellschaft, in der einige plötzlich anfangen, einen Fallschirm zu tragen. Du fragst sie, welchen Sinn das habe, und du kriegst zur Antwort, man wisse ja nie so genau und es sei ja auch recht kleidsam. Dir fällt auf, dass immer mehr Leute so einen schön zusammengefalteten Fallschirm auf dem Rücken tragen und denkst dir schließlich: ›Ist ja ganz schick und die Seide fühlt sich angenehm an, also warum nicht?‹ Jahre später – der Fallschirm ist immer noch in Mode und zu deinem ständigen Kleidungsstück geworden – trittst du eine Reise in einem Flugzeug an. Es gibt einen Zwischenfall und das Flugzeug droht abzustürzen. Du und die anderen Passagiere mit dem schicken Fallschirm-Outfit springen, ziehen rechtzeitig die Leine, gleiten sanft zu Boden – und sind gerettet.«

Haben Sie's verstanden? Ich hatte etwas in meinem Leben etabliert, das mich beschützt – komme, was wolle …

Zurück in der Bochumer Theaterwohnung. Ich chantete wirklich mit voller Entschlossenheit. Mit dem Gongyo – der morgendlichen und abendlichen Zeremonie mit den vielen komplizierten Worten aus den zwei Kapiteln des Lotos-Sutra, die das Chanten umrahmen – wollte es allerdings nicht so recht klappen. Also erinnerte ich mich daran, was ich in den Versammlungen in Paris und den unzähligen Gesprächen mit meinem zukünftigen Ehemann gelernt hatte: Dass es durchaus richtig ist, sich etwas zu wünschen und dafür zu chanten. Da dieser Buddhismus der Buddhismus des Alltags ist, des normalen Lebens gewöhnlicher Menschen, schließt er Wünsche und Begierden nicht aus. Sie gehören dazu. Sie sind Teil unseres Lebens und der »Weg der Mitte« propagiert, dass man sie annehmen und nicht ausmerzen soll! Es gilt, das Beste daraus zu machen: »Begierden in Erleuchtung verwandeln«, heißt es. Also chantete ich dafür, Hilfe zu bekommen. Nicht von meinem Lebenspartner, denn den wollte ich eigentlich zur Hochzeit mit einem perfekten Gongyo überraschen. Da hatte ich mir einiges vorgenommen …

Da weithin behauptet wurde, es würde sich ein sofortiger, sichtbarer positiver Nutzen, also ein Beweis, präsentieren, wartete ich natürlich auch darauf. Dazu fällt mir eine Stelle aus Tina Turners Buch ein – zum Thema positiver Nutzen und Beweis. In *Ich, Tina. Mein Leben* schreibt sie über ihre Anfänge in der buddhistischen Praxis: »… Ich wiederholte diesen Gesang fünfmal – *Nam Myoho Renge Kyo, Nam Myoho Renge Kyo* … Ich war dabei ganz aufgeregt. Das Erste, was geschah … nun, ich hatte mit meinem Make-up ein kleines Problem. Ich reagierte allergisch darauf und musste mir ein anderes Fabrikat aussuchen, und ich hatte mich überall erkundigt und umgeschaut, aber ich konnte es nicht finden. Dann, ich hatte kaum den Gesang beendet, bekam ich einen Anruf von einem Girl. Sie war gerade bei Bloomingdale's. Sie sagte: ›Du suchst doch dieses spezielle Make-up, nicht wahr? Nun, sie haben es hier.‹ Sicher, das klingt irgendwie lächerlich, aber ich wusste, dass dies der Gesang bewirkt hatte – dass er mir half, meinen angestammten Platz im Universum wiederzufinden. Make-up, gewiss, eine Kleinigkeit. Aber es war ein Anfang …«[8]

Eine banale kleine Geschichte. Aber eindrucksvoll. Und sie machte mir Mut.

Liebe Leserinnen und Leser, um eines klarzustellen: Dieser kleine Satz *Nam Myoho Renge Kyo* ist keine Zauberformel, kein Beschwörungsritual und kein anderer mystischer Firlefanz. So unglaublich es auch erscheinen mag, mit dem Chanten dieses Satzes verbinden wir uns mit der kosmischen Lebenskraft. Diese gewaltige Energie reinigt unser gesamtes Leben und damit auch die Umgebung, in der wir uns befinden. Bis wir den »verborgenen Nutzen«, den Zustand des Buddha, erreichen, dauert es natürlich eine ganze Weile. Das hat Nichiren Daishonin immer wieder bestätigt. Diesen langen Weg würden die Menschen aber nie durchhalten, wenn sie nicht zwischendurch den einen oder anderen netten positiven Nutzen sehen könnten. Durch einen sofortigen, »offensichtlichen« Nutzen werden wir ermutigt, weiterzumachen, um schlussendlich auch in den Genuss des »verborgenen« Nutzens zu kommen. Dass gerade am Anfang wie durch Zauberhand sichtbare Beweise erscheinen, liegt daran, dass wir uns augenblicklich verändern, indem wir beginnen, uns mit dem Universum in Einklang zu bringen. Und wenn wir uns oder genauer gesagt unseren Lebenszustand verändern, bringt das auch alles andere in Bewegung. Es wird auf jeden Fall das erscheinen, was für uns in diesem Moment wichtig und – vor allem – richtig ist! Das sollten wir immer im Hinterkopf behalten.

Ich habe es immer wieder vergessen und manchmal verzweifelt nach positivem Nutzen Ausschau gehalten, und zwar so, wie ich ihn mir vorstellte. Ich verstand nicht, warum sich gewisse Wünsche partout nicht erfüllen wollten. In solchen Momenten zweifelt man alles an und ist versucht, die ganze buddhistische Praxis hinzuschmeißen. Und das passiert, weil man – eine ach so menschliche Eigenschaft – das große Ganze nicht sehen kann.

Nur mit der Weisheit des Buddha wird man begreifen, warum ein Wunsch sich nicht erfüllte – und dann auch erkennen, dass es die bessere Lösung war.

Dazu folgende Geschichte. Sie handelt von einem kleinen Jungen, der eine tödliche Allergie gegen jede Art von Anästhetika hatte. Eines Tages bekam er schreckliche Bauchschmerzen und musste ins Krankenhaus eingeliefert werden. Dort stellte man einen Blinddarmdurchbruch fest. Der Junge musste sofort operiert werden. Seine Mutter war mit im OP und hielt seine Hand, während der Chirurg den ersten Schnitt machte. Ohne Narkose. Der Kleine weinte und schrie, nicht nur wegen der unerträglichen Schmerzen, sondern auch aus der Verzweiflung heraus, warum seine Mutter es zuließ, dass er so sehr leiden musste. Seine Mutter wusste, dass er ohne diese Operation sterben würde, aber sie wusste auch, dass ihm eine Narkose ebenfalls das Leben kosten würde. Sie sah das »große Ganze«. Ihrem kleinen Sohn war das nicht möglich.

Zur damaligen Zeit besaß ich diese umfangreichen Erkenntnisse noch nicht. Ich war naiv, ein kleines bisschen informiert, hoch mo-

tiviert, guten Mutes, voller Elan, im Anfangsfieber meiner buddhistischen Praxis …
Und da war er auch schon, der heiß ersehnte, ultimativ positive Nutzen. Er hatte nicht lange auf sich warten lassen. Er präsentierte sich in Form eines absolut genialen Rollenangebots: Winnetous Schwester Nscho-tschi auf der Riesenbühne der Wiener Stadthalle. Es war eine Rolle, wie man sie sich immer wünscht: hochemotional, actionreich und mit einer dramatischen Sterbeszene im letzten Akt (für Schauspieler immer ein gefundenes Fressen!). Winnetou … Eine Reise zurück in die Geschichten meiner Kindheit, wunderbar. Und noch dazu mit einer geradezu astronomischen Gage!
Ich freute mich, wieder in Wien zu sein, auch wenn ich die Stadt nur zum Schnell-mal-ein-paar-Stunden-schlafen sah. Ich war glücklich und sorglos wie ein kleines Kind. Ich tauchte ein in eine fremde Welt und lebte gewissermaßen in diesem glückseligen »Paralleluniversum« des Herrn Karl May wie Peter Pan in Neverland. Die Probenzeiten waren hart. Sie begannen pünktlich um acht Uhr morgens mit der Versorgung der Pferde und endeten nie vor zwei Uhr früh. Der Riesenturm gesponserter Red-Bull-Dosen im Produktionsbüro nahm merklich ab. Die Flügel hatte ich in dieser Zeit aber auch ohne das Gummibärchen-Getränk aus der silberblauen Dose – denn eine andere Energie hielt mich inzwischen wach …
Eines schönen Probentages hörte ich einen mir bekannten, ja inzwischen sehr vertrauten Satz aus der Garderobe nebenan. Der lustige kleine Sam Hawkens, wer hätte das gedacht!
Mein Wunsch war in Erfüllung gegangen! Jetzt konnte es richtig losgehen! Ich lernte das Gongyo und hatte jemanden an meiner Seite, mit dem ich mich austauschen, von dem ich lernen und dem ich Löcher in den Bauch fragen konnte: L.
Vieles, was ich heute weiß, habe ich von ihm. Ich bin unendlich dankbar, dass mir das Leben einen Menschen geschenkt hat, der mich ein so großes Stück weitergebracht hat, der mit einer Engelsgeduld, wann immer mein Weg ins Stocken geriet oder die Seele auf Halbmast hing, für mich da war. Tag und Nacht! Die Begeg-

nung mit ihm war einer der größten Nutzen der ersten Tage meiner »menschlichen Revolution«. Und der effektivste Beweis von der Gleichzeitigkeit von Ursache und Wirkung!
Kaum angefangen, ging es aber dann auch gleich richtig los mit den Auswirkungen der von mir durch fleißiges Chanten gesetzten Ursachen. Es prasselte de facto auf mich nieder.
Zum Ersten: Menschlich und künstlerisch war die Wiener *Winnetou*-Produktion zwar der Himmel auf Erden, finanziell jedoch ein Desaster. Kurz: Niemand bekam seine Gage. Hilfe! Was hatte ich da für eine Lawine losgetreten?
»Du musst das so verstehen«, sagte mein Mentor-Freund L., den die Katastrophe nebenbei bemerkt ja auch betraf. »Es ist ganz normal, dass die Dinge sich am Anfang scheinbar verschlechtern. Du kennst das ja sicher auch von bestimmten Medikamenten: Erst mal verschlimmern sich die Symptome der Krankheit, nicht wahr? Indem wir chanten, verwandeln wir Gift in Medizin. Wir reinigen unsere Sinne, erhöhen unseren Lebenszustand und nehmen somit das Leben durch eine bessere, klarere ›Brille‹ wahr.«
»Das heißt, der Buddha in uns wird wach.«
»Genau. Aber da liegt auch das – scheinbare – Problem.«
»Wieso?«
»Stell dir vor, du hast die meiste Zeit deines Lebens auf einem Bahnhofsklo verbracht. Irgendwann gewöhnt man sich an den Gestank und nimmt ihn nicht mehr wahr. Durch das Chanten schärfen wir unsere Sinne, unser Lebenszustand verändert sich und plötzlich nehmen wir unsere Umgebung wieder so wahr, wie sie ist. Es stinkt zum Himmel. Und das stört uns. Wir müssen da weg, aber schnell! Also verändern wir unsere physische Umgebung, damit wächst unsere Lebenskraft und wir fühlen uns wohler. Mit dieser Veränderung setzen wir Ursachen für eine ›saubere‹ Zukunft.«
Das war drastisch, aber deutlich.
Hmm … Sollte ich den wahren Wert der Ausübung meines Berufes hinterfragen? Lag mein Augenmerk zu sehr auf »Fun« und »Kohle«?

Zum Zweiten: Für meine Dachwohnung, die ich nach langem Hin und Her endlich verkaufen konnte, bekam ich viel weniger Geld als geplant – eben weil mein Architekt so viel Mist gebaut hatte. Der war aber nicht mehr zu belangen! Also erst einmal Schluss mit ausgiebigen Shopping-Streifzügen durch Paris … Und schon wieder war das Thema Geld in unangenehmer Weise präsent – ein Thema, das bisher nie in meinem Leben aufgetaucht war. Sollte ich mich also von zweitrangigen »irdischen Begierden« verabschieden?

Zum Dritten: Ich hatte mich zwei Jahre zuvor aus der »Rentenversorgungsanstalt« *Forsthaus Falkenau* verabschiedet. Nun musste ich feststellen, dass ich im Fernsehen kein Selbstläufer mehr war. Es bedurfte regelmäßiger Anstrengung meinerseits und seitens meiner Agentur, um weiterhin im TV-Markt mitmischen zu können. Natürlich fanden das alle schick, dass ich jetzt in Paris lebte, und dort drehte ich ja auch den einen oder anderen Film. Vermutlich ging man in Deutschland einfach davon aus, ich hätte im Ausland schon genug zu tun. Der Gedanke drängt sich auf, dass ich mir dieses Hindernis, mich in stärkerem Maße anstrengen zu müssen, ausgesucht habe, um weiterzuwachsen, mich zu entwickeln, mein wahres Potenzial zu entfalten, sowohl als Mensch natürlich, aber auch als Schauspielerin. Es schien meine Aufgabe, nicht mehr wie bisher mit den gemütlichen Gegebenheiten zufrieden zu sein.

Unter dem Strich hatte auch dieser Aspekt mit dem Thema Geld zu tun. War ich drauf und dran, mein »Kohle-Karma« freizulegen? Oh, bitte nicht!

Zum Vierten: Mein zukünftiger Ehemann hatte sich mit einem seiner Filme eine Menge Feinde gemacht – ein blödes Spielchen heutiger Fernsehpolitik. Immer mehr Türen verschlossen sich vor ihm. Natürlich war das sein Karma, aber ich hing ja auch mit drin. Ich hatte ihn gewählt, ihn, der mir diesen Buddhismus, der mein Leben grundlegend verändern sollte, nähergebracht hatte. Ihn, den ich unter keinen Umständen hatte kennenlernen wollen und den ich in wenigen Wochen heiraten würde.

Wie auch immer. Ich beschloss, mich dem zu stellen, was ich da losgetreten hatte, schließlich gehörte mein zukünftiger Ehemann ja auch mit zu meinem Karma. Damals handelte ich aus einem unbestimmten Gefühl heraus. Heute weiß ich, dass ich in jener Zeit eine gewaltige Aufgabe gestellt bekommen habe, nämlich Verantwortung und Mitgefühl zu lernen – zwei Dinge, die in meinem Leben bisher keine allzu große Rolle gespielt hatten.
Fakt war also: In dem Moment, in dem ich ernsthaft mit der buddhistischen Praxis begonnen hatte, donnerten mir die Schwierigkeiten nur so um die Ohren. Nix mit den netten Beweisen à la Tina Turner und ihrem Make-up. Also Ärmel hochkrempeln und durch! Ich bin ja nicht allein. Gemeinsam schaffen wir das schon. Dachte ich ...
Mein Leben begab sich in eine Schieflage. Außer der Liebe war nichts mehr an seinem Platz geschweige denn in irgendeiner Weise erfreulich. Für den Anfang war das ganz schön viel.
»Hilfe!«, schrie das Engelchen im einen Ohr, »was habe ich denn verbrochen? Wieso zum Teufel habe ich so ein mieses Karma?«
»Warum musstest du auch mit diesem Scheiß anfangen?«, kreischte das Teufelchen im anderen Ohr, »Es lief doch alles so super bis jetzt!«
»Haltet gefälligst die Klappe!«, zischte ich beiden zu.
Trotzdem fragte ich mich: Was ist da los, verdammt noch mal? L. hatte recht gehabt. Erst einmal geht es bergab. Ich weiß, das klingt jetzt alles andere als ermutigend und hätte ich vor, in diesem Augenblick jemanden zu »missionieren«, könnte ich mir das augenblicklich von der Backe kratzen. Die Aussage Nichiren Daishonins »Die Ausübenden des Lotos-Sutra werden den drei starken Feinden begegnen« wäre bei einem solchen Vorhaben absolut quotenfeindlich. Für mich gab's jedoch kein Zurück ...
Das Auftreten von Schwierigkeiten darf man nicht mit christlicher Logik betrachten. Hier geht's nicht um Strafe oder so was. Natürlich ist das schwer zu begreifen: Aus dem Nichts tauchen Probleme auf, dort, wo vorher keine waren. Das ist aber nur eine subjektive Wahrnehmung. Denn was habe ich gelernt? Die Probleme sind immer

schon da gewesen. Mit dem aktiven Chanten hatte ich sie lediglich in meinem Leben sichtbar gemacht. Ich habe das Glas umgerührt. Und das habe ich selbst getan. Ich allein. Ich kann niemanden dafür verantwortlich machen.

Das klingt jetzt ganz schön weise und abgeklärt. Sicher, vom heutigen Standpunkt aus betrachtet. Ich gebe zu, dass ich damals ganz schön irritiert war. Was war denn nun mit all den Geschichten vom positiven Nutzen?

L. runzelte angesichts meiner Frage die Stirn und meinte, dass ich da wohl etwas nicht ganz richtig verstanden hätte. »Wenn Bedürfnisse erfüllt werden, dann sieht das zwar am Anfang ganz nett aus und man freut sich auch darüber, aber eigentlich geht es darum nicht. Wünsche gehören zwar zu unserem Leben dazu, aber wir müssen uns davon unabhängig machen.«

»Wie soll ich das verstehen? Wünsche ja oder nein?«

»Begierden sind Erleuchtung«, schreibt Nichiren Daishonin.«

Wie bitte? Der hat sie wohl nicht alle! Stopp. Einmal kurz Luft holen, ich verstehe schon. Das bezieht sich auf den »Mittleren Weg«, auf die Einheit von Körper und Geist. Es ist das Bild mit dem Kutscher, der die beiden Pferde im Gleichtakt halten muss.

»Es geht darum«, fügte L. mit Nachdruck hinzu, »die Dinge des alltäglichen Lebens als Motor für seine Entwicklung zu verwenden, sich seiner Lebenszustände bewusst zu sein, sie zu benutzen oder sie zu verändern! Man muss Prioritäten setzen und sich damit befassen, was im Buddhismus wirkliches Glück bedeutet, und zwar nicht irgendwann irgendwo ›da drüben‹ in einem ›Nirwana-Himmel-Ewige-Jagdgründe-Paradies‹, sondern im Hier und Jetzt. Jawohl! Deswegen praktiziere ich diesen Buddhismus des Alltags. Transzendentaler Schnickschnack ist kein Thema für mich!« L. hatte sich in Rage geredet.

Die Zehn Welten

Nun ist es aber endlich an der Zeit, die »Zehn Welten« oder »Zehn Lebenszustände« genauer unter die Lupe zu nehmen. Dazu eine kleine Geschichte.

Es ist ein herrlich klarer Wintermorgen. Der Himmel über Paris strahlt blitzeblau und die hellgrünen Dächer rekeln sich in der Sonne. Mein zukünftiger Ehemann hat Croissants geholt und sogar den *Figaro* mitgebracht (»Ist besser für dein Französisch als die *Vogue!*«). Er macht sich zur Arbeit auf und ich tauche meine heiß geliebten Croissants in den Kaffee und verschlinge sie wie ein Raubtier seine Beute. Soooo ungesund, aber sooooo gut! Nebenbei lese ich den *Figaro*. Das geht schon viel besser als noch vor ein paar Monaten, sogar den Politik- und Wirtschaftsseiten kann ich langsam ganz gut folgen. Stimmt schon: Es ist für mich weitaus sinnvoller, den *Figaro* zu lesen als *Vogue* und *Marie Claire*. Obwohl man beim Essen ja eigentlich gar nicht lesen sollte … Die Türklingel stört mein gemütliches Frühstück empfindlich. Merde! Schon wieder diese blöde Kuh von Vermieterin. Was gibt's denn diesmal zu meckern? Mein Fahrrad steht heute garantiert nicht im Hausflur. Im Januar! Um Gottes willen, die will doch nicht schon wieder diese »charge commun« abkassieren, diesen völlig undurchsichtigen, ständig erneut zu zahlenden Nebenkostenbeitrag? Raubrittertum! Adieu, ihr schönen High Heels von Louboutin! Doch, oh Wunder, alles nicht so schlimm: Die Herrin des Hauses ist bloß erschienen, um mir mitzuteilen, dass in fünf Minuten für den Rest des Tages das Wasser abgestellt würde. Morgen geh ich die Louboutins kaufen! Aber das mit dem Wasser hat Madame Vermieterin bestimmt schon gestern gewusst. La salope – das Miststück! Ich knalle ihr die Tür vor der Nase zu und mache einen Hechtsprung unter die Dusche. Herrlich, dieses neue Duschgel von Monsieur. Wie ein Bad in einer Kokosnuss! Das Wasser reicht gerade noch aus, wenn auch ohne Haare waschen. Egal. Dann klingelt das Telefon. Splitternackt sprinte ich aus dem Bad ins Wohnzimmer. Es ist mein Freund L. aus Wien. Wir hatten ihn eingeladen und ich sollte ihn eigentlich gleich vom Flughafen abholen. Doch leider schlechte Nachrichten: die blöde Air France ist mal wieder im Streik. Ich bin stinksauer. Ich hatte mich so gefreut! Doch L. erinnert mich daran, dass seine Freundin ja bei Austrian Airlines arbeitet, und die könne für ihn bestimmt etwas deichseln. Na schön … Erst jetzt fällt mir auf, dass ich gar nichts anhabe. Ach so, deswegen ist mir so kalt. Brrr … schnell anziehen – den nigelnagelneuen wunderschönen Kaschmirpullover von Chanel. Jaaaa!

Also erst einmal abwarten. Ich setze mich vor unseren Gohonson und chante eine Weile. Dann fällt mir ein, dass ich für den Fall, dass wir heute Abend ausgehen, noch schnell mein »kleines Schwarzes« aufbügeln könnte. Ich schnappe mir auch noch das Lieblingshemd meines Gefährten (ehrlich gesagt: nicht sein, sondern mein Lieblingshemd) und unterziehe es dieser schrecklich öden Prozedur. Ich hasse Hemdenbügeln! Angeödet betrachte ich, während das Eisen hin und her gleitet, den Bezug des Bügelbretts und studiere die dort als Deko aufgedruckten Textilpflegesymbole. Interessant. Einige dieser Piktogramme fallen mir heute zum ersten Mal auf.

Erneut klingelt das Telefon, mein Freund L. kann tatsächlich mit Austrian Airlines fliegen. Problem gelöst! Also auf zum Flughafen. Doch wo ist mein Auto? Das glaube ich jetzt nicht. Das glaube ich einfach nicht! Putain de merde! Ich renne im Zickzack die ganze Straße auf und ab. Dann nehme ich mir die Nebenstraßen vor. Absolut nichts. Na bravo! Da hat mir also wirklich jemand das Auto geklaut! Also wieder nach oben in die Wohnung. Papiere holen, für die Polizei. Und meinen Mann anrufen. Ich drehe fast durch, als er

zu lachen anfängt. »Ist dir klar, chérie«, so nennt er mich sonst nie, ich hasse dieses Wort, »dass wir gestern bei meinen Eltern waren und du das Auto dort stehen gelassen hast? War wohl doch ein bisschen zu viel von dem guten Rotwein. Wir sind mit dem Taxi gefahren, tu te souviens?« Er lacht sich kaputt und mir fällt ein Stein vom Herzen. »Je vous aimes, Monsieur. Merci«, und damit rase ich los, springe in die Métro, erstehe bei Fauchon noch schnell eine Flasche Rosé-Champagner und finde mein Auto unversehrt vor dem Haus meiner zukünftigen Schwiegereltern. Ich gebe den Champagner ab – ich weiß, der ist für sie das Größte! – trinke kurz noch einen Kaffee, dann ein bisous und ab zum Flughafen ...
L. ist gerade angekommen. Ich sehe ihn schon hinter der Glastür. Die Glastür ... An genau dieser Stelle hatte alles begonnen vor etwas mehr als drei Jahren. Eine Liebe auf den ersten Blick ... »Hallo, in welchem Universum bist du gerade?«, reißt mich L. aus meiner Träumerei. »Entschuldigung ... Ähmmm ... Ich freue mich total, dass du da bist.«
Inzwischen ist es später Nachmittag. Wir geraten in die Rushhour, aber wir haben uns so viel zu erzählen, dass die Zeit im Stop-and-go auf den Boulevards périphériques wie im Fluge vergeht. Ich bin gespannt, was die beiden Männer voneinander halten, schließlich haben sie sich noch nie gesehen. Aber sie haben eines gemeinsam: den Buddhismus, den sie in mein Leben gebracht haben ...
Diese Geschichte ist relativ unspektakulär. Ein Tag, wie er bei jedem von uns – so oder so ähnlich – ablaufen könnte.

Die »Zehn Welten« sind gewissermaßen die Grundbausteine und neben dem Prinzip von Ursache und Wirkung das Fundament des Buddhismus.
Sie bestehen aus:

1. Hölle (Zustand des Leidens)

2. Hunger (Welt der Begierden)

3. Animalität (wir werden von Trieben beherrscht)

4. Ärger (Zustand von Arroganz und Konkurrenzdenken; Welt der Konflikte)

   Diese Zustände werden die »Vier bösen Pfade« genannt. Sie bedeuten schlicht und einfach Unglück und Unruhe.

5. Ruhe (ein neutraler Zustand der Ausgeglichenheit)
6. Vorübergehende Freude (ein Zustand, in dem wir überglücklich sind, weil ein Wunsch oder eine Begierde erfüllt wurde; doch dieser Zustand ist temporär und dauert nur so lange an, wie es die Umstände zulassen)

Diese »Sechs Pfade« werden durch äußere Ursachen ausgelöst.

7. Lernen (wir lernen etwas von anderen)
8. Teilerleuchtung (wir begreifen das Leben durch eigene Beobachtung)
9. Bodhisattva (Zustand von Mitgefühl und Selbstlosigkeit; die Freude darüber, anderen zu helfen)
10. Buddhaschaft (Zustand undefinierbaren Glücks, das nicht mehr von äußeren Umständen abhängt; wenn wir als Bodhisattva handeln, ebnen wir den Weg zu unserer Buddhaschaft)

Die letztgenannten Welten werden die »Vier edlen Pfade« genannt, die nur durch eigenes Bemühen und innere Anstrengung erreicht werden können.

Die kleine Geschichte zeigt, dass all diese Lebenszustände permanent und gleichzeitig in unserem Leben präsent sind. Wir können sie innerhalb kürzester Zeit durchlaufen und in Sekundenschnelle von einem Zustand zum anderen wechseln. Die ersten neun Welten sind ganz klar erfassbar, nur der Buddhazustand nicht. Das bedeutet aber nicht, dass es ihn nicht gibt. Es ist der höchste Lebenszustand und daher sehr schwer zu begreifen.

Also nehmen wir die kleine Geschichte eines ganz normalen Tages in Paris im Januar 1995 einmal anhand der Zehn Welten auseinander:

Der herrliche Wintermorgen – eine beschauliche Welt der Ruhe, friedlich, kontemplativ. Es ist zwar kalt (Hölle für mich), aber die winterliche Stadtlandschaft sieht wunderschön aus.

Das Croissant, das ich verschlinge, gehört nicht primär der Welt des Hungers an (so lange ist das Abendessen noch nicht her). Jedoch die Geschmacksexplosion à la française verdeutlicht die Animalität, da ich das Ding wie ein Tier verschlinge. Mein Verstand signalisiert mir, dass die Teile ungesund sind, also erlebe ich eine kurze Teilerleuchtung, die auf zurückliegenden Studien im Bereich Ernährung basiert. Die Lektüre des *Figaro*, die mich nicht nur dazu zwingt, mein Französisch zu verbessern, sondern auch noch was vom Weltgeschehen mitzukriegen, steht für die Welt des Lernens. Hinzu kommt die Teilerleuchtung, dass der *Figaro* in Bezug auf Wissenserweiterung tatsächlich sinnbringender ist als ein Modemagazin.

Der Auftritt der Vermieterin beschert mir ein Wechselbad mehrerer Zustände. Da ist zunächst einmal die Hölle, bedingt durch die Störung bei meinem gemütlichen Frühstück, die Erwartung einer unliebsamen Rechnung und den damit verbundenen Verzicht auf die ersehnten Schuhe. Dann wird Ärger (Arroganz) manifest, weil ich die Dame, ohne sie zu kennen, als »blöde Kuh« bezeichne und ich mich, nur weil ich gestört wurde, im Recht fühle. Ich lehne die Vermieterin grundlos ab, obwohl ich natürlich wissen sollte, dass auch sie die Buddhaschaft besitzt. Gleich darauf stellt sich vorübergehende Freude ein: Ich muss heute nichts bezahlen. Damit sind die Schuhe gerettet, der »Hunger« wird gestillt. Die Freude ist stark genug, um »bloße Katzenwäsche«, ohne die Haare zu waschen, für mich nicht zum Problem werden zu lassen. Den Bereich der Animalität befriedigt anschließend das besonders leckere Duschgel. Der Tag ist für mich wieder im Lot, sprich: Die Welt der Ruhe stellt sich ein. Aber nicht lange, denn die Nachricht am Telefon löst erst einmal den Zustand der Hölle aus. Aber dann setzt die Erkenntnis (das Lernen) ein: Alles nicht so schlimm, es gibt bestimmt einen Ausweg.

Nun greift die Welt der Animalität wieder: Ich muss mir etwas anziehen, damit ich nicht erfriere – letztendlich pure Arterhaltung! Doch der Pullover, den ich anziehe, ist nicht nur warm, sondern auch weich, edel und teuer – das katapultiert mich in vorübergehende Freude.

Indem ich chante, versuche ich meinen Buddhazustand zu manifestieren – und manchmal erwischt man auch ein kleines Zipfelchen davon.

Der Akt des Bügelns bringt meine Bodhisattvanatur hervor. Ehrlich! Da Hemdenbügeln für mich mit Abstand die schlimmste Tätigkeit im Haushalt ist, ist es ein Akt altruistischer Liebe und Zuwendung, dies für jemand anderen zu tun. Indem ich das Dekor des Bügelbretts studiere, befinde ich mich dann wiederum in der Welt des Lernens.

Direkt aus der Welt der Freude – mein Freund aus Wien wird bald in Paris landen – falle ich geradewegs mitten in die Hölle – wegen des vermeintlich gestohlenen Autos. Aber nur kurz, denn da sich der Irrtum aufklärt, bin ich sofort wieder in der Freude. Ich freue mich so sehr, dass ich instinktiv das Bedürfnis habe, andere daran teilhaben zu lassen. Ich kaufe also den Lieblingschampagner meiner Schwiegereltern, um ihnen eine Freude zu machen. In diesem Verhalten zeigt sich meine (mitfühlende) Bodhisattvanatur.

Die kleine Szene am Flughafen zeigt ganz klar die Welt der vorübergehenden Freude und danach den Lebenszustand der Ruhe: Alles hat bestens geklappt, die Fahrt ist entspannt und sogar der dichte Verkehr präsentiert uns seine positive Seite: Wir haben viel Zeit zum Quatschen.

Am Schluss erlebe ich noch einmal eine Teilerleuchtung durch die Erkenntnis, dass ich zwei Menschen in meiner Nähe habe, die mich zu dieser buddhistischen Praxis gebracht haben und mich immer noch sehr unterstützen.

Man sieht also: Alle Zehn Welten sind in einer solch kurzen Zeitspanne präsent! Das heißt: Jeder Lebenszustand ist permanent latent vorhanden und wartet nur auf einen kleinen Schubs von außen oder durch die eigene innere Befindlichkeit, um sich zu manifestieren.

So, und nun zum tieferen Verständnis die Zehn Welten en détail.

Hölle

Im Buddhismus ist Hölle nicht wie im christlichen Glauben als besonderer Ort zu verstehen, der außerhalb von uns selbst liegt und an den wir nach unserem Tod gelangen. Eine Assoziation mit Sartres »Die Hölle, das sind die anderen!« liegt viel näher. Hölle bezeichnet in der buddhistischen Terminologie einen Zustand im Hier und Jetzt, der treffend mit »fundamentaler Dunkelheit« beschrieben wird. Das kann sich vermutlich jeder bildlich vorstellen: Wenn es dunkel ist (und ich meine damit wirklich stockfinster!), turnen wir im Kreis herum. Nach einer Weile bekommen die meisten von uns Angst, erleben ein Gefühl von Klaustrophobie und sind unfähig, sich frei zu bewegen und zu frei zu handeln. Alles klar?
Im übertragenen Sinne bedeutet das: Wir sind gelähmt. Die Situation, in der wir stecken, ist absolut grauenvoll. Wir sind wütend, traurig und hilflos. Unser Zorn und unsere Aggression gegen andere und auch oft gegen uns selbst vergiften unser Leben. Die Negativität hält uns gefangen und nirgendwo am düsteren Himmel unseres Leidens ist ein Lichtstrahl der Hoffnung zu sehen. Wir stecken fest in dieser Hoffnungslosigkeit, die uns immer wieder zuflüstert: »Gib's auf, das wird sowieso wieder nichts!«, und können ihr nicht entfliehen.
Ein Teufelskreis – egal ob physisch oder psychisch. Unsere Lebenskraft ist auf dem Nullpunkt. Im schlimmsten Fall kann dieser Zustand ein Leben lang andauern, beispielsweise aufgrund einer schweren Krankheit oder einer Existenz in tiefster Armut. Er kann aber auch nur für wenige Sekunden auftreten, zum Beispiel wenn einem eine eklige Spinne über den Arm krabbelt.

Der Zustand der Hölle ist eindeutig der niedrigste von allen Zehn Lebenszuständen oder Welten. Jeder von uns würde ihn gerne vermeiden, das ist aber nicht möglich! Wenn es in meinem Leben so richtig ganz dicke kam – auch ich bin jemand, der sich von der Negativität oft einmal nach unten ziehen lässt –, habe ich es nur mit der buddhistischen Praxis geschafft, wieder mit der Nase an die Oberfläche zu kommen.

Ein Gedicht, das ich in einem solch unterirdischen Lebenszustand geschrieben habe, verdeutlicht mein ganz persönliches Erleben der Welt der Hölle:

depression

bleierner morgen ein
koloss von sorgen
zieht dich träge
durch einen neuen müden tag
herz so schwer
glaubt nicht mehr
an das heute voll neuem licht
der dunkelheit beute
fenster und türen dicht
zwischen immer und nie
lebst du in apathie
betäubt und verloren
als wärest du nie geboren
und draußen vor der tür
wartet ein anderes leben
bereit sich dir hinzugeben
doch du bleibst hier

Bei alledem ist es wichtig, zu verstehen, dass jede der Zehn Welten einen negativen, aber auch einen positiven Aspekt hat. Wenn wir nicht selbst erfahren würden, was Leid ist, würden wir nicht begreifen, was Glück ist, oder wir wüssten es zumindest nicht zu schätzen. Und da niemand gern in der Welt der Hölle weilt, ist sie ein gewaltiger Motor, der uns dazu antreibt, in unserem Leben nach vorn zu gehen. Wir lernen durch unsere oft qualvollen Erfahrungen, Dinge nicht mehr zu tun oder zuzulassen, die wehtun: wie ein Kind, das eine heiße Herdplatte anfasst. Es wird das einmal und nie wieder tun. Es wäre natürlich schön, wenn diese Erkenntnis immer so simpel wäre und frau sich zum Beispiel nicht immer wieder in die falschen Kerle verlieben würde …

Das Wissen, dass das Leben mitunter grauenvoll sein kann, ist – und das ist enorm wichtig – auch die Voraussetzung dafür, für Andere Mitgefühl zu empfinden, verbunden mit dem Wunsch, demjenigen zu helfen und ihn zu unterstützen. Wir reden hier nicht von Mitleid oder Sympathie. Das ist etwas ganz anderes. Denn dafür braucht es keine tief greifenden Erfahrungen in der Welt der Hölle. Was ich meine, ist Empathie – das Einfühlen aus dem Wissen und der Kraft des Erlebten. Eine Frau wie die Philosophin und Nonne Edith Stein[9], die in Auschwitz ermordet wurde, hat uns das in wunderbarer Weise vorgelebt und übermittelt.

Hunger

Hier geht es ganz konkret um das Thema Begierden. Der negative Aspekt dieses Lebenszustands ist, dass die Begierden uns beherrschen. Wir werden zu Sklaven unserer Wünsche, die nie aufhören: mehr, besser, neuer, schneller, höher, größer, weiter, teurer, schicker – das hört nie auf! Ist ein Wunsch erfüllt, kommt gleich der nächste nach. Wir sind dauerunzufrieden und ständig auf der Jagd, getrieben von der inneren Unruhe des Unbedingt-haben-Wollens, egal ob materiell oder nicht materiell. Diese Hatz ist ganz schön erschöpfend – und frustrierend, weil wir uns in diesem Zustand ständig unerfüllt fühlen.

Die Zeit, in der wir leben, trägt wesentlich zu diesem Dilemma bei: Durch das Fernsehen, die Werbung, das Internet, überall, wo unser Auge hinfällt, werden uns Wünsche suggeriert, die wir ursprünglich vielleicht gar nicht hatten. Manch einer kommt durch diese Impulse erst auf die Idee, sein Glück darin zu finden, etwas zu bekommen oder zu erleben, was bisher für ihn in den Sternen lag: Reichtum (kriegen wir ja jede Woche via Lotteriewerbung »Reicher als reich« um die Ohren gehauen), und natürlich Ruhm (der rote Teppich als Ziel aller Wünsche, zu erreichen via *Deutschland-sucht-den-Superstar-Germany's-next-Topmodel-X-Factor-Das-Supertalent* et cetera. oder für die weibliche Spezies als Spesenbraut eines Multimilliardärs oder Super-Promis, am besten eines Fußballers).

Apropos Beziehungen: Es ist auch ein Ausdruck des »Hungers«, in welchem Affentempo manche Menschen ihre Partner wechseln, gierig nach dem nächsten neuen Kick. Alkohol und Drogen fallen ebenfalls in diese Kategorie, vor allem Koks, weil es als »schick« empfunden wird in gewissen Kreisen der Lifestyle- und Partyszene – oder, wie sie in Wien heißen, den »Adabeis«[10] – und man ja natürlich dazuzugehören möchte.

Ich kenne das alles sehr, sehr gut. Ich habe da auch eine Zeit lang ziemlich unreflektiert mitgemischt – Drogen ausgenommen! Die waren und sind mir ein Gräuel! Den roten Teppich muss ich persönlich als Bestandteil meines Berufs aus dem Bereich des hungrigen Strebens mal ausklammern. Und doch fällt es ganz schön schwer, sich von den oberflächlichen Eitelkeiten in dieser Branche nicht anstecken zu lassen.

Es ist natürlich unsinnig anzunehmen, dass es für das Streben nach der Erfüllung unserer Begierden und Wünsche einen Rückwärtsgang gäbe. Die »Unschuld« der Unwissenheit haben wir verloren. Ich erinnere mich oft an eine Textpassage der Luise in Schillers *Kabale und Liebe*, die ich am Theater in Münster spielen durfte. Dieses Mädchen aus einfachsten Verhältnissen begegnet der gegensätzlichen Welt der Oberklasse in Gestalt der Mätresse des Fürsten: Lady Milford. Auf das Angebot, in deren Dienste zu treten, antwortet Luise folgendermaßen: »Sie wollen mich aus dem Staub meiner Herkunft reißen. Ich will sie nicht zergliedern, diese verdächtige Gnade. Ich will nur fragen, was Mylady bewegen konnte, mich für die Törin zu halten, die über ihre Herkunft errötet? Was sie berechtigen konnte, sich zur Schöpferin meines Glücks aufzuwerfen, ehe sie noch wusste, ob ich mein Glück auch von ihren Händen empfangen wolle. (…) So gönnen Sie mir doch eine Blindheit, die mich allein noch mit meinem barbarischen Los versöhnt – fühlt sich doch das Insekt in einem Tropfen Wasser so selig, als wär' es ein Himmelreich, so froh und selig, bis man ihm von einem Weltmeer zählt, worin Flotten und Walfische spielen.«[11] Luise ist frei von dieser Welt der Begierden, fürchtet aber, einmal in Kontakt gekommen, um ihren Seelenfrieden. Eine wunderbare Stelle in diesem wunderbaren Stück! Eine Aussage, die ich erst zehn Jahre später wirklich verstand. Denn diesmal befand ich mich auf der »anderen Seite« – in der Rolle der Lady Milford. Die große Klarheit von Luises Worten an mich, die Milford, haben mich noch tiefer berührt als damals, als ich selber, jung und unerfahren, die Luise spielte.

War es das, was die Menschen, die mir in Asien begegnet waren, so glücklich und entspannt erscheinen ließ? Das »Freisein« von Wünschen, weil sie diese nicht kannten oder weil sie nicht gewillt waren, ihnen die hohe Priorität einzuräumen, die wir ihnen hier im Westen zugestehen?

An dieser Stelle etwas ganz Wichtiges, damit Sie mich nicht für eine esoterische Spinnerin halten! Ich habe es bereits in den vorangegangenen Kapiteln erwähnt: Im Gegensatz zu einigen früheren buddhistischen Schulen geht es bei der Lehre, die ich mich in meinem Leben umzusetzen bemühe, nicht darum, Begierden auszurotten, zu verleugnen oder zu unterdrücken! Solche Aktionen enden nur in Neurosen und in starken Schuldgefühlen. Womit wir wieder bei der christlichen Kirche wären, speziell denke ich dabei an den Papst … Ein solches Vorhaben funktioniert einfach nicht.

»Begierden sind Erleuchtung«, schreibt Nichiren Daishonin. Ich weiß, das klingt krass. Dieser Satz ist jedoch als Aufforderung gemeint, sich der Herausforderung zu stellen, Wünsche und Begierden zur Triebfeder der positiven Seite der Welt des Hungers zu machen. Unzufriedenheit und Rastlosigkeit können recht nützlich sein, wenn wir große Ziele erreichen wollen: ein Wirtschaftswunder im Nachkriegsdeutschland, der Kampf gegen Armut und Ungerechtigkeit in der Dritten Welt oder unser Einsatz für atomare Abrüstung und Weltfrieden. Nutzen wir diese Energie, um etwas Großartiges, Wertvolles zu schaffen, und sei es auch nur in unserem kleinen Bereich von Familie und Job.

Ich spüre zum Beispiel genau, dass meine Unzufriedenheit und Rastlosigkeit der vergangenen Jahre mich antreibt und beflügelt, dieses Buch zu schreiben. Ich hätte im Traum nicht daran gedacht, ein solches Projekt jemals in Angriff zu nehmen – ich, die immer lieber Texte von anderen sprach, las oder interpretierte … »Werte zu schaffen« ist die Basis meines Lebens geworden, vermittelt durch diese Form des Buddhismus und den Geist der Organisation Soka Gakkai. Ich bemühe mich darum.

Animalität

Wir befinden uns im Lebenszustand der Animalität, wenn wir primär instinktgesteuert handeln, und zwar ohne auf die Konsequenzen unserer Handlung zu achten. Wir leben dann ohne Rücksicht auf Verluste das Darwin'sche Gesetz von »Fressen oder gefressen werden«, das Gesetz des Dschungels. Eine gewisse »Hackordnung« in der Gesellschaft trägt dazu bei, von der Clique, der man angehört, über die in Firmen etablierten Strukturen bis hinauf in politische Ebenen. Wir legen eine Aggressivität und ein Revierverhalten an den Tag, die vielleicht im Tierreich sinnvoll sind, um die eigene Art zu erhalten und zu stärken, die aber im wirklichen Mensch-Sein nichts verloren haben. Die Ausübung und der Missbrauch von Macht allein zur Verwirklichung persönlicher Ziele sind die deutlichsten Beweise von Animalität als Lebenszustand bestimmter Personen oder Gruppen. Ein paar Namen aus der heutigen Zeit drängen sich förmlich auf: Putin in Russland oder – in der krassesten Form – Gaddafi in Libyen und Assad in Syrien. Instinkte sind eine nützliche Sache. Wir haben Hunger, also müssen wir essen, und zwar um zu leben, nichts weiter. Angst bewahrt uns vor Gefahren. Wir haben Sex, damit die Menschheit fortbesteht. Ansonsten wären wir wohl schon längst ausgestorben. Doch über unsere Instinkte hinaus sind wir hoch entwickelte Wesen, das dürfen wir nicht vergessen. Wir wissen um Vergangenheit, Gegenwart und Zukunft und können mit unserem Verstand Schlüsse daraus ziehen und somit Konsequenzen überblicken. Diese Fähigkeit ist uns eigen, auch wenn wir vom Affen abstammen. Leider sind dennoch eine ganze Menge Primaten unter uns, kaum erkennbar, in oscarreifem Kostüm und in der Maske eines richtigen Menschen. Die machen das gut. Man lässt sich blenden, bis man dann doch eines Tages die Fassade durchschaut, weil das Maß an Rücksichts- und Gedankenlosigkeit, das diese Gestalten an den Tag legen, nur der, wie Nichiren Daishonin es nennt, »Torheit« instinktgesteuerter Menschen entspringen kann. Dieser Lebenszustand kann sich im großen Stil, beim Ringen um politische Macht, beim Wettrüsten oder bei halsbrecherischen Finanzmanövern zeigen, aber auch im Kleinen, zum Beispiel bei dem beliebten Thema Casting-Couch. Ja, meine Lieben, auch wenn die Herren Produzenten und Redakteure es vehement verneinen – es gibt ihn wirklich, diesen Tummelplatz animalischer Machtpolitik!

Apropos Sex: Sie kennen sicher den Unterschied zwischen der »schnellen Nummer« oder »der Runde Sex« und »faire l'amour« beziehungsweise »making love«? Ich hoffe doch sehr! Wer es erlebt hat: kein Vergleich! Ersteres ist die Welt der Animalität und damit mehr Nehmen als Geben. Letzteres ist symbiotische Hingabe, ein Miteinander und Füreinander, eine ganz andere Welt. Es ist schon merkwürdig, dass die deutsche Sprache keine treffende Bezeich-

nung dafür hat. »Liebe machen« … wie klingt das denn? Irgendwie hölzern. Ich überlasse es den Soziologen, Psychologen und Sprachwissenschaftlern herauszufinden, warum es an dieser Begrifflichkeit mangelt und in erster Linie diese hübschen Worte mit »f«, »v« oder »b« gebräuchlich sind. Da halte ich mich lieber raus …
Und damit verlassen wir die »Drei bösen Pfade«, bei denen wir Menschen fremdbestimmt vor uns hin leiden.

Ärger

Die Welt des Ärgers gehört eigentlich auch noch zu den »bösen Pfaden«, mit dem Unterschied, dass hier das Ego des Menschen auf den Plan tritt, sich getrennt vom Universum als Individuum wahrnimmt und sich aufgrund seiner Einzigartigkeit gaaaanz toll findet. Ich bin der stolze Löwe, der König der Tiere und der Sternzeichen. Ich bin der Mittelpunkt des Universums, weil es mir zusteht. Klingelt da bei Ihnen etwas? Also bei mir schon … Es betrifft ja nicht dieses Sternzeichen allein, deshalb Hand aufs Herz: Wer war nicht schon mindestens einmal der festen Überzeugung, besser, nein, um Lichtjahre besser, klüger, erfolgreicher, schöner, reicher, toller und was weiß ich nicht noch alles mehr als seine Mitmenschen zu sein? Egozentrik vom Feinsten, die, nebenbei bemerkt, geschlechts- und berufsunabhängig ist. Niederlagen sind schwer zu ertragen, Kritik schon gar nicht.
Vielleicht haben Sie es schon erraten: In dieser Welt des Ärgers versteckt sich auch eines meiner persönlichen karmischen Themen. Wenn Sie wollen, können Sie zum Anfang dieses Buches zurückblättern, um der Sache noch einmal genauer auf den Grund zu gehen … Das Spannende an dem Weg mit Buddha ist, dass man, um zu begreifen, wo die eigenen Schwächen liegen, oft Menschen mit genau diesen Eigenschaften, denselben Schwächen und genau dem gleichen karmischen Thema vor die Nase gesetzt bekommt. Man sucht sie sich gewissermaßen aus und zieht sie in sein Leben, um zu

verstehen, wo man selbst steht und welche Welt immer mal wieder die Oberhand erhält und von einem Besitz ergreift.
Ich habe bereits einen großen Teil meines Lebens »poliert« und meine Einstellung geändert. In der Folge nahmen andere Menschen – in einem ganz speziellen Fall Journalisten, denen ich Jahre meines Lebens nur Verachtung entgegenbrachte – mich irgendwann einmal anders wahr. Ich bin mit einem Supertalent für Verachtung auf die Welt gekommen, die all jene Bereiche betraf, in denen sich mir Menschlichkeit nicht sofort erschloss. Die Mühe zu hinterfragen machte ich mir damals nicht. Da steckte ich wohl ganz tief in der Welt des Ärgers und hatte dementsprechend einen Ruf als »Zicke«. Wird wohl etwas Wahres daran gewesen sein …
Das Chanten hat meinen Lebenszustand verändert und damit auch mein Umfeld (Sie erinnern sich an die Gleichzeitigkeit von Ursache und Wirkung?). Inzwischen bringt man mir mehr Achtung entgegen, weil ich mich – jedenfalls größtenteils – aus der Welt des Ärgers verabschiedet habe und anders auf Menschen zugehe.
Die Arroganz in der Welt des Ärgers kommt oft daher, dass eine Person tief im Innern unsicher ist, Minderwertigkeitskomplexe hat und nicht weiß, wo sie im Leben steht. Ich habe diese Tatsache einmal auf einer Tournee ziemlich drastisch erlebt. Ein Kollege kritisierte akribisch jede Schwäche der anderen. Es war offensichtlich, dass er selbst nicht zurande kam und deshalb völlig frustriert war. Zudem hatte er nicht mit meiner Stärke gerechnet und sein Ego erlaubte es nicht, die »zweite Geige« zu spielen. Dies ließ sich in dem Stück jedoch nun einmal nicht vermeiden. Denn das war Teil der Handlung.
Das Spiel des Kollegen war beliebig und langweilig geworden – und da kenne ich keine Gnade: Für mich steht bei einer Produktion immer die Qualität im Vordergrund, erst dann kommt die Freundschaft. Schließlich bezahlen die Menschen Geld, um eine Vorstellung zu sehen. Es ist verdammt noch mal unser Job, ihnen etwas zu bieten. Und diese Aufgabe nehme ich sehr ernst. 1000-prozentig.
Mein Kollege verschanzte sich hinter seiner Arroganz und katapultierte sich damit selbst ins Aus. Leider war ich zu jener Zeit in mei-

ner Praxis noch nicht weit genug fortgeschritten, um zu begreifen, wie ich ihm hätte helfen können.

Dass manchen Menschen allerdings überhaupt nicht zu helfen ist, erlebte ich viele Jahre später in einer ähnlichen Konstellation. Ich begegnete der personifizierten Intoleranz im Lebenszustand des Ärgers, der auf einer äußerst individuell ausgeprägten Weltsicht basierte. In solchen Fällen macht man sich am besten so schnell wie möglich aus dem Staub. Gegen die Intoleranz gewisser religiöser Gruppen oder Menschen besitzt man sowieso keine Handhabe. Diese Menschen sind Gefangene ihrer kleinen arroganten, intoleranten, fundamentalistischen Welt des Ärgers. Man kann nur beten, dass sie ihren Lebenszustand ändern mögen und etwas begreifen. Ich erinnere mich gut an die Fernsehberichte über diesen Salafisten, der zwei Polizisten niedergestochen hatte. Er zeigte nicht den geringsten Anflug von Reue. Nichiren Daishonin bezeichnet diesen Zustand als »Verdrehtheit« und fügt noch hinzu: »Ein arroganter Mensch wird von Angst überwältigt, wenn er auf einen starken Gegner trifft. Das Ego muss um jeden Preis geschützt werden.« So viel zum Handlungsmotiv und zur Uneinsichtigkeit jenes Menschen.

Dennoch besitzt auch der Ärger, der letzte der »bösen Pfade«, einen positiven Aspekt:

Unser Ego schützt unsere Würde und befähigt uns damit, gegen diejenigen zu Felde zu ziehen, die die Würde des Menschen mit Füßen treten. In diesem Sinne kann man »Ärger« auch als gewaltige, konstruktive Antriebskraft verstehen, die gesellschaftliche und persönliche Reformen ermöglicht. »Ärger« verleiht uns den Mut aufzustehen, unsere Stimme zu erheben und uns für andere Menschen einzusetzen, sei es in einer großen Organisation wie Amnesty International oder in der Rolle des Schlichters bei einer kleinen privaten Familienfehde.

Ruhe

Ein kleines Beispiel eines Menschen in der Welt der Ruhe: Ich bin bei mir zu Hause in Südfrankreich. Genauer gesagt: Ich sitze in einem Café an der Strandpromenade. Der Sommer geht zu Ende. Die Touristen sind fort, in dem kleinen Ort kehrt wieder Frieden ein. Ich habe es wirklich schön hier, blicke aufs Meer und bin zufrieden. Ich denke nichts und bin ganz ruhig. Bald werde ich anfangen, dieses Buch zu schreiben. Meine Ausgeglichenheit ist sicher die beste Voraussetzung dafür – kein schlechter Zustand nach der Achterbahnfahrt durch Höhen und Tiefen der letzten Jahre. Ich bin weder unglücklich, da momentan Frieden herrscht in meinem Leben, noch bin ich besonders glücklich, das heißt randvoll mit vorübergehender Freude aufgrund einer neuen Liebe oder einer Traumrolle. Alles ist ruhig, es ist gut so, wie es ist.

Die Welt der Ruhe oder der Humanität, also des völligen Menschseins, so, wie wir gemeint sind, ist ein neutraler Zustand. Man lebt im Frieden mit sich und seiner Umgebung, »ruht in sich selbst«.

In diesem Lebenszustand sind wir in der Lage, unsere angeborene Intelligenz anzuwenden und nach dem Motto zu handeln »Erst denken, dann reden« und vor allem »Erst reden und nicht gleich zuschlagen«. Wir praktizieren den friedlichen Dialog mit Toleranz (Jaaaa!) und Güte. Das bedeutet, dass es uns in dieser Welt der Ausgeglichenheit auch mal egal ist, ob wir recht behalten oder andere etwas tun, was uns nicht so zusagt. Man ist achtsam, beurteilt die Dinge mit dem Verstand und lässt sich nicht von Emotionen hinreißen. Spätestens in diesem Lebenszustand ist Wahrheit auch kein relativer Begriff mehr! Wir wollen Frieden und keine Spielchen spielen. Anstatt den Konflikt zu suchen, gehen wir ihm lieber aus dem Weg. Weil uns nämlich bewusst ist, dass uns ein anderes Verhalten sofort wieder in die Welt des Ärgers, der Hölle oder der Animalität zurückkatapultiert.

Doch da genau zeigt sich auch die Problematik der Welt der Ruhe. Konfliktvermeidung ist zum Beispiel in einer Partnerschaft auch keine Lösung. Im Gegenteil: Viele Beziehungen zerbrechen daran. Es gab Situationen in meinem Leben, in denen ich das Gefühl hatte, gegen Gummiwände zu laufen. In diesen Momenten war mein ausgeglichener Lebenszustand wortwörtlich »beim Teufel«. Die Welt der Humanität ist nicht stabil genug, hat per se nicht genügend Lebenskraft, um nicht mitunter von den niederen Welten einfach weggespült zu werden. Also betrachten wir diese Welt am besten als eine »Zwischenphase« zum Ausruhen.

Genau betrachtet sind die negativen Aspekte der Welt der Ruhe gar nicht so ohne: Sie präsentieren sich in Form von Gleichgültigkeit, Nachlässigkeit und Apathie – in stundenlangem faulen Herumdümpeln vor dem Fernseher ohne konkretem Interesse am Programm (wie wäre es stattdessen zur Abwechslung mal mit einem Buch zum Eintauchen in die Welt des Lernens?). Ebenso herrscht bei den Jugendlichen diese gewisse Null-Bock-Stimmung vor, eine allgemeine Lustlosigkeit verbunden mit dem fehlenden Elan, ihr Leben kreativ zu gestalten und an sich selbst zu arbeiten. Die bereits erwähnte Konfliktvermeidung ist nicht nur im zwischenmenschlichen Bereich ein Problem, sie beinhaltet auch den weitverbreiteten Wunsch nach Nicht-Veränderung. Da wir Angst davor haben, dass unser Leben durcheinandergerät, weigern wir uns oft, Probleme und Hindernisse an uns heranzulassen. Im Lebenszustand der Ruhe verlangt es unsere Bequemlichkeit, dass alles so bleibt, wie es ist. Schließlich haben wir uns ja bislang auch ohne große Aufregung durchs Leben laviert.

Wenn ich jetzt manchen von Ihnen mit dieser Diagnose ein blaues Auge verpasst habe, nehmen Sie's mir nicht übel. Es ist einfach wahr. Ich habe es ganz genauso erlebt. Im Fach »Ruhe« habe ich ein Hochschuldiplom.

Zum versöhnlichen Abschluss ein Gedicht, das ich in einem typischen Lebenszustand der Ruhe verfasst habe:

heimweg

apfelbäume
säumen wegesrand
fachwerk und spalierobst gleiten sanft
an mir vorüber
nebelgrüne
herbstvisionen mischwaldfarben
zwischen gelben feldern sonnenstrahlentanz
treibt mich zur eile
ferne kindertage
einzuholen
dem duft von pflaumenkuchen folge ich
nach haus

Vorübergehende Freude

»Das kann ich mir gut vorstellen«, bemerkt die beste Freundin von allen, nachdem ich ihr die letzten Seiten zu lesen gegeben und ihr die Welt der vorübergehenden Freude erklärt habe. »So ist es doch in jeder Partnerschaft. Erst ist man total verliebt, schwebt auf Wolke sieben und hat jeden Tag Sex. Aber das hört irgendwann auf – spätestens nach ein paar Jahren. Meine Hochzeit war ein Freudentag, aber dann ging's eben vorüber.«
»Du meinst«, grinse ich, »die Ehe ist ›ein Jahr Feuer und Flamme, 30 Jahre Asche‹?«
So kann man »vorübergehende Freude« natürlich auch beschreiben. Aber mal im Ernst: Wer von uns kann wirklich behaupten, dass Glück und Freude in seinem Leben dauerhaft angehalten haben? Zumindest schießen die anderen, niederen Welten doch immer wieder einmal quer.

Also, wie ist das? Wir sind glücklich, wenn sich unsere Wünsche erfüllt haben. Es geht demnach primär um die Befriedigung von Begierden. Oder wenn Dinge passieren, die wir uns zwar nicht gewünscht haben, weil sie (noch) nicht auf dem Merkzettel standen, die für uns aber der absolute Wahnsinn sind. Wir erleben einen Zustand voller Lebensfreude, übergossen mit dem goldenen, warmen Schein der Glückseligkeit. Es geht uns suuuuuuuuupergut! Unsere Lebenskraft saust wie beim »Hau den Lukas« auf dem Jahrmarkt bis zur Spitze der Stange hinauf: »Dzing!!«

Sie möchten sicher erfahren, welche Momente des Glücks respektive der »vorübergehenden Freude« es im Leben der Anja Kruse bisher gab. Also dann, hier ein paar persönliche »Highlights«:

Der Tag der bestandenen Aufnahmeprüfung an der Folkwangschule in Essen: Mein größter Wunsch im Hinblick auf meinen Beruf als Schauspielerin war in Erfüllung gegangen. Es war ein Rosenmontag und am Abend traf ich mich mit meiner Essen-Heisinger Clique zur Karnevalsfeier. Vor lauter Glück habe ich mich mit der Kombi Pils und einem damals angesagten grauenvollen Gesöff namens »Persico« selbst unter den Tisch getrunken und nicht mehr gewusst, wo ich aufgewacht bin. Wochenlang schwebte ich auf Wolke sieben. Das Abi machte ich im Flug so »nebenbei«, denn ich war ja schon längst auf der Schauspielschule.

Einige Jahre später stand ich im Theater in Münster in dem Musical *Anatevka* auf der Bühne. Mein damaliger Freund spielte den Schneider Mottel, ich Tevjes älteste Tochter Zeitel. Eines Abends schob mir mein Schneider Mottel bei der Trauungsszene einen Ring über den Finger und flüsterte die privaten, nicht im Textbuch stehenden Worte: »Das ist kein Requisit!« Was für eine Liebeserklärung! Auf einer Bühne!

Ja, Sie haben es sicher richtig erraten, *Die schöne Wilhelmine* gehört zu den großartigsten Momenten meines Lebens. Trotz des damals in der Tschechoslowakei herrschenden »realen Sozialismus«, sprich der extrem schwierigen Lebensbedingungen im ganzen Land, war der Film für mich Glück pur! Es war die Rolle meines Lebens und ich schwebte wieder einmal auf Wolke sieben. Der Moment, in dem ich für diese Rolle mit der Goldenen Kamera ausgezeichnet wurde, sprengte jede Definition von Freude. Ich war so glücklich, dass es mir im wahrsten Sinne des Wortes die Sprache verschlug: Tränen und eine Dankesrede, die aus beliebig zusammengewürfelten Wort-Dominosteinen bestand. Das ZDF übertrug die Preisverleihung auch noch live! Du lieber Himmel!

Meinen 30. Geburtstag verbrachte ich im Schwarzwald. Wieder mal an einem Set. Ich hatte gerade eine sehr schwierige und emotionale Szene abgedreht – ohne an so etwas Banales wie Geburtstag zu denken. Als dann das gesamte Team »Happy Birthday« sang und Produzent Wolfgang Rademann mir mit 30 Rosen zum Geburtstag gratulierte, hat mich das unendlich berührt und glücklich gemacht. Ich war soeben gerade als Claudia in der *Schwarzwaldklinik* gestorben ...

Können Sie sich vorstellen, was für ein Glücksgefühl Standing Ovations auslösen? Dieser Moment auf der Bühne, wenn der Applaus tost wie eine stürmische Brandung und die Zuschauer nicht nur klatschen, sondern auch mit den Füßen auf den Boden trampeln. Der absolute Wahnsinn und einer der größten Glücksmomente für jeden Künstler. Ein absolutes Highlight war in dieser Hinsicht die Silvestervorstellung von *My Fair Lady*. Eliza ist in Higgins' Bibliothek allein. Nachdem sie vorher reichlich schikaniert wurde und sie sehr wütend war (»Wart's nur ab, Henry Higgins ...«), lernt sie zur Begeisterung aller wie durch ein Wunder doch noch ordentlich sprechen (»Es grünt so grün«). Dann singt sie, ganz offensichtlich in ihren Professor verliebt, das berühmte Lied »Ich hätt' getanzt heut' Nacht«. Ich war ganz allein auf der Bühne, ein Sofa, ein Spot, ein Lied ... dunkel ... Applaus von 6000 (sechstausend!) Menschen. Und Pause. Das werde ich niemals vergessen ...

Ist es nicht der Traum eines jeden Mädchens? Der Märchenprinz steigt von seinem Pferd, kniet nieder, legt der jungen Dame sein Schwert zu Füßen und hält um ihre Hand an. Nun, fast genau so hat es sich bei mir zugetragen: Der Prinz hatte seine »Cinderella«

unter dem Vorwand einer Besichtigungstour durch halb Südfrankreich gejagt, bis die beiden den ultimativ romantischsten Ort an der Côte d'Azur erreichen: Èze Village. Dort kniet der Held wie ein edler Ritter vor seiner Geliebten nieder und fragt sie, ob sie seine Frau werden wolle. Also wenn Sie das nicht »Glück pur« nennen, dann weiß ich auch nicht …

Das nächste Highlight meines Lebens, und da werden mir bestimmt viele Leserinnen folgen können, war meine Hochzeit. Ich war glücklich, glücklich, glücklich. Und es gibt eine Menge Filmmaterial, das dies dokumentiert. Jaaaa, man sieht es! Ich habe mit mir selbst um die Wette gestrahlt und in keinem der vielen Filme, die ich bis zu diesem Tag gedreht hatte – trotz bester Kameramänner –, so schön ausgesehen! Dieser Tag war der Tag aller Tage. Die Stadt Salzburg spricht noch heute davon …

Dann gab es einen Film, der alle meine Wünsche erfüllte: Mein Wunschautor verwandelte die Geschichte, die ich entwickelt hatte, in ein Drehbuch, der Produzent setzte meine Wunschbesetzung beim Sender locker durch. Das Team respektierte mich als »Expertin« und fragte mich, wenn nötig, um Rat. Die fünf Drehwochen von *Johanna – Köchin aus Leidenschaft* waren der Himmel auf Erden für mich. Eine Traumrolle in einer Traumlocation, meiner heiß geliebten Südsteiermark und mit einem Traumthema: Kochen (etwas, das ich auch im wirklichen Leben mit Leidenschaft betreibe).

Dass es dem Herrn Produzenten, wie ich heute weiß, um eher recht banale Dinge wie die Sanierung seiner maroden Firma ging und weniger um »unser Baby«, den Film, und dass ich – welch Ironie – als Einzige in dieser Produktion niemals von ihm bezahlt wurde, weder für meine Arbeit als Schauspielerin noch als Urheberin der Geschichte, machte das Ganze für mich zu einer extrem »vorübergehenden Freude« …

Ein weniger dramatisches Beispiel vorübergehenden Glücks entstammt dem Bereich sportlicher Aktivitäten: Schauplatz Eugendorf bei Salzburg. Ich spiele »Hausfrauengolf« – ohne größere Ambitionen und stressige Scorekarte. Es gibt auf diesem wunderschönen

Platz ein riesiges »Wasserloch« mit einem Steilhang dahinter. Bevor ich abschlage, verabschiede ich mich von meinem Ball: »Tschüss. Mach's gut, mein Kleiner! War, nett, dass wir eine Weile Spaß miteinander hatten.« Unerklärlicherweise landet mein Ball jedoch oben auf dem Steilhang, mehr als 150 Meter weiter als gewohnt. Er ist nicht wie üblich im Wasser ertrunken oder auf Nimmerwiedersehen in den ewigen Jagdgründen des Rough verschwunden. Ich kann ohne Strafpunkte weiterspielen. Beim Golf gibt's zwar, wie man leicht nachvollziehen kann, jede Menge Ursache und Wirkung, trotzdem existiert das Prinzip der »Strafe«. Wie unbuddhistisch! Wie auch immer. Das ist jetzt sicher nicht wahnsinnig wichtig fürs Leben, aber dieser eine geglückte Schlag hat mich für den Rest des Tages (also vorübergehend) sehr glücklich gemacht. Ich hatte etwas geschafft, was ich noch nie zuvor erreicht hatte. Juppdiduuuu ... Tolles Gefühl!

Na gut. Jetzt aber mal ernsthaft: Unsere Wünsche haben sich erfüllt. Wir erleben einen intensiven glückseligen Zustand voller Lebensfreude, der aber sofort wieder vorüber sein kann, wenn die Dinge sich auch nur ein klein wenig ändern – oder man sich daran gewöhnt hat. Darüber muss man sich im Klaren sein, denn unzerstörbares Glück erhält man nicht durch die Befriedigung von Instinkten oder Begierden.

Die vorübergehende Freude fungiert jedoch als Benzin für den Motor unserer Lebenskraft. Das dauerhafteste »vorübergehende« Glück ist die Freude über ein erfülltes, kreatives Leben und darüber, dass man lernt, wächst und sich entwickelt.

Das, was uns primär glücklich macht, ist nicht unbedingt das, was unserem wahren Glück entspricht. Das zu verinnerlichen ist aber meiner Meinung nach eine Lebensaufgabe, denn wir Menschen sind nun einmal so gestrickt, dass wir nur das als Glück erachten, was manifest erscheint, wenn bestimmte Umstände erfüllt sind. Das können ein guter Job, ein toller Partner, Geld, ein Haus, ein Auto oder was auch immer sein.

Verschwinden diese Dinge, ist auch das Glück nicht mehr da. Es ist also »vorübergehend«. Beginnt man jedoch mit der buddhistischen

Praxis, fängt man an, seine Buddhanatur zu erwecken – und darin liegt das unzerstörbare Glück: Zufrieden und glücklich zu sein, und zwar grund- und bedingungslos, sich wirklich im Einklang mit dem Universum zu befinden, eins zu sein mit seiner Umgebung, ohne dass irgendwelche speziellen Wünsche erfüllt worden sind. Dieses Glück kann einem niemand nehmen. Es zu erlangen, ist nicht leicht, noch dazu, weil der Weg manchmal widersinnig erscheint, wenn die Dinge sich so entwickeln, wie es im eigenen Lebensplan nicht vorgesehen war. Und trotzdem muss man sich rückblickend eingestehen, dass die Entwicklungen genau richtig waren und uns zu den Menschen gemacht haben, die wir wirklich sind.

Ich erinnere mich an die Erfahrung eines gewissen Alain, ich glaube, so hieß er, die ich bei einer der ersten Versammlungen in Paris hörte. Alain war ein spießiger kleiner Banker mit gutem Auskommen gewesen. Er war verheiratet und hatte zwei Kinder, seine Frau stammte aus einer der angesehensten Familien der Stadt. Alains Alltag war geregelt, beruflich wie privat. So ein bisschen wie bei *Mary Poppins*, fällt mir gerade ein. Der überkorrekte Banker-Vater macht in dem Film ja auch eine beträchtliche Wandlung durch. Alains wahre Geschichte ist weit weniger lustig. Trotz seines sorgenfreien Lebens fühlte sich Alain unzufrieden, unerfüllt und gelangweilt. Vermutlich begann er deshalb mit dem Chanten. Kurz darauf gab es Umstrukturierungen in der Bank und er wurde trotz guter Beziehungen zu den oberen Kreisen wegrationalisiert. Er verlor den Boden unter den Füßen und begann zu trinken. Das Geld wurde knapp und wie zu erwarten war, verließ ihn seine Frau mitsamt den Kindern. Alain hielt dennoch an der buddhistischen Praxis fest. Er verbrachte einige Jahre seines Lebens unter den Seine-Brücken und im Winter in den Métro-Stationen. In dieser Zeit fing er an zu malen. Kreide auf Pflaster, Farbe auf Papier, wozu das erbettelte Geld gerade reichte. Dann verkaufte er seine Arbeiten an Touristen am Montmartre. Ein Anfang. Irgendwann war er in der Lage, sich ein kleines Atelier einzurichten. Er fand einen Galeristen, der ihn vermarktete, und er fand eine neue Frau, übrigens ebenfalls Mitglied der Soka Gakkai. Alain kann seit Langem von seiner Kunst leben, und das gar nicht mal schlecht. Den Touristen ist er inzwischen zu teuer – ich könnte mir seine Bilder gerade noch leisten. Ich erinnere mich an Alain als einen durch und durch glücklichen Menschen. Er war jemand, der in seinem Leben angekommen war und das tat, was er immer tun wollte: kreativ sein. Er hatte es nur nicht gewusst. Erst mit der buddhistischen Praxis hatte er seine Lebensumstände so verändert, dass dieses Leben möglich wurde.

Eine unglaublich ermutigende Geschichte! Auch wenn ich persönlich die Aussicht nicht wirklich verlockend fand, einige Jahre unter den Brücken von Paris zu schlafen, obwohl es dort – zumindest im Sommer – sehr romantische Plätze gibt.

Die vorübergehende Freude wird also bestimmt von unserer Sehnsucht nach Unvergänglichkeit, vom »Festhalten-Wollen« um jeden Preis. In jener Zeit in Paris wurde mir das Prinzip des »Lâcher prise«, des Loslassens dessen, was man festhält, eingeschärft. Ich konnte nichts damit anfangen – bis zu dem Zeitpunkt, an dem es für mich überlebensnotwendig wurde. Das war viele, viele Jahre später. Offenbar hat alles seine Zeit.

Die christliche Theorie vom »Himmelreich«, mit der die meisten von uns aufgewachsen sind, sowie die Paradiesvorstellung im Islam wollen uns weismachen, dass wir eines Tages, nach unserem Tod, alles haben werden, was uns Freude macht. Das bedeutet, dass all jene Dinge, die bislang ziemlich vergänglich waren, dann als dauerhaftes, »ewiges Glück« erscheinen. Finden Sie das logisch? Ich nicht. Der Buddhismus will uns sicher nicht den Spaß hier auf Erden verderben, schon gar nicht mit der Vision, dass Freude erst in irgendeinem fernen »Jenseits« zu finden ist. Er lehrt uns jedoch, das gegenwärtige Glück als eine vorübergehende Tatsache des Lebens zu betrachten. Ganz einfach. Nein, für uns »Normalo«-Menschen ist das eigentlich richtig schwer. Wir wollen immer an allem festhalten. »Werd' ich zum Augenblicke sagen: Verweile doch! Du bist so schön!«, hat Goethe es in seinem *Faust* genau auf den Punkt gebracht. Wir wollen uns unser Paradies auf Erden schaffen und nehmen an, dass wir ein Recht darauf haben, dass es nie verschwindet. Das betrifft ganz besonders das Thema Liebe und Partnerschaft, in dem die Denkweise vorherrscht: Ich bin verliebt, also bin ich »im Himmel« – die Liebe erlöst mich, ja, sie wird sozusagen zu meiner Religion – und mein Partner ist dazu da, mich glücklich zu machen. Der Arme! Kommt wie die Jungfrau zum Kind zu dieser immensen Verantwortung. Das kann ja nicht gut gehen. Ich kann ein Lied davon singen: Seit 18 Jahren schraube ich nun an diesem meinem ganz speziellen Lieblingskarma-Thema herum. Ich passe in jedes Klischee, habe alle Fehler gemacht, die man machen kann, und bin in jede Falle gerast. Das Schicksal ist so lange gnädig mit mir umgegangen, bis es ihm zu bunt wurde und mir mit Brachialgewalt gezeigt hat, was ich in meinem Leben dringend ändern muss. Aber davon später …

Zum Abschluss dieser Erläuterungen zu der äußerst komplizierten und komplexen Welt der vorübergehenden Freude ein keines Gedicht von mir, das sich, wie sollte es anders sein, dem Thema Liebe widmet:

schmetterlinge

*wider jede vernunft versinke ich
in deinem lächeln
lasse mich von deinem blick bezaubern
hülle mich
in den zärtlichen mantel deiner worte
begebe mich
freiwillig
in die gefangenschaft deiner umarmung
um die schmetterlinge in meinem herzen wieder zu spür'n.*

So, liebe Leser, nun haben wir also die sogenannten Sechs Pfade erkundet, in denen wir Menschen uns abhängig von unseren Wünschen und Begierden und den Situationen in unserer Umgebung um unsere eigene Achse drehen. Nun also Vorhang auf für die »Vier edlen Pfade«.

Lernen

Meine Jahre in Paris waren für mich eine Zeit des Lernens – und der einen oder anderen kleinen Teilerleuchtung. Unter das Lernen fiel zum einen mein Französisch, das innerhalb von drei Jahren nahezu perfekt wurde. Haushalt, Strom, Wasser, Telefon und Handwerksarbeiten gehörten in mein Ressort, beinhalteten also Besuche von Ämtern, Supermärkten und Baumärkten. Das trainiert. Mein Mann (eher der Typ zwei linke Hände und Füße) kümmerte sich um den Rest. Vor Kurzem begegnete ich einem deutschen Ehepaar in einem Baumarkt in Cannes. Ich übersetzte und beriet. Die beiden waren ganz schön perplex, vor allem als sie realisierten, mit wem sie da sprachen. Das war superlustig!
Auch die monatlichen buddhistischen Versammlungen waren ein Lerntraining. Nach einiger Zeit konnte ich sogar die Japaner einigermaßen verstehen und mich aktiv an den Diskussionen beteiligen.
Es war ziemlich aufregend, als ich im Winter 1995 zum ersten Mal von einer Talkshow, *Willemsens Woche*, aufgefordert wurde, mit dem Thema Buddhismus an die Öffentlichkeit zu treten, mich sozusagen als Praktizierende des Buddhismus des Nichiren Daishonin und als Mitglied der Soka Gakkai zu »outen«. Dabei hatte ich doch noch so wenig Erfahrung und gerade einmal für mich selbst ein kleines bisschen verstanden, worum es bei dieser Lehre ging. Wie sollte ich das also einer ganzen Nation von Laien verständlich machen, geschweige denn näherbringen? Ich begab mich also ganz tief in die Welt des Lernens und wandte mich an den damaligen Hauptverantwortlichen der Soka Gakkai in Frankreich, den inzwischen leider verstorbenen wunderbaren Dr. Yamasaki.

Ein ganz wichtiger Grundpfeiler der buddhistischen Lehre ist das Prinzip von Meister und Schüler. Deren Verbundenheit entspricht der Maxime von Ursache und Wirkung des Mystischen Gesetzes. Die innere Haltung des Schülers, also sein Wissensdurst, sein Verantwortungsgefühl und sein Respekt dem Lehrer gegenüber bildet die Ursache, die alles in Gang setzt. Der Meister hingegen verkörpert die Wirkung, indem er zum Beispiel die Fragen des Schülers beantwortet. Unter dem Aspekt der Gleichzeitigkeit von Ursache und Wirkung ist der Erfolg des Lehrers oder Meisters auch der Erfolg des Schülers. Es heißt: »Die geistige Grundlage des Meisters ist der fruchtbare Boden für den Schüler, der aus dieser Erde die Blumen seiner Erfolge hervorbringt.« Doch ebenso im umgekehrten Fall profitiert der Meister von seinem Schüler. Ohne Schüler ist der Meister nichts. Und ziemlich einsam mit seinem Wissen.

Mit Dr. Yamasaki als Meister erhielt ich also als Schülerin in einem zweistündigen Gespräch (wir nennen das in der Organisation passenderweise »Führung«) tatkräftige Hilfe und liebevolle Unterstützung. Dr. Yamasaki beantwortete mir – zumindest mit einer beredten Gegenfrage – auch endlich meine brennende Frage, warum man nicht in seiner Muttersprache chanten kann. Schließlich wäre das doch viel einfacher. Er lächelte und sagte: »Denken Sie an Musik! Die Noten sind immer gleich, aber sie sind nicht das Wesentliche. Jemand muss sie mit seiner Stimme singen oder mit einem Instrument spielen. Dann kann jeder sie hören. *Nam Myoho Renge Kyo* ist die Musik und die Sprache des Universums. Es geht um den Klang, nicht um das, was auf dem Papier steht. Und Sie als Schauspielerin können mir doch sicher sagen, in welcher Sprache sich die emotionale und literarische Kraft Shakespeares und die Musik seiner Worte am besten entfaltet – sicherlich nicht in Japanisch, Russisch oder Deutsch. Oder?« Seine schmalen Augen hinter der randlosen Brille sahen mich verschmitzt an. Mir war klar, dass er wusste, dass ich die Antwort natürlich kannte: Shakespeares Stücke besitzen die größte Kraft in der Sprache, in der sie geschrieben wurden, also auf Englisch. Bingo, das war überzeugend!

Das zweite wichtige Thema in meinem Gespräch mit Dr. Yamasaki war der Umgang mit dem Thema Negativität, genauer gesagt mit unserer persönlichen negativen Einstellung zu den Dingen des Lebens. Mir war dieses Thema sehr wichtig, da es vielen Menschen vertraut ist, unabhängig davon, ob sie sich im Buddhismus auskennen oder irgendeinen anderen Glauben praktizieren.

Dr. Yamasaki sagte: »Sie müssen den Menschen in Deutschland, die zu Hause vor ihren Fernsehern sitzen, zeigen, dass Sie glücklich sind und dass Sie sich niemals besiegen lassen. Buddhismus ist Sieg oder Niederlage, ohne Kompromisse. Kompromisse haben wir unser Leben lang gemacht. Und darum chanten wir *Nam Myoho Renge Kyo,* um uns gegen die negativen Stimmen zu verteidigen, die in uns eindringen und uns zuflüstern: ›Nichts wird sich jemals ändern, es klappt sowieso nicht, ich werde niemals Glück haben‹ und so weiter.«

»Dann wird man mir entgegnen: Das ist doch nichts anderes als ›positives Denken‹. Das kann man sich aneignen, viele Menschen praktizieren es und kommen gut damit klar – ohne Buddhismus«, wagte ich einzuwenden.

»Eine sehr intelligente Bemerkung«, entgegnete mein »Meister« und ein feines Lächeln machte sich auf seinem Gesicht breit. »Dieser Ansatz ist gut, es ist gut, das Leben positiv zu betrachten. Aber zum einen nützt man mit dem reinen positiven Denken nur sich selbst …«

»Somit ist es ein rein egoistischer Akt?«, wagte ich dazwischenzufragen.

»Ganz richtig. Denn das ›positive Denken‹ richtet sich ausschließlich auf Ihr eigenes Leben beziehungsweise ein persönliches Problem darin. Sie dürfen nicht vergessen, dass Sie mit all den anderen Menschen, ja, mit dem ganzen Universum verbunden sind, deswegen müssen Sie Ihre Negativität von Grund auf bekämpfen. Für sich und für andere. Wenn Sie dafür chanten, ändern Sie ihr gesamtes Umfeld, und das geht viel tiefer. Zum anderen darf man auch nicht vergessen, dass das ›positive Denken‹ das Problem nur äußerlich beiseiteschafft, indem man es nicht zur Kenntnis nimmt oder hofft, dass es von selbst wieder verschwindet. Man legt in gewisser Weise einen Deckel darauf, doch in der Tiefe ändert sich nichts, weil wir uns nicht verändern. Wir können ein Problem oder ein Hindernis nicht ›wegdenken‹. Wir müssen erkennen, dass eine Schwierigkeit Teil unseres Karmas und damit wichtig für uns ist, weil sie uns befähigt, uns zu entwickeln. Ansonsten leben wir weiterhin in der Welt der Illusion und es ändert sich gar nichts. Ich hoffe, Sie haben diesen Unterschied verstanden?«

»Ich glaube schon«, antwortete ich etwas zögerlich, »doch könnte es nicht sein, dass eine gewisse ›Zwecknegativität‹ uns davor beschützt, Enttäuschungen zu erleben? Ich will einfach nicht so traurig sein, wenn das, was ich mir vorgenommen habe, dann doch nicht klappt.« Kleinlaut, weil ich das Gefühl hatte, Dr. Yamasaki würde mich gleich auseinanderpflücken, fügte ich hinzu: »Ich schraube meine Erwartungen eben nicht so hoch.«

»Dann werden Sie nie ein großartiger Mensch werden!« Peng. Das saß. »Nur wer das Höchste anstrebt, kann auch das Höchste erreichen. Denken Sie an Mozart oder Einstein. Oder an – wie heißt dieser deutsche Fußballer gleich noch? Die Zielsetzung ist wichtig, egal ob Sie eine Oper schreiben, ein Bild malen, einen Marathon laufen oder zum Mond fliegen. Ich weiß«, führte Dr. Yamasaki fort, »wir Menschen sind für diese Stimmen des Zweifels anfällig. Wir hören ihnen gerne zu, lassen uns einlullen und abbringen von unserem Weg, Großartiges zu schaffen und unser höchstes Potenzial zu entfalten. Je mehr wir diesen Stimmen zuhören, desto stärker untergraben sie unsere Gebete (das gilt auch für die christlichen Gebete!). Wir beginnen unbewusst, falsch zu beten. Und wenn wir einen gewissen Punkt überschritten haben, geben wir uns den negativen Stimmen hin, wie wir es die meiste Zeit unseres Lebens getan haben. Dort angelangt, haben unsere Gebete kaum noch Chancen, sich zu erfüllen. Wenn wir chanten, projizieren sich unsere Gedanken und Empfindungen ins Universum. Das ist wie ein Spiegel. Also wenn wir unbewusst unsere Gebete verändern, akzeptiert das

Gesetz des Universums (*Myoho*) diese unsere Gedanken, als seien es tatsächlich unsere Wünsche. Es liegt also in unserer Verantwortung, an unseren Wünschen festzuhalten, ohne uns durch die negativen Stimmen entmutigen zu lassen. Wie ich schon sagte: Es gibt keine Kompromisse, sonst haben wir von Anfang an verloren. Und vergessen Sie nie«, fügte Dr. Yamasaki noch hinzu, »Sie sind ein Bodhisattva aus der Erde und ein Botschafter für Kosen-rufu[12]. Sie haben diesen wundervollen Beruf und diesen Platz in der Öffentlichkeit gewählt, weil Sie eine Aufgabe haben. Diese Aufgabe beginnt jetzt. Seien Sie mutig und ein stolzer Sieger, pardon, eine stolze Siegerin. Dann werden Sie alle Schwierigkeiten meistern und ganz sicher die Herausforderung dieser Talkshow bewältigen. Ich danke Ihnen, dass Sie mir mit Ihren Fragen Anregungen gegeben haben. Sie sehen, der Meister profitiert immer von seinem Schüler.« Und damit war ich entlassen.

Ich hatte in diesen zwei Stunden sehr viel gelernt und war ein großes Stück weitergekommen. Ich hatte meinen Verstand und mein Herz wirklich »erweitert«, hatte mich angestrengt, zu begreifen, und war bemüht, das, was man mir beibrachte, in meinem Leben umzusetzen.

Das war also in angewandter Form die Welt des Lernens. Dieser Lebenszustand beinhaltet aber jede Art des Lernens, egal ob mit einem »Lehrer« (meist übernimmt das Leben selbst diese Rolle) oder durch eigene Anstrengung. Einige Wochen nach meiner »Führung« durch Dr. Yamasaki befand sich dann ein bezaubernder Roger Willemsen in der Welt des Lernens. Er war zum Vorgespräch für seine Talkshow extra nach Paris gereist. Wir hatten ein wunderbares Gespräch im »Café de Flore« mitten in Saint-Germain, und diesmal hatte ich die Rolle des »Meisters« inne.

Teilerleuchtung

Die Welt der Teilerleuchtung ist quasi die »Schwester« der Welt des Lernens. In diesem Lebenszustand haben wir nicht nur etwas gelernt, sondern es auch durch eigenes Bemühen verstanden. Jawohl! Zum Beispiel eine mathematische Formel wie $(a + b)^2 = a^2 + 2ab + b^2$ – obwohl ich selbst da passen muss. Mathe war für mich immer ein böhmisches Horrordorf. Oder wir haben begriffen, wie eine Uhr funktioniert, wie eine Soße besonders gut gelingt (das kann ich weitaus besser als Mathe!) oder – im simpelsten Fall – wie man das Licht anschaltet.

Aber Achtung: Die Gefahr der Teilerleuchtung besteht darin, sich in eine Art »Versenkung« fallen zu lassen oder sich im umgekehrten Fall als »Überflieger« zu fühlen, sprich in einen Zustand zu geraten, in dem man vor lauter Intelligenz, Begeisterung und Wissensdurst seine Umwelt nicht mehr wahrnimmt. Wir werden dann zum Sklaven unseres eigenen Intellekts, der uns suggeriert, niemand könne uns jemals das Wasser reichen, alle anderen Menschen lägen unter unserem geistigen Niveau. Diese Haltung führt uns schwups zurück in die niedere Welt des Ärgers, sprich der Arroganz. Bei Ärzten lässt sich dies zuweilen beobachten – die Bezeichnung »Halbgott in Weiß« kommt nicht von ungefähr. Auch der allseits bekannte »zerstreute Professor« ist ein Paradebeispiel für diesen fehlgelaufenen Zustand – eine Intelligenzbestie, ein »wandelndes Lexikon«, ein Mensch, der alles weiß und der sich selbst genügt. Nicht die beste Ursache für ein erfülltes Leben: Unser Herr Professor führt wahrscheinlich ein einsames Eremitendasein, abgeschottet in seinen vier Wänden. Wen wundert's?

Ein wirklich weiser Mensch vertritt nicht nur seine Meinung, die er aus seiner Erfahrung heraus gebildet hat, sondern er ist offen für jede Situation, deren Wahrheit vielleicht ein kleines bisschen anders ist als seine eigene.

Ich selbst sollte einige Jahre später genau an diesem Punkt meiner persönlichen Entwicklung stecken bleiben. Ich besaß die ausgeprägte Zuversicht, dass mir nichts passieren könne, weil ich so viel über das Leben gelernt und so viel Weisheit angesammelt hatte, dass ich anderen spirituell weit voraus war. Ich war fest davon überzeugt, dass mich als praktizierende Buddhistin das universelle Gesetz beschützte. Was für eine Arroganz! Die Bauchlandung stellte sich wenig später als Auswirkung darauf ein. Aber so weit sind wir noch nicht. Noch befinden wir uns auf meinem Weg im Jahr 1995 und damit ganz am Anfang.

Die Teilerleuchtung, die ich durch das Gespräch mit Dr. Yamasaki erlangt hatte, die Erfahrung, dem Sinn und Hintergrund der buddhistischen Praxis ein bisschen nähergekommen zu sein, wollte ich nun mit vielen anderen Menschen in meiner Heimat teilen. Der wahre Sinn der beiden Welten »Lernen« und »Teilerleuchtung« liegt nämlich darin, das, was wir gelernt und verstanden haben, in den Dienst der Menschheit zu stellen, unsere Erkenntnisse weiterzugeben, um andere Menschen auf ihrem Weg zu ermutigen. In den Welten des Lernens und der Teilerleuchtung findet im Übrigen die ewige und allumfassende Frage »Was ist der Sinn des Lebens?« ihren perfekten Platz.

Hierzu möchte ich Daisaku Ikeda zitieren, der die Antwort mit folgenden Worten genau auf den Punkt bringt: »Der Sinn des Lebens aller Menschen besteht darin, die Erkenntnisse und Erfahrungen der Vergangenheit zum Wohle der Zukunft fassbar zu machen und zu nutzen.«

Bodhisattva

Am Abend des 17. Februar gab es für eine nach so viel Führung schon ziemlich »teilerleuchtete« Anja auf der Bühne des NDR-Fernsehstudios einen Auftritt der besonderen Art. Mit einer Lastwagenladung voll Hummeln im Magen und ordentlich zitternden Knien war mein Lampenfieber genauso groß wie bei meiner allerersten Theater-Premiere. In gewisser Weise war es ja auch eine Premiere …

Am Nachmittag hatte ich eine ganze Stunde lang gechantet und mir Klarheit in meinen Gedanken gewünscht. Meine Fähigkeiten im Bereich der »freien Rede« waren zu jener Zeit durchaus noch ausbaufähig. Als Schauspieler ist man es gewohnt, von anderen einen Text geschrieben zu bekommen, den man dann lernt und vorträgt. Aus dem Stegreif sprechen zu müssen, noch dazu über ein so komplexes Thema, das fühlte sich an wie ein Hochseilakt ohne Netz und doppelten Boden. Ich hatte den Moderator Roger Willemsen darum gebeten, mich nur dann zu unterbrechen, wenn ich feststecken sollte, hatte ich doch Angst, ansonsten den Faden zu verlieren. Er hielt sich daran und führte mich – kaum merklich – wunderbar durch diese für mich nicht einfache Aufgabe.

Wenn ich mir diese Sendung heute – viele, viele Jahre später – ansehe, bemerke ich zwar meine Unsicherheiten, spüre aber auch die ungeheure Entschlossenheit, die ich mitbrachte, und das Feuer, das vom Bildschirm direkt auf die Zuschauer übersprang.

Ich hatte nicht damit gerechnet, welchen Effekt diese Talkshow auslösen würde. Ich bekam waschkörbeweise Post und unglaublich viele Menschen sprachen mich in den Wochen nach der Sendung an. Die Sehbeteiligung muss offenbar astronomisch gewesen sein. Irgendwie muss ich eine ganz besondere Aufmerksamkeit erregt haben. Man teilte mir mit, ich hätte »wunderbar ausgesehen, ja, richtig geleuchtet«. Ich gab das Kompliment dankend an den Gohonson weiter, (den von meinem Mann, ich hatte ja (noch) keinen eigenen) und freute mich, über meine Worte hinaus auch optisch die Botschaft rübergebracht zu haben: Es passiert etwas in dir, wenn du dein Leben »polierst«, wenn du deine menschliche Revolution vorantreibst, wenn du chantest. Es ist sichtbar und damit beweisbar! Auch meine französischen Freunde sind an jenem Abend alle vor ihrem Fernseher gesessen. Ohne ein Wort zu verstehen, haben sie doch meinen Lebenszustand wahrgenommen. »Du bist ein Bodhisattva, das weißt du«, sagte M. zu mir am Tag darauf mit einem breiten Lächeln, »und an diesem Abend warst du es ganz besonders. Wir haben es alle gespürt. Ganz deutlich. Vraiment.« Ein bisschen hatte sie da schon übertrieben. Aber ich freute mich trotzdem. Sehr sogar.

Ein Mensch im Lebenszustand des Bodhisattva ist geprägt durch den Wunsch, den Menschen Freude zu schenken und, wenn nötig, sein eigenes Glück dem Glück anderer unterzuordnen oder zu opfern. Wie alle anderen Lebenszustände auch ist dieser in jedem von uns latent vorhanden.

Ein solcher Mensch ist das personifizierte Mitgefühl mit dem selbstverständlichen Credo »Geben statt Nehmen«. Das ist »Liebe« in ihrer reinsten Bedeutung. Sie ist aufopfernd, altruistisch und voller Empathie, wie die Liebe einer Mutter zu ihrem Kind. »Gut«, werden Sie sagen, lieber Leser, »das ist ja wohl normal, oder?« – Sicher, in der Regel ja, und das beweist, dass es diesen Lebenszustand gibt. Doch das heißt nicht unbedingt, dass ebendiese Mutter sich nicht vielleicht auch in ihrem weiteren Umfeld um das Glück anderer Menschen sorgt, zum Beispiel in ihrem Beruf als Krankenschwester oder in der ehrenamtlichen Altenpflege.

Ich weiß, was Sie jetzt denken: »Alles schön und gut, aber es gibt so viele abscheuliche Kreaturen, Mörder, Kriminelle und Monster in dieser Welt, die können doch unmöglich die Welt des Bodhisattva, geschweige denn der Buddhaschaft besitzen.« Doch, das können sie, denn auch ein Mörder liebt höchstwahrscheinlich seine Kinder, seine Frau oder vielleicht seine Mutter. Oder seinen Hund. Hitler liebte Eva Braun, seine Schäferhündin Blondi wahrscheinlich auch. Das war aber auch schon alles, was ihm aus der Welt des Bodhisattva eigen war. Trotzdem, nur so als kleines Beispiel.

Die größte Herausforderung für uns Menschen besteht darin, den Bodhisattva in uns zum Leben zu erwecken, und zwar nicht nur in Bezug auf die in unserer Hierarchie des Mitgefühls ganz oben auf der Leiter stehenden Personen wie Angehörige und enge Freunde.

»Das ist doch nichts Neues«, sagen Sie jetzt sicher, »Liebe deinen Nächsten wie dich selbst! Das hat Jesus schon gesagt und so steht es in der Bibel!« Das weiß ich auch. Und ich habe mir immer wieder über den Unterschied beziehungsweise die Gemeinsamkeit zwischen der christlichen Aussage und der buddhistischen Welt des Bodhisattva den Kopf zerbrochen. Ich glaube, dass Jesus ein hohes Ideal gelehrt hat, das man anstreben soll, dass der Buddhismus aber noch einen Schritt weiter geht, indem er postuliert: Diese großartigen Fähigkeiten habt ihr sowieso schon in euch. Ihr müsst sie nur rauslassen! Ehrlich gesagt finde ich diesen Ansatz für »Otto Normalverbraucher« ein bisschen einfacher. Irgendwie bin ich da näher dran. Doch das muss letztendlich jeder für sich selbst entscheiden. Der Buddhismus lehrt, dass wir für uns selbst unzerstörbares Glück schaffen, wenn wir wie ein Bodhisattva handeln. Die Freude ist also nicht mehr bloß »vorübergehend«, sondern beständig. Das Glück ist dauerhaft und unzerstörbar und es begleitet uns ins nächste Leben. Dazu müssen wir nicht unbedingt zu einer Mutter Teresa werden. Jeder kann auf seine Weise seine speziellen und einzigartigen Fähigkeiten zum Wohle anderer einsetzen. Zum Beispiel in meinem klitzekleinen Fall durch einen öffentlichen Auftritt. Und es ist ein Erfolg, wenn ich mit meiner Botschaft auch nur einen einzigen Menschen erreiche ...

Buddhaschaft

Die Buddhaschaft ist der höchste Lebenszustand. Ihn zu erklären wird jetzt ein bisschen komplizierter, weil mir die Beispiele in der Jetztzeit ausgehen.
Etwas Elementares vorab: Wenn Sie bislang geglaubt haben, ein Buddha sei eine Art »Gott« oder transzendentales Wesen, losgelöst von Zeit und Raum, eine Figur des Jenseits mit übernatürlichen Fähigkeiten, vergessen Sie's! Bei Diskussionen über dieses Thema tauchen immer drei Fragen auf.
Erstens: Was ist die Buddhaschaft beziehungsweise ein Buddha?
Zweitens: Trägt jeder Mensch die Welt der Buddhaschaft in sich?
Drittens: Wie kann ich diesen Buddhazustand erkennen, wie fühlt sich das an?

Die Zehn Welten

Ein Buddha ist ein ganz normaler Mensch, der zur wahren Natur des Lebens »erweckt« (erleuchtet) wurde, eine Person, die sich von den »Illusionen« der anderen neun Welten befreit hat. Durch richtiges Handeln und so weiter (Sie erinnern sich?) setzt dieser Mensch die richtigen Ursachen, zum Beispiel, indem er – salopp formuliert – als Bodhisattva einen guten Job macht.

Ein Buddha ist ein lebendiger Mensch, der im Hier und Jetzt existiert, auf der Erde. Ein Buddha wird man nicht erst nach dem Tod, es ist kein Ehrentitel, den man als »Member of Paradise« verliehen bekommt. Auch wenn Sie sich das nur schwer vorstellen können, es ist einfach so. »Schön«, werden Sie jetzt sagen, »Sie können das jetzt einfach so behaupten! Doch wo ist der Beweis?« Nun, beweisen lässt sich das nicht, man muss es erfahren.

Haben Sie schon einmal eine Durian-Frucht gesehen? Oder gegessen? Nein? Das bedeutet aber nicht, dass es das Ding nicht gibt oder dass man es nicht essen kann. Googeln Sie's doch mal. Es ist eine Frucht fast so groß wie eine Wassermelone. Ich habe einmal in Singapur auf der Straße so eine Durian gekauft. Dort sollte man sie am besten auch gleich essen, denn es ist verboten, sie mit ins Hotel zu nehmen. Wenn man die Frucht aufschneidet, verbreitet sie einen unerträglichen Gestank. Das Fruchtfleisch aber entschädigt die beleidigte Nase mit dem feinen Aroma von Vanillepudding.

Mit dieser Geschichte will ich sagen, dass man manche Dinge erst ausprobiert und erlebt haben muss, um den Beweis zu erhalten, dass sie wirklich existieren.

Daisaku Ikeda schreibt über den Buddhazustand: »Der Lebensraum des Buddha wird eins mit dem Universum und verschmilzt mit ihm. Das Ich wird zum Kosmos, und in einem einzigen Augenblick streckt sich der Fluss des Lebens aus, um alles, was vergangen ist, und alles, was in Zukunft sein wird, zu umfangen. In jedem Moment der Gegenwart ergießt sich die ewige Lebenskraft des Kosmos wie ein gigantischer Brunnen der Energie.«[13] In einfachen Worten bedeutet das, dass der Buddhazustand nicht von allen anderen Lebenszuständen getrennt zu betrachten ist. Er umfasst die anderen neun Welten, ist damit also kein eigenständiger Lebenszustand, in dem man grundlos »dauerglücklich« ist. Im Lebenszustand der Buddhaschaft haben wir die Natur des Lebens verstanden und besitzen Weisheit, Mut, Mitgefühl und Lebenskraft. Das heißt, wir empfinden Freude, sind glücklich, weil das Problem nicht mehr das Problem ist, auch wenn es immer noch in unserem Leben existiert. Wir gehen nur anders damit um. Sagen wir mal so: im Zustand der Buddhaschaft ändert sich unser Blickwinkel, unsere Einstellung zu den Dingen des täglichen Lebens. Die Vier Leiden (Geburt, Alter, Krankheit und Tod) machen uns nichts mehr aus, denn wir erkennen sie schlichtweg als Tatsachen des Lebens an. In dem Moment, in dem wir unseren Buddhazustand manifestieren, sind wir in der Lage, die positiven Seiten aller anderen Welten, auch die der »Sechs bösen Pfade«, hervorzubringen, in unserem Leben anzuwenden und damit positiven Nutzen für uns selbst und für andere zu schaffen. Je mehr wir »Buddha« sind, desto selbstverständlicher geht das vonstatten und wir handeln in jedem Fall »moralisch richtig«. Das beantwortet auch die mir häufig gestellte Frage, welche Vorschriften und Regeln es denn in dieser Form des Buddhismus, den ich praktiziere, gibt. Es gibt nur eine: Entfalten Sie Ihre Buddhanatur, und Sie werden erkennen, welche Ihrer Handlungen gut und nutzbringend sind. Wie Sie mit dieser Erkenntnis umgehen, ist natürlich Ihre Sache, aber im Lebenszustand des Buddha werden Sie intuitiv richtig handeln. Kants kategorischen Imperativ kann man auf jeden Fall der Welt der Buddhaschaft zuordnen. Wenn jeder Mensch nach dieser Maxime leben würde, gäbe es auf dieser Welt keinen Hunger und keine Kriege mehr.

Was für die Welt des Bodhisattva gilt, gilt natürlich auch für den Buddhazustand: Jeder, wirklich absolut jeder, trägt ihn in sich, unabhängig von Herkunft, Geschlecht, Alter, Rasse, Intelligenzgrad und Bildung. Die Buddhaschaft wartet darauf, von der jeweiligen Person entfaltet zu werden. Sie ist nicht außerhalb von uns selbst zu suchen, in unseren Lebensumständen oder in anderen Wesen, sie liegt in uns und nur wir selbst können sie erwecken. Diese Aufgabe kann niemand für uns übernehmen, keine Kirche, kein Priester, keine Institution und auch kein Freund.

Nichiren Daishonin verwendet das Bild des Spiegels, das ich schon zu Beginn erwähnte: »Solange jemand in Illusionen lebt, nennt man ihn einen gewöhnlichen Sterblichen, doch erst erleuchtet nennt man ihn einen Buddha. Auch ein blinder Metallspiegel wird wie ein Juwel glänzen, wenn er poliert ist. Ein Herz, das gegenwärtig von Illusionen verdunkelt wird, die aus der unwissenden Dunkelheit des Lebens stammen, gleicht dem blinden Metallspiegel, aber ist er erst poliert, so wird er klar und zeigt die Erleuchtung der unveränderlichen Wahrheit. Rufen Sie tiefen Glauben in sich hervor und polieren Sie Ihren Spiegel Tag und Nacht.«[14] Doch wie funktioniert das? Nichiren Daishonin schlägt vor, *Nam Myoho Renge Kyo* zu chanten. Seine Behauptung, dass damit die Tatsache bewiesen werden könne, dass der Zustand des Buddhas tatsächlich in uns vorhanden ist, konnte ich nur überprüfen, nachdem ich mich wirklich dazu entschlossen hatte, diesen Satz zu chanten.

Ich kenne Menschen, die mir, ohne sich zu einer religiösen oder spirituellen Zugehörigkeit zu bekennen, vermitteln, es käme doch »nur auf die Betrachtungsweise der Dinge« an. Man solle auf jeden Fall immer an das Gute glauben, der Rest würde dann schon werden. Mag sein, aber mein Weg ist das nicht. Ich habe es versucht, aber es ging nicht. Ehrlich. Ich bin irgendwie nicht weitergekommen. Inzwischen weiß ich ganz sicher, dass ich diese Buddhaschaft besitze, obwohl ich gestehen muss, dass der Weg bis hin zu dieser Erkenntnis nicht gerade einfach war. Jetzt und hier, da ich darüber schreibe, befinde ich mich natürlich in einem ganz anderen Lebenszustand als damals, als alles begann. Mit meiner heutigen Klarheit und dem Wissen um meine unzerstörbare Buddhanatur hätte ich mir einiges erspart. Aber es ist ein sehr gutes Gefühl zu wissen, dass es eine Form von Glück gibt, die von meinen Lebensumständen unabhängig und »bedingungslos« ist, für die also nicht vorher noch schnell ein paar Wünsche erfüllt werden müssen. Hin und wieder ist dieses Gefühl der Freude auch wirklich präsent. Und das treibt mich an, die nächste Seite zu schreiben, mich für Familie, Freunde oder eine karitative Sache einzusetzen, nicht zu verzweifeln, wenn einmal ein Filmprojekt platzt, Pläne zu machen für das nächste Jahr und so weiter und so weiter.

Das waren sie also, die »Zehn Welten« – ziemlich umfangreich … Doch verabschieden werde ich mich keinesfalls von ihnen. Ich werde ihnen nämlich immer wieder begegnen, ja, sie ziehen sich quasi als roter Faden von nun an durch mein gesamtes Leben, auch durch das berufliche …

Mein Leben bewegt sich

Willemsens Woche sollte nicht die einzige Sendung bleiben, in der ich mich in den kommenden Jahren zum Thema Buddhismus äußern würde.
Mehr und mehr verdichtet sich bei mir der Gedanke, dass ich mir dieses Leben ausgesucht habe, ein Leben im Scheinwerferlicht, ein »öffentliches« Leben, in dem mir fremde Menschen zuhören, ein Leben, das mir die Chance bietet, aber auch die Verantwortung überträgt, meinen persönlichen Beitrag für eine friedlichere Welt im Großen und im Kleinen zu leisten – als Mensch und auch durch meine Arbeit.
An dieser Stelle noch einmal ein wenig Theorie – keine Angst – Sie werden's überleben …
»Wir sitzen doch alle im selben Boot.« Diesen Allgemeinplatz kennen Sie sicher. Das Bild ist simpel, aber zutreffend. Wir sind zwar alle Individuen, doch in diesem »Boot«, gemeint ist das Leben, kommt es darauf an, dass wir uns dem Wohl der Gruppe entsprechend verhalten. Wenn ich zum Beispiel in diesem Boot herumhopse, noch dazu bei hohem Seegang (das heißt in schwierigen Zeiten), kommt das bestimmt nicht so gut an! Vom Standpunkt des Buddhismus aus betrachtet heißt das: »Viele Körper – ein Geist«. Jeder Mensch mit seinen ganz individuellen Fähigkeiten und Potenzialen ist dazu aufgefordert, seine »menschliche Revolution«. zu vollziehen, seine Buddhanatur zu erwecken. Damit haben all diese verschiedenen Individuen eine Basis und ein Ziel, das sie eint. Nur so ist eine harmonische Welt möglich. Einfach ausgedrückt bedeutet das: Wenn

jeder Einzelne von uns an seiner »menschlichen Revolution« arbeitet, kommen wir einer Welt voller Würde und Respekt vor der Unverletzbarkeit des Lebens, frei von Hunger und Kriegen, und somit dem Weltfrieden ein großes Stück näher. Dieses Ziel können wir nicht durch Gesetze und Politik erreichen, sondern nur, indem wir uns ändern! Indem wir die zerstörerischen Tendenzen der niederen Welten, die zu Gewalt und Krieg führen, hinter uns lassen und Mitgefühl, Mut, Weisheit und Lebenskraft schaffen. Das fängt im Kleinen an (zum Beispiel in der Beziehung zwischen mir und meiner vermeintlich schrecklichen Pariser Vermieterin) und wächst bis hinauf bis zur großen Bühne einer UN-Vollversammlung.

Das ist mehr als nur »Glaube«. Der Glaube unterstützt mich auf diesem Weg, ebenso wie das Chanten, bei dem ich überprüfen kann, ob meine persönlichen Bedürfnisse mit dem »großen Ganzen« übereinstimmen. Letztendlich geht es aber darum, allen Menschen diese Möglichkeit der Entfaltung nahezubringen und damit einen Beitrag zum Weltfrieden zu leisten. Diese Handlung, das Gesetz des Universums zu verbreiten, um allen Menschen zu ermöglichen, dauerhaft glücklich zu werden und somit den Weltfrieden zu verwirklichen, nennen wir »Kosen-rufu«, was wörtlich übersetzt »nahebringen, lehren, das Gesetz (des Universums) verbreiten« bedeutet.

So spricht der eine vielleicht seinen Nachbarn darauf an. Tina Turner erfährt davon durch eine Freundin am Telefon. Eine Schauspielerin gibt einen Crashkurs in der Theaterkantine. Ein berühmter italienischer Fußballer spricht in einem Interview im Corriere della Sera darüber. Ein junges Mädchen erzählt ein paar halbstarken Jungs in der Pariser Métro vom Gesetz des Universums und von *Nam Myoho Renge Kyo*, und das eigentlich nur, weil sie sich fürchtet. Und auf einer langen Autofahrt tröstet mit diesem einen Satz mein praktizierender Freund L. aus Wien den Requisiteur, der gerade seine Frau verloren hat. Es gibt so viele Wege auf dem Weg zu dauerhaftem Glück, Frieden und Harmonie. Und ich schreibe dieses Buch.

Wie Sie sehen, kommt es nicht nur darauf an, still und einsam vor sich hin zu praktizieren, seinen Glauben zu haben und mehr oder weniger brav zu chanten, aber ansonsten das Ganze eher »solistisch« zu betreiben. Denn Buddhismus heißt aktiv im Leben stehen, heißt Gemeinsamkeit und Dialog. Miteinander und auf gar keinen Fall gegeneinander. Es gilt, die Kluft und die Unterschiede zwischen den Menschen zu überwinden, um ein geistiges Band zu schaffen.

In den ersten Jahren meiner buddhistischen Praxis war ich hoch motiviert und glücklich angesichts der »Geschenke«, des positiven Nutzens, der wie von Zauberhand erschien. Ja, ich erwartete diesen Effekt sogar! Heute bin ich klüger und weiß, wie fatal es war, darauf zu vertrauen, dass der Buddhismus nach dem Prinzip »fleißig chanten, großer Nutzen« funktioniert. Im Grunde genommen ist das zwar richtig, doch die Gefahr liegt darin, sich zu sehr auf seine persönlichen Wünsche zu kaprizieren und die Verwirklichung der Buddhaschaft, also des universellen unzerstörbaren Glücks, darüber zu vergessen. Wenn man also die Erfüllung seiner Wünsche weiterhin eher als »Belohnung« anstatt als »Ermutigung« sieht, bringt man es in seiner menschlichen Entwicklung nicht sehr weit. Glauben Sie mir, da kenne ich mich inzwischen so richtig gut aus. Wie dem auch sei, das Jahr 1995 sollte eines der besten meines Lebens werden. Ich drehte vier wunderbare Filme, zwei davon mit internationaler Besetzung in solch traumhaften Ländern wie Indien und Südafrika. Das größte Ereignis, das alles überstrahlte, war jedoch meine Hochzeit in Salzburg, der unbestritten aufregendste und glücklichste Tag in meinem Leben. Es war wie im Märchen: Blumenkinder, Pferdekutsche für die Eltern, Bodyguards wie in einem Hollywoodfilm und mittendrin der Prinz und die Prinzessin (in einem Traum aus bestickter Seide) hoch zu Ross, eskortiert von der Reitergarde aus der *Winnetou*-Produktion. Und an diesem Tag gehörte das Max Reinhardtsche Schloss Leopoldskron, wie es in einem Märchen so ist, uns ganz allein.

Dort fand am Nachmittag auch eine buddhistische Zeremonie statt, geleitet von unserer Freundin M., die es trotz ihrer vielen Verpflichtungen in Paris ermöglicht hatte, an diesem wichtigen Tag bei uns in Salzburg zu sein. Mein Freund L. hatte seinen Gohonson aus Wien mitgebracht. Zusammen mit einem kleinen Grüppchen buddhistischer Freunde aus Frankreich, Deutschland und Österreich zelebrierten die frischgebackenen Eheleute ihr allererstes gemeinsames Gongyo.

Der positive Nutzen riss nicht ab: Im darauffolgenden Jahr kam noch mehr Bewegung in mein Leben und ich wurde wieder steil nach oben in den Fernsehhimmel katapultiert.

Ich bekam eine Hauptrolle in einer großen internationalen Fernsehserie. Eine Wahnsinnsrolle mit allen Facetten eines Menschenlebens: von himmelhoch jauchzend bis zu Tode betrübt, von emotional und sexy bis zu kaputt, labil und trotzdem stark. *Dove Comincia il Sole – Verwirrung des Herzens* bedeutete sechs Monate Dreharbeiten in der Traumstadt Rom! Es war der Himmel auf Erden.

Die knapp bemessene drehfreie Zeit versuchte ich »gewinnbringend« für meine Persönlichkeit zu nutzen. Ich chantete vor allem dafür, vor Ort, in Italien, Unterstützung zu bekommen, denn mir war bewusst geworden, dass es mitunter schwierig – und, ehrlich gesagt, grottenlangweilig – ist, nur so für sich allein zu praktizieren. Außerdem wollte ich endlich einmal wieder einen Gohonson sehen ... Eines Tages passierte tatsächlich ein ähnlich »verzauberter Zufall« wie damals in Südafrika (der natürlich keiner war, wie wir wissen, sondern lediglich die Antwort, also »Wirkung«, auf meinen ausdrücklichen Wunsch als »Ursache«). Es ergab es sich, dass eine Szene in dem Hotel gedreht werden sollte, in dem ich wohnte. Die Produktionsleitung bat mich, mein Zimmer zu meiner Garderobe umfunktionieren zu dürfen, da es an der Piazza del Popolo keinen Platz für meinen Wohnwagen gab.

Meine Garderobiere kam also morgens mit meinem Film-Outfit in mein Zimmer und bemerkte auf der Kommode im Schlafzimmer meine kleine »Installation« mit Wiedererkennungswert: eine Klangschale, zwei Kranichfiguren, die Meister und Schüler darstellen, Kerzen, das Gongyo-Buch und eine weiße Gebetskette, die ich von

Luise in *Kabale und Liebe*

Lady Milford in *Kabale und Liebe*

Zeitel in *Anatevka*

Traute Lafrenz in *Die Weiße Rose*

Die schöne Wilhelmine

Eliza in *My Fair Lady*

Olive in *Das Ungleiche Paar*

Polly in der *Dreigroschenoper*

Nscho-tschi

Paris

Elke Fischer in *Les Aventuriers du Rio Verde*

Mein Schminktisch

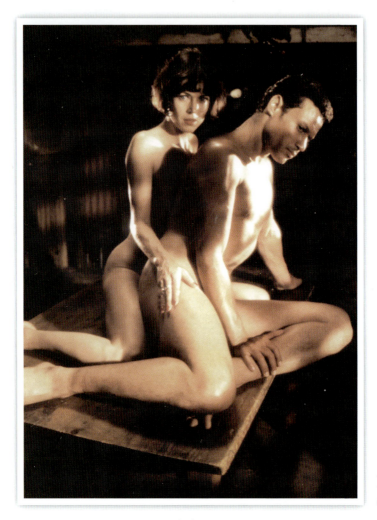

Thelma

Hochzeitsfoto

Heather Jones in *Ich steig aus und mach ne eigene Show*

Dr. Kaltenbach in *Klinik unter Palmen*

Maria in *Verwirrung des Herzens*

Mme Therbouche in *Der Freigeist*

Ikedahalle

Butsudan

Johanna, Köchin aus Leidenschaft

Frau von Götz in *Das Vermögen des Herrn Süß*

Berlinale 2010, auf dem Weg in mein eigenes Leben

Wiener Hofburg, ein Bodhisattva auf dem roten Teppich

© Karl Schöndorfer

meinem Liebsten zur Hochzeit geschenkt bekommen hatte. Meine entzückende neapolitanische Garderobiere strahlte mich an: »Non ci credo! Anche tu pratichi? Che bello! Allora possiamo senz'altro farlo insieme ora!« (Das glaube ich jetzt nicht! Du praktizierst auch? Wie schön! Dann können wir das ja gemeinsam machen!)

Mein Wunsch, jemanden zu finden, mit dem ich gemeinsam chanten konnte, war also in Erfüllung gegangen. Wir hatten uns gefunden. Und nicht nur das. Am darauffolgenden Sonntag nahm mich meine Garderobiere mit zu einem »Event« der Sonderklasse. Die buddhistische Organisation von Italien feierte in ihrem Kulturzentrum ihr 20-jähriges Jubiläum. Der »Versammlungsraum« in einer ehemaligen Reithalle im Norden Roms bot über 1000 Menschen Platz. Und so viele waren an jenem Sonntag auch dort.

Bei dieser Feier erlebte ich zum ersten Mal die ungeheure Kraft, die so ein gemeinsames Chanten freisetzen kann. Der Raum bebte förmlich. Die vielen verschiedenen Stimmen formierten sich zu einem Glockenklang, kraftvoll, feierlich, alles durchdringend. Und mein Körper und mein Geist bebten mit. Die Freude, die positive Kraft, die den ganzen Raum erfüllte, ist schwer zu beschreiben.

Natürlich weiß ich um die magische Kraft eines kollektiven Gebets oder eines Sprechchores. Im altgriechischen Theater wurde viel damit gearbeitet. Der Chor hat die Aufgabe, die Situation, in der sich die Hauptakteure befinden, zu kommentieren, aber auch, sie mittels der Gewalt seiner Vielstimmigkeit dem Zuschauer emotional näherzubringen, ihn mit der Kraft der Musik der Worte in die Geschichte hineinzuziehen. Das ist ein sehr wirksames Element des Theaters. Die Oper setzt da noch eins drauf. Musik ist eben noch klanggewaltiger ...

Ich praktizierte zu jener Zeit seit eineinhalb Jahren, nicht akribisch, aber von Herzen, so wie ein Kind mit seiner Lieblingspuppe spielt. Ja, ich weiß genau, dass das jetzt ziemlich seltsam klingt, aber rückblickend kann ich es nicht anders beschreiben. Es mangelte mir definitiv an Determination und an Klarheit in meinen Gedanken. Ich war sehr naiv! Ich zog das schicke Fallschirmspringer-Outfit mit dem seidenen Rucksack an, warum, wusste ich damals nicht genau, es war

mir auch egal. Und ich traf die richtige Entscheidung, denn eines Tages sollte ich diesen Rettungsschirm brauchen, und zwar dringend …
Doch trotz meiner unreflektierten Ausübung und unklaren Haltung begann sich unterbewusst, irgendwo im Verborgenen, ganz tief in mir, etwas zu verändern. Ich hatte begonnen, mein Potenzial als Mensch und auch als Schauspielerin zu entfalten. Eine neue, liebevolle Nähe zu den Menschen in meiner Umgebung machte sich in mir breit – und die brachte ich unbewusst in meine Rolle ein. Wenn ich mir diese Arbeit heute ansehe, stelle ich fest, dass sich mein Spiel komplett verändert hat: Es kommt aus einer kraftvollen Ruhe, ist viel direkter und unprätentiöser. Das Zusammenspiel mit den anderen Figuren lässt schon eine Art Mit-Gefühl erkennen. »Tut ihr gut, dieses Arbeiten im Ausland«, hieß es. »Danke, *Nam Myoho Renge Kyo*«, hätte ich am liebsten in den Abspann gesetzt.
Auf der abenteuerlichen Reise meiner »menschlichen Revolution« passierte in den Jahren bis zur Jahrtausendwende wirklich einiges mit mir. Der kleine »Ich-bin-der-Größte-und-immer-mit-dem-Kopf-durch-die-Wand«-Löwe entwickelte sich weiter …
Je mehr ich mit der buddhistischen Praxis mein Leben zu reinigen, zu polieren begann, umso größer wurde der innere Abstand zu meinem Leben im Scheinwerferlicht. Eine fast schon ironische Distanz, wie einer meiner Songtexte aus den Jahren 1997/98 deutlich zeigt:

Um jeden Preis

Sie will das größte Stück vom Kuchen,
Ein dickes Stück vom Großen Glück.
Will weit hinaus über ihren Horizont,
Sie will wissen, dass sich das Leben lohnt.

Sie will nur die erste Reihe, das letzte Wort,
Den letzten Tanz

Mein Leben bewegt sich

Jeden Tag den Blick nach oben,
Nur wer siegt, hat 'ne Chance!
Nur nicht mit dem kleinen Stück zufrieden sein,
Das man ihr gibt, weil sie so brav.
»Alles oder nichts« ist die Parole,
Lang genug war sie ein blödes Schaf.

Sie will das größte Stück vom Kuchen,
Ein dickes Stück vom Großen Glück.
Will weit hinaus über ihren Horizont,
Sie will wissen, dass sich das Leben lohnt.

Sie spielt niemals mit Verlierern,
Gewinner vor, um jeden Preis.
Immer nur die Stufen rauf, das Leben ist kein Kreis.
Wenn andere von der Leiter ihr entgegenfall'n,
Schaut sie nicht hin, hat keine Zeit.
Geht es um den Platz im Licht,
Verpasst sie niemals die Gelegenheit.

Sie braucht das größte Stück vom Kuchen,
Das dickste Stück vom Großen Glück,
Für sie den allergrößten Raum!
An ein Morgen – ja, da denkt sie kaum.

Gnadenlos räumt sie die andern fort, so wie's ihr passt,
Jeden Tag den Blick nach oben, weg mit dem Ballast!
Und oben an der Spitze ist sie dann endlich allein
In ihrem Turm aus Eitelkeit –
Statt Sonnenschein nur Einsamkeit.

Sie hat das größte Stück vom Kuchen,
Doch bitter schmeckt das Große Glück,
Immer nur die Stufen rauf, es geht nicht mehr zurück.

Da oben spürt sie erst die dunkle Einsamkeit,
Und mit sich selbst sein kann sie nicht.
Muss sie denn noch mehr riskier'n,
Um endlich dann der Star zu sein im Licht?

Sie will das größte Stück vom Kuchen,
Ein dickes Stück vom Großen Glück.
Will weit hinaus über ihren Horizont,
Will wissen, dass sich das Leben lohnt.

Sie will alles, was das Leben geben kann,
An ein Morgen denkt sie kaum.
Ihr gebührt der größte Raum.
Sie ist sich selbst die Nächste –
»Bescheidenheit ist eine Zier,
Doch weiter kommt man ohne ihr!«

Das Lied befindet sich auf einer CD, die wir anlässlich einer Tour mit dem Musical *Ich steig aus und mach 'ne eigene Show* produziert haben.

Diese Tournee, so erfolgreich sie auch für mich persönlich war, gestaltete sich als das Gegenteil von »Viele Körper – ein Geist«. Es brodelte schon während der Proben gewaltig, die verschiedenen Egos gingen auf ihren eigenen Trip und nach einigen Wochen herrschte das Gesetz des Dschungels: Jeder gegen jeden. Verrückterweise war das auch das Thema des Stücks:

Eine erfolgreiche Schmuse-Schlagersängerin (stellen Sie sich Hansi Hinterseer in weiblich vor) beschließt am Vorabend der Premiere ihrer Show in einer verdammt wichtigen Stadt, ihr bisheriges Programm über den Haufen zu schmeißen und durch ein neues, freches mit anspruchsvollen Liedern, Frauenpower, Sex und Rock 'n' Roll zu ersetzen. Das Stück zeigt die Probe, die sie mit ihren Girls und den Musikern kurzfristig anberaumt hat, um ihrem Manager (Marke verklemmter Spießer) die neue Show vorzuführen. Das endet natürlich in einer Katastrophe, aber auch darin, dass die beiden Protagonisten ihr eigenes verkorkstes Leben aufarbeiten und versuchen, es in den Griff zu bekommen. Da sich mein Kollege F., der zu Wiener Zeiten ein guter Freund gewesen war, zu jener Zeit mit seinem persönlichen verfahrenen Leben konfrontiert sah, driftete das Stück auf gespenstische Art und Weise in eine gefährliche Wahrheitszone ab. Was wir spielten, war Untertext aus unserem eigenen Leben. Ich war schon lange nicht mehr das »süße Mädel«, das er angebetet hatte. Ich präsentierte mich erfolgreich, frech und mit meinen ledernen Hotpants, raspelkurzen Haaren und der E-Gitarre aggressiv sexy. Er war oberflächlich (leider auch als Schauspieler), beziehungslos, dem Alkohol verfallen und frustriert – ihm schwammen die Felle davon.

Heute weiß ich, dass diese paar Monate eine karmische Lehrstunde par excellence waren. Mir wurden meine eigenen alten Muster vorgeführt, doch ich war bereits stark genug, um mich nicht wieder zurückziehen zu lassen. Ich lernte, dass Loyalität und Respekt auf der einen, sowie Opportunismus auf der anderen Seite megawichtige Lebensthemen sind – für jeden von uns! Innerhalb des Ensembles gab es andauernd das Bestreben, den einen oder anderen für sich zu gewinnen und auf seine Seite zu ziehen. Einschmeicheln und hinterrücks treten. Ich bin ein Gerechtigkeitsfanatiker und fand diese Situation zum Kotzen. Mein Mitgefühl war allerdings noch nicht so weit entwickelt, dass ich diese Aufgabe bewältigen konnte. Es blieb mir nichts anderes übrig, als alle, die nicht mittun wollten, (im übertragenen Sinne) von der Bühne zu fegen. Schließlich ging es um die Show und Professionalität hat, wie bereits erwähnt, bei mir oberste Priorität.

F. gehörte zu dieser Gruppe von oberflächlichen Tatsachen aus meiner Vergangenheit, die sich – im Zuge meiner kleinen persönlichen Revolution und Entwicklung als Mensch – ganz von allein entsorgten.

Der »Müll« stellte sich selbst vor die Tür, in Form von Menschen, mit denen ich nie auf wertvolle Art und Weise Zeit verbracht hatte, in Form von überflüssigen, fluguntauglichen Luxuskoffern, die mir geklaut wurden, und in Form von oberflächlichen Rollen, die mir nicht mehr angeboten wurden (nur ernähren sie einen auch dummerweise).

Ich hatte weniger Engagements, aber das, was ich machte, zeigte eine neue Anja Kruse: wahrhaftiger, besser, interessanter. Und was auch immer ich anfasste, wurde etwas Besonderes, denn ich hatte etwas für mich Sensationelles entdeckt: Wenn allen Dingen des Lebens die Zehn Welten innewohnen, dann auch den Figuren aus Papier, die ich mit meinem Spiel zum Leben erwecke. Mir eröffneten sich neue, ungeahnte Dimensionen in meiner Kreativität! Jedes Wort, jeder Charakterzug meiner Figuren wurde plötzlich wahr, weil ich ihnen mit meiner Erkenntnis die unendliche Vielschichtigkeit eines richtigen Menschen geben konnte. Ich begann systematisch, meine eigenen Lebenszustände auf den Seziertisch zu legen, hineinzuspüren, »wie sich das anfühlt«, was mich in den einen oder anderen Zustand bringt oder wie die Wechsel zwischen den Lebenszuständen vonstattengehen. Für das Abrufen von Emotionen, um sie in mein Spiel einzubringen, finde ich es sehr hilfreich zu wissen, aus welchen Welten sie kommen. An dieser Stelle ein kleiner Einschub für Kollegen, falls ein paar davon tatsächlich dieses Buch lesen: Natürlich weiß ich, was Method Acting und die Stanislawski-Schule sind. Das habe ich alles längst verinnerlicht. Und ihr werdet sagen: »Was soll das alles? Das ist doch nichts Neues, sich tief in eine Situation hineinzufühlen, um dies bei Bedarf abzurufen.« Doch, das ist etwas anderes, behaupte ich: Mit der Klarheit über diese gut voneinander abgrenzbaren Lebenszustände geht es präziser, schneller und leichter!

Sie, liebe Leser, interessieren solche Interna vermutlich nicht. Für Sie zählt bei einem Film oder im Theater, denke ich, lediglich eins: dass Sie die Figur, die man spielt, für einen »richtigen Menschen halten« – und, im allerbesten Fall, einfach vergessen, dass Sie sich im Kino, im Theater oder vor einem Fernseher befinden. Die Kenntnis der Zehn Welten ermöglicht es nun, selbst die abgrundtief schwär-

zesten Figuren als wahre Menschen zu zeigen, die Sie als Zuschauer vielleicht moralisch verurteilen, aber trotz allem verstehen. Denn auch schlechte Charaktere haben ihr Buddhapotenzial.
Hierzu einige Beispiele aus dem »Mainstream«-TV, die Sie vielleicht gesehen haben:
In der Fernsehserie *Klinik unter Palmen* spielte ich in drei in der Dominikanischen Republik gedrehten Folgen die Rolle der Dr. Kaltenbach. Die Ärztin ist ein herzloses Biest, egozentrisch, verrucht und sexsüchtig. Diese recht oberflächlichen Attribute bilden fast eine Vorgabe, wie die Rolle zu spielen ist. Diese Frau ist einerseits in den Zustand der Hölle abgerutscht, geht andererseits wiederum instinktgesteuert in der Welt der Animalität auf und gibt sich der vorübergehenden Freude eines sexuellen Abenteuers hin. Ihr Verhalten der jungen Kollegin gegenüber, die ihr den Lover ausspannen will, wird durch die Welt des Ärgers und der Arroganz bestimmt, die unerfüllte Sehnsucht nach diesem Mann hält sie in der Welt des Hungers fest. Einen Moment lang ist die Figur in der Bodhisattvawelt zu erleben, als sie nach einer schwierigen Entbindung der Mutter das Kind in die Arme legt. In dieser Szene entschied ich mich dafür, ein trauriges Lächeln zu zeigen, da meine Figur laut Drehbuch selbst keine Kinder bekommen konnte. Durch diese Darstellung landet sie schnurstracks wieder in der Welt der Hölle. Ich könnte das jetzt ewig weiterführen, aber ich denke, Sie haben verstanden, was ich meine …
In der Rosamunde-Pilcher-Verfilmung *Zerrissene Herzen* spielte ich die Frau des Gutsbesitzers, die einem ihrer Angestellten leidenschaftlich verfallen ist und sich damit in den niederen Welten von Animalität und Ärger befindet. Sie leidet, weil dieser Mann sie nicht erhört. Bis zuletzt hegt sie jedoch Hoffnungen und es gibt eine Szene, in der sie sich kurz in der vorübergehenden Freude befindet, da der Geliebte ihrem Werben nachzugeben scheint. Bis zu dem Moment, an dem eine andere Frau auftaucht. Eine Konkurrentin. Das bringt meine Figur sofort in die Welt der Hölle und sie schmiedet – aus diesem Lebenszustand heraus – Rachepläne. Als ihre Kon-

kurrentin jedoch einen schweren Unfall hat, zeigt sich, dass meine Figur, die Frau des Gutsbesitzers, doch nicht einfach nur »die Böse« ist. Indem sie sich liebevoll um die Verunglückte kümmert, zeigt sie Mitgefühl, also die Welt des Bodhisattva. Als ihr Ehemann stirbt, manifestiert sich ohne Zweifel die Welt der Hölle, deren positiver Aspekt jedoch, Leid als Antriebskraft zu nutzen, meine Figur dazu bringt, das Lebenswerk ihres Gatten, ein Heim für Kinder, fortzuführen. Sie hat also begriffen, wo ihr wahrer Platz im Leben ist. Hier zeigen sich die Welten des Lernens und der Teilerleuchtung.
Selbst bei Märchen, die in der Regel reine »Schwarz-Weiß-Malerei« sind, macht eine auf den Zehn Welten basierende Darstellungsweise die Rollen viel spannender. Das setzte ich in der Figur der Hexe in *Dornröschen* um, einer Folge der leicht satirischen *ProSieben Märchenstunde*. Die Hexe ist böse, klar. Ihre Welt ist die Animalität, in der sie nur daran interessiert ist, so mächtig wie möglich zu sein. Dann wiederum greift die Welt des Hungers: Wir sehen, sie ist gierig nach Schönheit und Jugend. Da sie sich für die Allerschönste hält, befindet sie sich mitten in der Welt des Ärgers und bald darauf in der vorübergehenden Freude, weil Dornröschen sich gestochen hat. Und da unsere Hexe davon ausgehen wird, dass die »Konkurrentin« erst einmal 100 Jahre schlafen wird, befindet sie sich in der Welt der Ruhe. Doch nicht lange – denn der blöde Prinz war nicht eingeplant. Und Ursache und Wirkung folgend, stolpert die Hexe über die »Drei Gifte« (Ärger, Dummheit, Arroganz) und landet somit wieder in der Welt der Hölle, wo sie entsetzlich leidet, weil der Zauber gebrochen ist und sie in Windeseile altern wird.
Ich versuche also, nicht nur als Mensch in meinem Leben Werte zu schaffen, sondern auch als Schauspielerin, indem ich mich ernsthaft um die Figuren bemühe, die ich zum Leben erwecke. Und ich glaube, dass mein Publikum das spürt und annimmt. »Mei, san Sie bös!«, sagte eine Verkäuferin auf dem Elisabethmarkt in München nach der Ausstrahlung von *Klinik unter Palmen* mit einem breiten Grinsen zu mir. Sie hatte es verstanden. Auch Dr. Kaltenbach war ein Mensch und kein Monster. Und die Marktfrau sah mich als

Schauspielerin hinter dieser Rolle, die für ihre Arbeit mit einem Kompliment bedacht und nicht wie üblich mit der Rolle verwechselt wurde.
Jahre später spielte ich zusammen mit dem wunderbaren Kollegen Wolf-Dietrich Berg in Düsseldorf in Éric-Emmanuel Schmitts Meisterwerk *Der Freigeist*. Das brillante Konversationsstück über einen Tag im Leben des Philosophen Diderot steckt voller menschlicher Abgründe und Emotionen, vor allem in Bezug auf die Rolle, die ich spielte. Eines schönen Probentages, als ich mich wieder einmal durch ein Wechselbad von Gefühlen und Lebenszuständen navigierte, stieg mein Kollege plötzlich aus der Szene aus, sah mich unverwandt und fast ein wenig irritiert an und fragte: »Sag mal, wie schaffst du das, so schnell von einem Gefühl ins andere umzusteigen? Wie kannst du diesen Zustand, diese Situation so schnell erfassen und umsetzen?«, um dann scherzhaft hinzuzufügen: »Ich brauche dafür mindestens eine Woche Proben.«
»Da wir aber die Premiere nicht verschieben können«, entgegnete ich frech, »wähle ich den schnelleren Weg und mache das mit meinem Buddhismus!« Ich erzählte ihm von den Zehn Welten und einiges mehr (nach Probenschluss, selbstverständlich). Ich rannte bei meinem Kollegen offene Türen ein. Nachdem er jahrelang »auf der Suche nach der Wahrheit hinter den Dingen« gewesen war, hatte er diese nun endlich gefunden. Ich gab ihm ein bisschen Lesestoff, den er unbedingt wollte – er war wie ich ein Kopfmensch –, doch ohne lange zu fackeln kam er schon am nächsten Abend zu mir, um gemeinsam zu chanten …
Dieser wunderbare Kollege starb wenige Jahre später an Krebs. Ob er damals wusste, dass er mit der Begegnung mit dem Mystischen Gesetz positive Ursachen für sein nächstes Leben setzen würde? Ich bin jedenfalls sehr dankbar, dass ich dieses kleine Samenkorn pflanzen durfte. Eine wunderbare Ursache. Und vielleicht hat es seinen Übergang in die Nicht-Existenz ein bisschen leichter gemacht …
Da ist es also, das Thema Tod. Ich habe mich jetzt lange genug davor gedrückt. Es ist mir klar, dass Sie brennend interessiert, was

ich dazu zu sagen habe, doch dieses Thema ist schwierig, komplex und kompliziert. Es ist inzwischen November und der Nebel hängt über dem Salzburger Untersberg fest. Vielleicht sollte ich wieder in den Süden fahren, in mein sonniges Zuhause in Frankreich zurückkehren? So ein Blödsinn, ich kann doch einem Kapitel nicht davonfahren! Außerdem … der November passt eigentlich gar nicht so schlecht zu diesem Thema.

Aber vielleicht sollte ich an den Bodensee fahren. In die Buchinger Klinik. Ruhe geben. Fasten. Spazieren gehen am See, wenn das Licht ganz grau ist und der Nebel sich silbern über dem Wasser verdichtet. Mit mir allein sein. Denken. Schreiben. Toll! Mein absoluter Kreativplatz.

Die Ewigkeit des Lebens

Ein prunkvoller barocker Spiegelsaal, Menschen in prächtigen Kleidern, die auf und ab spazieren, Gesellschaftsgeplapper, Lachen, heitere Stimmung. Mittendrin eine Frau, umschwärmt von Kavalieren, die ihr schmeicheln. Zu Recht, denn sie ist wirklich wunderschön. Ihre rotbraunen Haare und die elfenbeinfarbene Haut wirken durch den weichen tannengrünen Samt ihres Kleides mit dem cremefarbenen Spitzenbesatz noch leuchtender. Aus einem anderen Saal weht leichte Barockmusik herüber. Die Frau bewegt sich zwischen den plaudernden Menschen durch den Raum, gefolgt von zwei schwarz gekleideten Herren, die Masken tragen. Ist dies ein Maskenball? Wohl kaum, denn die beiden Männer sind die einzigen maskierten Besucher und sie sind der Frau unheimlich. Sie beschließt, das Fest zu verlassen. An ihrem Schloss angekommen, bemerkt sie, dass die beiden »Kavaliere« ihr dicht auf den Fersen sind. Sie nimmt den Nebeneingang links, der über eine steile Wendeltreppe direkt in das Turmzimmer führt. Auf der Treppe wird sie angegriffen, ein Fechtkampf auf Leben und Tod beginnt. Sie schafft es, sich zu wehren und die Männer vorerst loszuwerden.
Die Frau verbarrikadiert sich im Turmzimmer. Die hölzerne Tür ist solide, sie besteht aus drei dicken Eichenbalken. Das Schloss hält den Angreifern jedoch nicht lange stand. Die Frau kann über eine Außentreppe fliehen, schnappt sich eines der Pferde, die die Männer vor dem Schloss stehen gelassen haben, und galoppiert los, flüchtet durch den lang gezogenen Schlossgraben, der aus einer einzigen riesigen Grasfläche besteht. Die Sonne steht schon tief.

Die Frau reitet auf eine Mauer aus roten Backsteinen zu. Dahinter, in den Blumen- und Gemüsegärten des Schlosses, wird sie in Sicherheit sein. Doch einer der beiden »Kavaliere« ist ihr dicht auf den Fersen. Am Fuße der Mauer angekommen, rafft sie ihre Röcke und schwingt sich, auf dem Rücken des Pferdes stehend, die Mauer hoch. In diesem Augenblick ist ihr Verfolger so dicht hinter ihr, dass sie seinen Atem spüren kann. Der ranzige Geruch seines ungewaschenen, strähnigen Haars raubt ihr fast den Atem. Nur noch wenige Zentimeter – und sie ist oben auf der Mauer. Der Angreifer bekommt ihr Kleid zu fassen, das Geräusch von reißendem Stoff ist zu hören. Endlich oben auf der Mauer angelangt, sieht die Frau hinab auf die wunderschöne Gartenanlage mit dem kleinen Gärtnerhäuschen in der Mitte. Davor befinden sich Gemüsebeete, dahinter Obstspaliere. Und rechts und links des Häuschens eine Allee von getrimmten Buchsbäumen. Es ist heller Mittag und die Sonne blendet sie, während der bärtige, weißhaarige Gärtner lächelnd auf sie zukommt. Sein Gesicht ist voller Güte und Mitgefühl. Er trägt eine grüne Schürze und schiebt eine ebenfalls grüne Schubkarre vor sich her. Er winkt der Frau zu, einladend. Sie lässt sich fallen und weiß sich in Sicherheit.

Das, liebe Leser, ist keine Filmszene, weder eine, die ich selbst gedreht habe, noch eine, die ich im Fernsehen oder Kino gesehen habe. Die Geschichte stammt auch nicht aus einem historischen Roman. Und falls doch, habe ich dieses Buch niemals gelesen! Es ist vielleicht so etwas wie ein Traum – einer, den man über viele Jahre hinweg in exakt der gleichen Form immer wieder träumt und der immer an der gleichen Stelle endet. Es ist mein Traum und, wie ich eingangs erwähnte, meine ganz persönliche Erinnerung an ein anderes Leben.

Ich habe diese Geschichte nie wirklich ernst genommen, bis zu jenem Samstagnachmittag, an dem mein Mann und ich einen Ausflug in die Umgebung von Paris unternahmen. Wir stiegen aus der RER, der »Vorortbahn«, gingen im Bahnhof die Treppe nach oben, wendeten uns nach links – und ich dachte, mich trifft der Schlag.

Ich sehe ein Schloss, das mir merkwürdig bekannt vorkommt. Wir erreichen den Schlosshof. In der Mitte befindet sich das Hauptportal, links davon eine kleinere Tür. Mein Blick wandert nach oben – ein kleines Türmchen … Das Schloss ist Touristen zur Besichtigung zugänglich, also zögere ich nicht lange. Mein Mann ist etwas irritiert, weil ich so zielstrebig losgehe. »Ich war schon einmal hier«, sage ich atemlos. Er versteht sofort, was ich meine, und folgt mir schweigend. Ich glaube, das Ganze ist ihm ein bisschen unheimlich. Hinter der Tür des Nebeneingangs führt eine steile Wendeltreppe nach oben. Die Stufen sind ausgetreten und ziemlich glatt. Am Ende der Treppe befindet sich eine schlichte, aus drei Längsbalken gefertigte Holztür, solide Eiche. Die Tür ist angelehnt. Wir gehen hindurch und betreten das Turmzimmer. Es gibt zwei Fenster, eines mit einem kleinen Austritt und einer schmalen Treppe, die in den seitlichen Schlosshof hinabführt. Der Mann an meiner Seite spürt meine Nervosität und schlägt vor, diesen Ort zu verlassen. »Weißt du, eigentlich wollte ich mit dir hierherkommen, weil hinter dem Schloss eine wirklich schöne Gartenanlage liegt.« Es reißt mich herum. »Wie bitte???« Hatte ich bis zu diesem Zeitpunkt noch geglaubt, meine Fantasie spiele mir einen Streich, so war nun endgültig Schluss damit. »Wie kommen wir dorthin?«
»Ich denke, wir müssen wieder zurück auf die Straße, denn den Graben können wir ja wohl schlecht durchqueren.«
Die Straße führt schnurgerade an der linken Seite des Schlosses entlang. Rechter Hand befindet sich der einige Meter tiefer gelegene ziemlich breite Schlossgraben, eine große grüne Wiese, an deren Ende eine Mauer aus roten Backsteinen steht – ein nicht gerade »typisches« Mauerwerk für diese Gegend. Langsam wird mir richtig heiß. Zu Fuß die Straße entlang dauert der Weg natürlich um einiges länger als auf einem Pferd, noch dazu im gestreckten Galopp. Ich nutze diese Zeit, um meinen Mann aufzuklären, was da gerade passiert ist. Er sieht mich fasziniert an. »Je t'envie. Vraiment. – Ich beneide dich darum, dass du ein bisschen mehr von der Ewigkeit des Lebens weißt!«

»Ich bin mir nicht so sicher, ob ich das gut finde«, antworte ich, »es ist auch eine Belastung. Das ist sicher auch der Grund, warum wir uns nicht erinnern. Das wäre doch schrecklich. Stell dir das doch einmal vor!«

Inzwischen haben wir die Mauer erreicht. Und tatsächlich: Vor uns erstreckt sich eine wunderschöne Gartenanlage mit Gemüsebeeten im Vordergrund, dahinter befinden sich Obstspaliere, an den Seiten Buchsbäume. In der Mitte steht ein Gärtnerhäuschen, so, als wäre die Zeit stehen geblieben …

»Eines verstehe ich nur nicht«, sage ich nach einer Weile. »Warum hört dieser Traum oder diese Erinnerung, wenn du so willst, immer an der gleichen Stelle auf? Außerdem ist mir aufgefallen, dass – cineastisch gesprochen – ein gewaltiger ›Licht-Anschlussfehler‹ darin vorkommt: Die eine Szene spielt kurz vor Sonnenuntergang und dann ist es plötzlich heller Mittag. Da stimmt doch der »Anschluss« nicht!«

»Eh bien«, meint die Liebe meines Lebens, »du weißt nicht, was das Licht bedeutet? Denk doch einmal nach. Das Licht sehen … das war dein Tod. Du hast deinen eigenen Tod erlebt. In dem Moment, in dem du oben auf der Mauer warst, hat der Kerl dich umgebracht. Evidemment …«

Ich schnappe nach Luft und bin erst einmal sprachlos. Irgendwie will ich das alles gar nicht so genau wissen. Ich habe das Gefühl, durch eine »verbotene Tür« zu linsen und Dinge zu sehen, die mich im Grunde genommen nichts angehen. Es fällt mir ein, dass es immer wieder Kleinigkeiten in meinem Leben gegeben hatte, die mich irritierten. Warum hatte ich mich, ohne darüber groß nachzudenken, bei der *Schönen Wilhelmine* oft allein angezogen, noch bevor die Garderobiere kam? Woher wusste ich, welche »Unterbauten« bei den Kleidern wo hingehörten? Die komplizierte Schnürtechnik bei den Miedern erledigte ich mit links. Als ich bei der Probe für meine Hochzeit zum allerersten Mal in einem Damensattel saß, bin ich gleich losgaloppiert und fühlte mich viel sicherer und wohler. Französisch lernte ich in atemberaubender Geschwindigkeit relativ akzentfrei, ohne Unterricht zu nehmen, als wäre es immer schon irgendwo in den Tiefen meines Selbst gewesen …

Verehrte Leser, vielleicht sagen manche von Ihnen jetzt: »Die hat sie nicht mehr alle!« Ich kann es Ihnen nicht verübeln. Trotzdem habe ich den Entschluss gefasst, dieses Thema anzufassen und diese eine Geschichte – und es ist nicht die einzige – mit Ihnen zu teilen. Glauben Sie mir, ich bin Realistin genug, um solchen Dingen mit gesundem Zweifel zu begegnen, und ich bin auch kein Befürworter von sogenannten Rückführungen, einfach so zum Spaß. Wie schon gesagt, ich bin der tiefsten Überzeugung, dass es einen Grund gibt, warum wir uns nicht erinnern können. Wahrscheinlich würden wir sonst wahnsinnig werden mit all dem Leid, das wir in so vielen Leben erlebt haben. Wir würden vom Babyalter an einen Psychoklempner dauerbeschäftigen und das Krankenkassensystem würde zusammenbrechen.

Die Konfrontation mit meiner oder besser gesagt einer meiner Vorvergangenheiten fand in meinem jetzigen Leben genau zum richtigen Zeitpunkt statt. Nachdem die großen Themen wie Karma, Ursache – Wirkung und die Zehn Welten »abgehakt« waren, schien es nun offensichtlich an der Zeit zu sein, sich mit dem universellen Verständnis von Leben und Tod auseinanderzusetzen.

Meine Ansichten über den Tod haben im Laufe meines Lebens einen ordentlichen Wandel durchgemacht. Ich habe alle Möglichkeiten ausgelotet und in Betracht gezogen. Und ich habe hinter jeder Theorie, jeder Lehre immer wieder die gleichen Fragen gefunden: Warum sind wir hier und warum müssen wir sterben? Was bedeutet »leben«? Und was passiert nach dem Tod?

Seit Jahrhunderten bieten uns Philosophie und Religion für das Verständnis von Leben und Tod mehrere Möglichkeiten.

Erstens: Die westlich-christliche beziehungsweise jüdische und auch die islamische Lehre vertreten mit dem Konzept von Himmel und Paradies das Prinzip der »jenseitigen Erlösung«, mit einem Gott, der über allem wacht und den Tod gelegentlich auch als »Strafmaßnahme« einsetzt.

Zweitens: Als krasses Gegenbeispiel gibt es die aufgrund von rationaler, nihilistischer Betrachtungsweise völlige Ablehnung eines oder mehrerer göttlicher Wesen. Der Tod bedeutet somit komplette »Auslöschung«, das Auflösen und Verschwinden in einem totalen Nichts. Alles wird abgelehnt, was sich nicht bombenfest beweisen lässt.

Drittens: Die Vorstellung von der Seelenwanderung der individuellen Seele mit Persönlichkeitsstruktur funktioniert in etwa nach dem Motto »Neues Spiel, neues Glück«. Viele von Ihnen, liebe Leser, halten dieses Konzept vermutlich für recht pragmatisch. Ich selbst tue das inzwischen auch.

Es gibt noch einen vierten Ansatz, der für mich am meisten Sinn macht und der die wenigsten Fragen offenlässt. Doch gehen wir zunächst einmal die ersten drei Wege kurz durch.

Nummer eins: Wir im christlichen Westen sind seit Jahrhunderten daran gewöhnt, dass der Tod das Ende vom Leben ist und damit eine Tragödie, weil dann alles vorbei ist. Diese Einstellung prägt unser gesamtes Leben und verdirbt uns mitunter gewaltig den Spaß daran. Außerdem raubt sie uns Energie, weil wir uns schon zu Lebzeiten vor dem Moment des Todes fürchten. Es drängt sich der Gedanke auf: »Wir leben, um zu sterben.«

Ich beziehe mich im Folgenden hauptsächlich auf den eigenen Tod, denn die Tatsache, dass das Ableben eines Menschen, der uns nahesteht, einfach schrecklich ist, weil wir etwas verlieren, das wir lieben, liegt auf der Hand. Der Verlust tut weh. Und dieses Gefühl ist einfach menschlich und somit religionsübergreifend. Auch in Asien habe ich Menschen bei Totenfeiern weinen sehen, trotzdem scheinen sie gelassener damit umzugehen, da sie lediglich den Verlust betrauern, nicht aber die »schreckliche Tatsache, dass dieser arme Mensch jetzt tot ist«. Das ist ein gewaltiger Unterschied!

Die christliche, jüdische und die islamische Lehre bieten als Trost – denn Trost braucht der Mensch nun einmal – den Himmel beziehungsweise das Paradies an. Ob das aber lebensbejahend ist? Ich weiß nicht. Lohnt es sich denn angesichts der Aussicht auf ein Paradies, in dem per se alles besser ist, überhaupt, sich durch ein irdisches Dasein zu quälen? Islamische Fundamentalisten, die mit Flugzeugen in Wolkenkratzer fliegen und dabei auch den eigenen Tod bereitwillig in Kauf nehmen, sind offenbar nicht wirklich dieser Ansicht. Unsere westliche Literatur ist voller Figuren, die auf Erfüllung im Jenseits hoffen, von Märtyrern über Lyriker, die »Komm, süßer Tod« beschwören, bis zu Liebenden mit Romeo und Julia als Paradebeispielen.

Der fast morbid-erotische Umgang mit dem Tod in früheren Jahrhunderten wurde in jüngster Zeit übrigens in dem Musical *Elisabeth* in Form einer Liebesbeziehung zwischen dem Tod und der Kaiserin sehr schön verständlich auf die Bühne gebracht, angelehnt an die große Lovestory in Jean Cocteaus Theaterstück *Der Doppeladler:* Die lebensüberdrüssige Kaiserin begegnet und verfällt dem jungen Terroristen, der ihr Mörder sein wird.

Natürlich gibt es auch jenseits von alledem jede Menge gläubige Christen, die sich darum bemühen, ein moralisch einwandfreies Leben zu führen, und sich schlichtweg auf ein »weiches Himmelbett« zum Ausruhen freuen, die ein »Leben in Liebe« leben, um nach ihrem Tod, jenseits von Zeit und Raum, in »Gottes Liebe« aufgenommen zu werden. Andere wiederum achten nur deshalb auf ein anständiges Leben im Diesseits, weil sie »Gottes Gericht« fürchten und nicht ewig »in der Hölle schmoren« wollen. Doch woher kommt diese Angst? Ein jenseits von Zeit und Raum existierendes Wesen (Gott) kann das wohl kaum erzählt haben. Nein, diese Botschaft wird von den »Instanzen« verbreitet, von der Kirche oder dem, wie ich es gerne nenne, »Bodenpersonal«. Damit ist der gottesfürchtige Mensch in Wahrheit ein dogmenfürchtiger Mensch. Dogmen werden aber in der Regel von Menschen erhoben, die Macht ausüben, also sind jene, die ihnen folgen, automatisch fremdbestimmt. In der heutigen aufgeklärten Welt, in der Menschen durchs All fliegen und die Wissenschaft so viele Fragen beantwortet hat, ist das mit der Fremdbestimmung allerdings nicht mehr so einfach. Klar, man kann unbeirrt an seinem Glauben festhalten, in der christlichen Kirche wird das jedoch immer schwieriger. Werte wie die allumfassende Liebe, der wir entstammen und in die wir zurückkehren, Werte, die einst selbstverständlich waren, gehen immer weiter verloren. Ich glaube, die Problematik liegt darin, dass die christliche Kirche ungeachtet der Erkenntnisse, die wir inzwischen über das Leben und den Tod gewonnen haben, an alten Mustern und Dogmen festhält. Da fällt es schwer, an ein Paradies jenseits von Zeit und Raum zu glauben. Vor einigen Jahrhunderten, als die Menschen noch weniger »zivilisiert« waren, war der Tod zwar schrecklich, aber irgendwie »normal«. Heute, in unserer hoch entwickelten Kultur, wird er verdrängt und wegrationalisiert. Und leider liefern jedoch weder die Wissenschaft noch die Kirche klare Antworten zum Beispiel auf die Fragen, warum man überhaupt sterben muss (die Antwort »Materialermüdung« seitens der Wissenschaft ist wohl mehr als dürftig) oder warum Menschen schon in jungen Jahren aus dem Leben gerissen werden oder zu Tausenden bei einem Erdbeben sterben (die Antwort der Kirche, dies sei als Prüfung Gottes zu verstehen, finde ich mega-unbefriedigend!).

Nummer zwei: Angesichts der verloren gegangenen christlichen Werte verwundert es nicht, dass sich inzwischen immer mehr Menschen der »Gott ist tot«-Theorie Nietzsches anschließen und damit auch das Thema Tod unter diesem Aspekt betrachten. Nach dieser Auffassung gibt es kein Leben nach dem Tod, alles ist nur Leere und es ist aus und vorbei. Folgerichtig heißt das also für die Zeit hier auf Erden: freie Fahrt für ein Leben ohne Moral, Rücksicht und Verantwortung, ausgerichtet auf Macht und Geld und »Sex, Drugs and Rock 'n' Roll«. Wie praktisch! Für mich ist eine solche Einstellung undenkbar! Wie blind muss man sein, um nicht zu erkennen, dass alles in der Natur einer gewissen Gesetzmäßigkeit unterliegt und somit im Kleinen wie im Großen einen Sinn ergibt? Man muss nur genau hinsehen. Lediglich unser menschliches Dasein soll ohne Sinn und Bedeutung sein und im Dunkel des ewigen Nichts verschwinden? Mit dieser Einstellung macht es somit gar keinen Sinn, ein sogenanntes anständiges Leben zu führen. Wozu auch? Und es gibt ebenfalls keine Antwort auf die Frage »Warum sind wir hier?«. Nein. Diese Auffassung ist nichts für mich!

Nummer drei: die Seelenwanderung. Es ist wichtig, die einmal ein bisschen genauer unter die Lupe zu nehmen.
Nahezu alle Berichte von Nahtoderfahrungen enthalten Beschreibungen des sich aus dem eigenen Körper Herauslösens und des Gefühls, durch eine Art Tunnel in ein helles Licht zu fliegen, das magische Anziehungskraft besitzt. In diesem Licht hört dann meistens alles auf. Das bedeutet, dass außerhalb des Körpers noch irgendeine Art von »Bewusstsein« vorhanden ist. Die Vorstellung von der Existenz eines körperlosen Individuums aus reiner Energie, genannt Seele, die fortbesteht, auch wenn der Körper nicht mehr da ist, findet man in frühbuddhistischen Lehren ebenso wie in der christlichen. Anders als in der christlichen Anschauung ist im Buddhismus die Seele jedoch ein Wandergeselle. Sie manifestiert sich undendlich viele Male, immer wieder in einem anderen Körper, den sie sich ihrer eigenen Entwicklung entsprechend aussucht, bis sie dann, endlich erlöst, ins Nirwana oder Paradies gelangt. Wohin diese allerletzte Reise genau geht, wird in der frühen buddhistischen Lehre allerdings nicht erklärt! Interessanterweise gab es, wie bereits erwähnt, das Konzept der Seelenwanderung vor langer Zeit auch im Westen, bei den alten Griechen und – ja, tatsächlich – ebenfalls im frühen Christentum. Die Christen waren jedoch der Meinung, dass das Prinzip »Neues Spiel, neues Glück« die Menschen davon abhält, ein gutes, bedeutungsvolles Leben zu führen – ähnlich wie beim Film: Es macht nichts, wenn der erste Take misslingt, es gibt immer einen zweiten, dritten oder vierten mit der Chance auf Verbesserung. Auch die kirchlichen »Instanzen« begriffen schnell, dass es ihrer Machtausübung dienlich ist, wenn es nach einem einzigen Leben heißt: »Rien ne va plus«, und wenn die Angst vor der Hölle, die keine Möglichkeit der Wiedergutmachung bietet, hochgehalten wird.
In der buddhistischen Philosophie ist die Seelenwanderung jedoch geblieben. Allerdings gibt es hier einige grundlegende Unterschiede. In Indien zum Beispiel wird die Seelenwanderung noch relativ simpel betrachtet, denn der indische Hinduismus basiert auf den

ganz frühen Lehren Buddhas, Hinayana oder auch »Kleines Fahrzeug« genannt. Dort ist »Karma« das unabänderliche »Schicksal« (die geschickte Mühsal), dem man nicht entrinnen kann. Die Seele wird immer wieder geboren und muss sich langsam hinaufarbeiten. Wenn man sich in einem Leben nicht anständig benimmt, geht es sofort wieder rückwärts Richtung Ameise, Hamster oder – noch schlimmer – Amöbe. Dann beginnt alles wieder von vorn – wie beim »Mensch ärgere Dich nicht«-Spiel. Das würde doch heißen, ein Leben möglichst schnell hinter sich zu bringen, denn – wenn's nicht so der Knaller ist – macht ja nichts, kann ja beim nächsten Mal besser werden. Neues Spiel mit neuen Chancen. Man sollte sich nur einigermaßen anständig benehmen, denn sonst droht, wie gesagt, der Rückwärtsgang, der ein wenig lästig ist, möchte man doch so schnell wie möglich ins Nirwana, damit diese mühsame Herumreiserei endlich aufhört. Selbstmord ist allerdings keine Option, das verstößt gegen die Spielregeln und wäre ja auch zu einfach. Aber man kann fasten und sich zu Tode hungern.

Der Glaube an ein »Kismet«, das viele Wiedergeburten voraussetzt, um endlich das Paradies zu erreichen, ist nicht nur in Indien, sondern auch in einigen Teilen Westasiens sehr verbreitet. Immerhin ist in diesem Glauben der Tod eine ganz normale Sache, eine Tatsache, die zum Leben gehört. Allerdings stellt sich die Frage, wozu die vielen Umwege nötig sind. Im Vergleich dazu erscheint das Christentum doch wesentlich einfacher und übersichtlicher. Nicht ganz. Denn bei dieser Überlegung darf man nicht außer Acht lassen, dass die individuelle Seele angesichts der zahlreichen Reinkarnationen sehr viel lernt! Und zwar ohne einen Gott, der belohnend oder strafend dazwischenfunkt.

Nichtsdestotrotz sind die frühen Lehren Buddhas ebenso jenseitsbezogen wie die christliche Lehre. Es geht nicht um das Leben selbst, das Hier und Jetzt. Ist es nun ein besserer »Trost«, wenn ich weiß, dass ich nach meinem Tod wieder auf die Welt kommen werde und sich alles wiederholt? Dass ich das alles durchlaufe, um letztendlich – dem gleichen Erlösungsgedanken folgend – im ersehnten Paradies zu landen? Vorausgesetzt natürlich, ich bin »brav«. Und wo turnen denn bitte schön die gerade einmal nicht inkarnierten »Seelen« herum? Im Weltall? Und was ist mit dem Paradies? Müsste man das nicht auch sehen können – vielleicht auf »Google Maps Universe«? Das müsste sich doch heutzutage energetisch messen lassen.

»Klar sind die Seelen da irgendwo!«, werden jetzt diejenigen unter Ihnen sagen, die Erfahrungen mit Parapsychologie und Channeling haben und mit ihren »Toten« sprechen. Mir persönlich ist das zutiefst suspekt. Meiner Meinung nach sind das Dinge, die sich nur in unserem eigenen Bewusstsein spiegeln: Ich habe ein energetisches Band mit jemandem geknüpft, das so lange in meinem Unterbewusstsein besteht, bis ich es loslasse. Es ist nur eine Illusion. Und die Widerspiegelung unserer Erinnerungen ist wie ein Theaterstück in unseren Köpfen. Es gibt Versuche, diese Phänomene wissenschaftlich zu erklären, *PSI-Factor* und andere Fernsehserien präsentieren uns angeblich von Experten beglaubigte Erklärungen für paranormale Ereignisse. Doch die Wissenschaft ist längst nicht so wissend, wie sie behauptet zu sein. Das Mystische Gesetz des Universums geht über unser Verständnis hinaus und lässt sich einfach nicht wissenschaftlich erklären.

Dass ich an Reinkarnation glaube, dürfte Ihnen schon anhand der eingangs erzählten Geschichte klar geworden sein. Ich bin zutiefst davon überzeugt, denn mir sind von anderen Menschen ähnliche Erlebnisse bekannt. Und ich meine damit nicht solche albernen »Rückführungsspielchen« vor laufender Kamera, wie sie vor Kurzem im TV bei Fräulein Katzenberger in *Natürlich Blond* zu sehen waren.

Doch gehen wir weiter. Aus den späteren Lehren Buddhas entwickelte sich der Mahayana-Buddhismus, auch »Großes Fahrzeug« genannt, der über China nach Japan gelangte und inzwischen den Weg Richtung Westen angetreten hat. Er eröffnet uns eine vierte Form des Verständnisses von Leben und Tod.

»Fais tes affaires«, sagte mein Ehemann eines schönen Abends zu mir, »pack ein paar Sachen zusammen. Wir fahren übers Wochenende ans Meer.« Herrlich! Es war Herbst und wie es aussah, würden wir schönes Wetter haben. Am nächsten Morgen wirft mich mein Liebster, den ich in diesem Moment zum Teufel wünsche, um vier Uhr aus dem Bett. »Sind wir auf der Flucht?«, knurre ich unwirsch. »Nein, aber ich möchte, dass du es so erlebst, wie alle Franzosen es kennen.« Ich verstehe kein Wort. »Patience, ma petite. Du wirst schon sehen.« Du meine Güte, was hat er nun wieder vor?! In der Dunkelheit klemme ich mich hinter das Steuer meines Wagens. Wir fahren los. Schweigend. Ich bin wirklich noch nicht richtig wach. »Un homme et une femme«, sinniert der Mann an meiner rechten Seite vor sich hin. »Ein Mann und eine Frau.«

Ja, was denn sonst?, denke ich, allerdings hätte er höflicherweise die Frau zuerst nennen können ...

Da wir antizyklisch fahren – die meisten müssen zur Arbeit nach Paris hinein und nicht aus der Stadt hinaus –, geht es recht flott voran. Nach gut zwei Stunden kann ich schon das Meer riechen. Es wird langsam hell, doch leider fängt es an zu regnen. »Oh bitte nicht!«

»C'est génial!«, freut sich mein Liebster und ich zweifle gerade erheblich an seinem Verstand. Er fingert eine Musikkassette aus seiner Jackentasche und steckt sie in den Rekorder. Ich werfe ziemlich frustriert die Scheibenwischer an.

»Commes nos voix ba da ba da da, da ba da da ba da ba da ...«, tönt es aus den Lautsprechern. Dieser Mann ist unglaublich! Er inszeniert unsere Wochenendfahrt wie den berühmten Film von Lelouche *Un homme et une femme – Ein Mann und eine Frau*. Und der Himmel spielt auch noch mit. Wie süß! Ich bin total gerührt, als wir im Regen genau wie die beiden Protagonisten Anouk Aimée und Jean-Louis Trintignant szenengetreu in die Hauptpromenade von Deauville einbiegen. Jetzt müssten nur noch die Scheibenwischer quietschen, dann wäre es perfekt ...

Nach einem ausgiebigen Frühstück am Strand unter großen weißen Schirmen – der Regen hat inzwischen aufgehört – spazieren wir noch eine Weile die Promenade entlang. Es ist traumhaft. Kein

Wunder, dass der Film hier gedreht wurde! »Lass uns weiterfahren«, meint mein Ehemann schließlich. »Ich möchte dir etwas zeigen!« Da solche Initiativen noch nie in einer Enttäuschung geendet haben (ganz im Gegenteil!), vertraue ich ihm auch nun wieder blind und lasse ihn dirigieren. Ich fahre und er sagt an. Ich bin gespannt, was mich erwartet.

Ein knappes Stündchen später durchqueren wir den süßen kleinen Ort Honfleur mit seinen weißen Holzhäusern. Hier scheint die Zeit stehen geblieben zu sein. Wenig später erreichen wir die Felsen von Étretat. Was für ein Anblick. Ich will ganz nah ran, diese gewaltigen Felsen hautnah erleben und den Sand unter meinen Füßen spüren. Wir finden einen Weg, der zum Strand führt. Scheinbar kilometerhoch türmen sich die Klippen über mir auf, ich fühle mich ganz klein. »Wir haben Glück, es ist gerade Ebbe. Komm, nicht trödeln!«, treibt mich mein Liebster an. Man kann unter den Felsen hindurchgehen wie durch ein großes Tor und auf der anderen Seite wieder hinaufklettern. »Wenn du aber noch nicht unter den Felsen durch bist, wenn die Flut kommt, siehst du ziemlich alt aus«, bemerkt mein Ehemann trocken, »du kannst weder vor noch zurück. Hier passieren jedes Jahr einige schlimme Unfälle!« Und schwimmen? Beim Anblick der Brandung streiche ich diese Option augenblicklich aus meinen Überlegungen. Also spurten wir los, klettern durch den gigantischen Bogen im Stein, direkt vor unseren Füßen das Meer. Ein atemberaubendes Erlebnis! Auf der anderen Seite angekommen, ist Fitnesstraining angesagt. Schweigend stapfen wir auf dem gewundenen Pfad die Klippe hinauf auf das grüne Plateau. Mein Mann ist sehr still und nachdenklich geworden. Er setzt sich ins Gras und blickt weit aufs Meer hinaus. »Was ist los?«, will ich wissen.

»An dieser Stelle ist vor zwölf Jahren mein kleiner Bruder verunglückt. Sie haben eine Rallye gemacht, tu sais ... comme dans le film de James Dean. Ich wollte dir diesen Ort zeigen. Es bedeutet mir viel.« Ich schweige, da ich nichts Sinnvolles zu sagen weiß. Worte sind oft so banal. Die Liebe meines Lebens legt die Handflächen aneinander – und chantet. Und ich denke wieder einmal darüber nach, wie »ungerecht« das Leben oft scheint.

»Er war der Sonnenschein der Familie«, sagt mein Mann nach einer Weile, »meine Mutter hat seinen Tod nie verwunden. Übrigens hatte er eine deutsche Freundin« – ein Lächeln huscht über sein Gesicht – »ich führe eben die Familientradition fort.«

»Glaubst du, seine Zeit auf Erden war einfach zu Ende? Wo ist seine Seele hingegangen? Was sagt eigentlich unser Buddhismus dazu? Das, was ich bisher weiß und gelernt habe, befriedigt mich ehrlich gesagt noch nicht so ganz. Vielleicht habe ich es auch einfach nicht verstanden.«

»Weißt du, was ich glaube?«, sagt mein Liebster nachdenklich. »Die Menschen haben Angst vor dem Tod, weil sie vergessen haben, dass das Leben ewig und unzerstörbar ist. Denn damit ist es irrelevant, wie lange man auf dieser Erde ist. Die Menschen machen sich einen Wahnsinnsstress, indem sie denken: Morgen ist vielleicht alles vorbei. Also kaufen sie alles, was sie kriegen können, auch wenn sie es sich nicht leisten können. Schulden? Egal! Gibt es in meinem Leben Konkurrenz? Dann muss ich sie möglichst flächendeckend ausschalten. So rennen sie der Zeit hinterher, können nicht genug davon bekommen oder einsparen, je nachdem, denn, wie gesagt, morgen ist es vielleicht vorbei, die Uhr tickt. Die Menschen sind fremdbestimmt durch die ›Drei Gifte‹: Gier, Ärger, und damit meine ich den Konkurrenzkampf, und Dummheit. Das wird so lange nicht aufhören, bis wir endlich erkennen, dass das Leben ewig ist. Ich sagte es schon: Ich habe meinen Bruder sterben sehen und gespürt, dass er keine Angst hatte zu gehen. Er hat es gewusst. An diesem Tag habe ich endlich begriffen, worum es geht, warum ich der buddhistischen Praxis begegnet bin, warum ich chante. Es geht um so viel mehr, als sich hier auf Erden ein schönes Leben zu schaffen.«

»Und? Hast du deine Angst verloren?«, frage ich. Die Antwort war ein klares Ja.

»Ikeda hat einmal gesagt: ›Bei der Frage nach dem Tod geht es eigentlich um die Frage nach dem Leben. Solange die Frage nach dem Tod unbeantwortet bleibt, kann das Leben nicht wirklich erfüllt sein.‹ Mein Bruder hat die Antwort gewusst.«
»Aber was ist die Antwort? Kennst du sie?«
Ich erinnere mich sehr gut an diese Szene in meinem Leben. Es war ein bedeutender Moment, ein wichtiger Schritt zum Verständnis der fundamentalen Frage nach Leben und Tod. Mir wurde damals klar, dass ich mit meinem Halbwissen und meiner selbstgestrickten Theorie über den Tod von einem tieferen Verständnis noch weit entfernt war. Ich glaube, es gibt keinen Menschen auf dieser Welt, dem ich dankbarer sein könnte als meinem Mann – dankbar dafür, dass er mir dieses immens wichtige Thema nahegebracht und mir Klarheit gegeben hat. Auch wenn wir inzwischen nicht mehr zusammen sind, hat er schon allein deswegen einen ewigen Platz in meinem Herzen.
An dem Tag, als ich mich von meiner Mutter verabschiedet habe, habe ich gespürt, dass das alles richtig so ist und dass die Angst nur in unserer Illusion besteht. Ich habe ihr ein leises *Nam Myoho Renge Kyo* ins Öhrchen geflüstert. Erst hat sie mich aus tiefblauen Augen erstaunt angesehen, dann folgte ein Lächeln, als ob sie sagen würde: »Ach ja, stimmt, diese Tasche sollte ich unbedingt mitnehmen auf meine Reise. Es war friedlich, hell und warm, nicht dunkel, kalt und trostlos, wie man im Allgemeinen annimmt.
So, Ihr Lieben, an dieser Stelle brauche ich eine Pause. Zu viele Bilder und Gedanken – wie Hummeln in meinem Kopf.
Ich werde nun meinen mit Teekannen und Mineralwasserflaschen vollgestellten Schreibtisch verlassen, mir etwas Warmes anziehen – man friert ja immer ein bisschen beim Fasten – und einen Spaziergang auf der Kurpromenade machen. Der Nebel über dem Bodensee hat sich inzwischen verzogen und gibt ein herrliches Panorama frei. Die Sonne kämpft sich langsam durch die Wolken. Ich setze mich, in meinen dicken Daunenmantel gehüllt, in der »Freiluft-Raucher-Lounge« vor dem Strandcafé in einen der weißen

Korbsessel und bestelle mir verbotenerweise einen Kaffee, allerdings schwarz, ohne Milch und Zucker. Eine lässliche »Sünde«, befinde ich. Mein Kreislauf braucht einfach einen kleinen Schubs an diesem Nachmittag.

Ich habe das Geschriebene zum Weg Nummer vier noch einmal durchgelesen. Damals, an jenem Wochenende in der Normandie, unternahm ich die ersten Schritte …

»Wenn ich das also richtig verstehe«, nahm ich den Faden wieder auf, dem Gespräch mit meinem Mann eine etwas wissenschaftlichere Wendung gebend, »geht der Buddhismus konform mit der Evolutionstheorie.« – »Ja und nein,« entgegnete mein Mann, »in der Evolutionstheorie geht es zwar um das Entstehen von Leben, seine Entwicklung und anschließenden Auslöschung durch Tod …«
»›Werden und Vergehen‹, wie die Dichter sagen«, unterbrach ich, weil ich fand, dass das gerade so schön passte. »Schon richtig, nur darfst du nicht vergessen: In der Evolution geht es ausschließlich um Materie und die eher oberflächliche Entwicklung des menschlichen Daseins in einer zeitlichen Abfolge. Der Buddhismus geht weit darüber hinaus. Daisaku Ikeda hat dazu Folgendes gesagt: ›Unsere Leben existieren und existierten in Vergangenheit, Gegenwart und Zukunft immer gleichzeitig mit dem Universum. Sie sind weder vor dem Universum noch durch einen Zufall entstanden und sind auch nicht von einem übernatürlichen Wesen erschaffen worden. Nichiren lehrte, dass das Leben und der Tod die abwechselnden Erscheinungsformen unseres wahren Ichs sind und dass beide zum Wesen des Kosmos gehören.‹ Wie du siehst, ist dieser Rhythmus von Leben und Tod weitaus mehr als die Abfolge von ›Werden und Vergehen‹, wie du es eben so schön gesagt hast.«

»Sein oder Nichtsein, das ist hier die Frage«, grinste ich. An Shakespeare komme ich einfach nicht vorbei.

»Ich weiß, dass das dein Lieblingsautor ist. Und eigentlich liegt er ziemlich richtig damit, ich muss ihn nur ein bisschen korrigieren. Es muss heißen: Sein und Nichtsein, es gibt kein ›Oder‹. Tu peux me suivre – kannst du mir folgen?«

»Habe ich eine Wahl?«

»Bien. Du kennst Ke und Ku, den geistigen und den physischen Aspekt des Lebens, ja?« Ich nickte. »Und wenn ich ›Leben‹ sage, dann meine ich das ›große Ganze‹, nicht nur das, was gerade hier auf der Erde stattfindet. Okay? Es ist wichtig, dass du verstehst, dass eigentlich alles permanent, immer und ewig, existiert – oder auch nicht existiert – je nachdem, wie die Bedingungen sind.«

»Du meinst, dass die, nennen wir es einmal ›Nichtexistenz‹, dass sie das sichtbare Leben, also die ›Existenz‹ in sich trägt. Wenn also zum Beispiel eine Eizelle befruchtet wird, ist die Bedingung geschaffen, dass das Unsichtbare sichtbar wird. Es fängt aber nicht erst dann an zu leben.«

»Tout à fait vrais! Im Buddhismus gibt es die ›Fünf Bestandteile‹: Gestalt, Wahrnehmung, Vorstellungsvermögen, Wille und Bewusstsein. ›Verschmelzen‹ diese sozusagen miteinander, sind die Bedingungen geschaffen für ein Leben im Hier und Jetzt.«

»Und dieses Leben existiert so lange«, klinkte ich mich ein, »bis diese ›Fünf Bestandteile‹ sich wieder auflösen. Der Körper, die Gestalt zerfällt, damit sind die Wahrnehmung und das Vorstellungsvermögen, also unsere Sicht der Dinge, ausgelöscht und somit auch der Wille und das Bewusstsein. Das entspricht doch genau dem wissenschaftlichen Prinzip des Zusammenwirkens von Genen, Atomen und Molekülen, die einen Körper bilden!«

»Ich habe dir immer schon gesagt: Buddhismus ist Ratio, also Vernunft! Und vernünftig wäre auch, jetzt langsam zu gehen«, fügte mein Liebster mit einem Lächeln hinzu. »Die Sonne geht gleich unter, dann wird es ganz schön kalt hier oben.«

»Ja, aber ...«, ich war mit den bisherigen Erkenntnissen noch nicht zufrieden, »wohin verschwindet dann die Energie, ich traue mich ja schon gar nicht mehr, ›Seele‹ zu sagen? Geht sie zurück in die Nichtexistenz?«

»Lass uns morgen darüber sprechen. – C'est déjà beaucoup pour aujourd'hui – ich denke, das reicht für heute. Außerdem manifestiert sich gerade so etwas wie Hunger in mir. Und der ist ziemlich existent!« Damit beendete er charmant, aber bestimmt die Diskussion.

»Nicht die Dinge selbst beunruhigen den Menschen, sondern die Vorstellung von den Dingen. So ist der Tod nichts Furchtbares – nein, die Vorstellung vom Tode, er sei etwas Furchtbares, das ist das Furchtbare,« sagte der griechische Philosoph Epiktet.

Genau um mit dieser »Vorstellung« einmal gründlich aufzuräumen, wurde dieser Wochenendtrip unternommen. Und ich sollte auch bald erfahren, warum wir unbedingt ans Meer fahren mussten.

Am nächsten Morgen nahmen wir bei strahlendem Sonnenschein die Küstenstraße in Richtung Süden, passierten noch einmal Honfleur und Deauville und gelangten nach Sainte-Mère-Église. Dieser Ort steckt voller Geschichte. Die Kirche, auf deren Dach im Jahr 1944 Fallschirmspringer gelandet waren, kennt vermutlich jeder, und sei es nur aus dem Hollywood-Film *Der längste Tag*. Ich versichere Ihnen, falls Sie selbst noch niemals in Sainte-Mère-Église gewesen sein sollten: Es sieht dort haargenau so aus wie im Film. Wir ließen das Auto stehen und spazierten zum Strand.

Auf dem graugelben Sand zwischen den lang gestreckten Dünen liegen Überreste von Gefechtsständen und bröckelnder, grauer Beton von ehemaligen Bunkern – Mahnmale aus einer Zeit, die Krieg und Tod bedeutet hatte und die hoffentlich nie wiederkehrt. Hand in Hand gehen der Mann meines Lebens und ich die Dünen hinunter. Er, der Franzose, ich, die Deutsche. Einstmals Feinde. Noch gar nicht so lange her. Unter dem Aspekt der Ewigkeit betrachtet nicht einmal einen Atemzug. Wir schweigen. Sind dankbar dafür, dass uns heute, im Hier und Jetzt, keine Instanzen, keine Regierungen und Grenzen daran hindern, unsere Liebe zu leben. Doch das gestrige Thema lässt mich nicht los. Es gibt noch so viele Fragen.

»Also«, unterbreche ich das Schweigen, »wo geht die Seele oder – wenn du so willst – die Energie hin? Welchen Weg nimmt das, was nach der physischen Auflösung übrig bleibt?« Ich vermeide es, konkret die Frage nach der Seele des verstorbenen Bruders zu stellen, doch mein Mann greift das Thema selbst wieder auf.

»Regarde, ce qui concerne mon frère – was meinen Bruder betrifft, so ist er auf gewisse Weise noch mit mir, mit uns verbunden.«

»Also glaubst du wirklich an diesen parapsychologischen Quatsch mit Geistern und …« Ein finsterer Blick trifft mich und lässt mich augenblicklich verstummen. »Okay, ist ja gut. Ich halte schon die Klappe.« Ich beschließe, augenblicklich eine »brave Schülerin« zu sein.

»Was ich sagen wollte«, setzt mein »Meister« wieder an, »im Christentum werden individuelle Lebewesen geschaffen und zerstört. Der geistige Teil eines Individuums ist als ›Seele‹ selbst ein Individuum und besteht in irgendeiner jenseitigen religiösen Geisterwelt fort. Somit nutzt ein anständig gelebtes Leben nur dieser einen Seele allein, sie gelangt entweder in den Himmel oder in die Hölle. Im Buddhismus ist das einzelne Lebewesen in den Kontext des gesamten Universums eingebettet. Im Tod stirbt nicht das Leben, sondern nur die Gestalt, die es angenommen hat.«

»Oui, maître«, sage ich artig, »das haben wir gestern durchgenommen. Und ich habe es sogar verstanden!«

»Dis-donc! Tatsächlich? Aber Spaß beiseite: Die Dinge verändern nur ihre Form. Das Universum lebt ewig.«

»Woher weißt du das? Bist du dir da so sicher?«

»Beweise mir das Gegenteil. Mach die Augen auf in der Natur. Alles ist ein ewiger Kreislauf. Denk mal an den Kirschbaum vor unserem Haus. Wenn wir es nicht besser wüssten, würden wir jeden Winter sagen: Der Baum ist tot. Die Blüten sind aber trotzdem da, sie sind nur nicht sichtbar, weil die Umstände noch nicht passen. Im Frühjahr, wenn es wieder warm wird, können wir sie dann sehen. Alle Lebewesen sind Teil dieses Kreislaufes, wie verschieden sie auch sein mögen. Und was speziell uns Menschen betrifft: In diesem Fall nutzt ein anständig gelebtes Leben dem gesamten Universum.«

»Das heißt, wenn ich mir selbst etwas Gutes tun will, muss ich zum Beispiel nett zu dir sein!«

»Sei nicht so albern! Aber im Prinzip hast du recht. Doch was die individuelle Seele betrifft, die solltest du erst einmal vergessen. Im

Buddhismus gibt es das nicht. Aber es gibt so was wie das »Wahre Wesen des Lebens«, wie Nichiren Daishonin es nennt.«
»Du sprichst von Entität?«
»Richtig. Aber das ist so ein komplizierter philosophischer Begriff. Wer versteht den schon? Nennen wir diese ›Entität‹ einfach das ›Seiende‹ oder ›das, was immer ist‹. Die Entität des einzelnen Lebewesens ist sozusagen der immer und ewig bestehende ›Kern‹, in der Vergangenheit und in der Zukunft, in allen Existenzen, also auch in der Nichtexistenz, und – ganz wichtig: alle diese ›Entitäten‹ sind miteinander verbunden und somit Teil des großen Ganzen.«
»Das heißt, sie sind nicht individuell und unabhängig?«
»Nein. Niemand ist eine Insel …«
»John Donne. Ich weiß. Das ist ein schönes und sehr passendes Bild. Vor allem wenn man sich vorstellt, dass jemand am Meeresgrund den Stopfen rauszieht und das Wasser ablässt. Dann sieht man's deutlich.«
»So kann man es natürlich auch sehen«, lacht mein Mann, »was aber noch nicht erklärt, wie dann die individuelle Persönlichkeit, also die ›Identität‹ entsteht.«
»Die ›Fünf Bestandteile‹?« frage ich. Darüber hatten wir doch gestern kurz gesprochen. »Bravo, Mademoiselle, gut aufgepasst!«, lobt mich mein »Meister«. »Und wenn die ›Fünf Bestandteile‹ zusammenkommen, entsteht ein menschliches Ich mit einer kurzfristigen ›Identität‹, die Aussehen und Charakter bestimmt. Natürlich verändern wir uns, wir werden älter …«
»… verlieren Haare und Zähne. Und kriegen Falten«, unterbreche ich.
»Du noch lange nicht«, kommt es wie aus der Pistole geschossen.
»Sehr lieb, dankeschön!«
»Avec plaisir. Oft verändern wir auch unseren Charakter, je nachdem, wie unsere Lebensumstände sind. Trotzdem bleibt das ›Wahre Wesen‹ gleich.«
»Das heißt, ich, Anja, bin ich und bist du?«

»Nicht ganz. Nur das, was unser Wesen ausmacht, verändert sich nicht. Das hat mit unserem Karma zu tun. Stell dir das einfach als genetisches Profil einer Lebensenergie vor.«
»Mon Dieu, das ist aber kompliziert!«
»Eigentlich nicht. Wenn wir wiedergeboren werden, zeigt sich die Veränderung von Aussehen und Charakter noch deutlicher. Aber das Karma, also das ›genetische Profil‹ beziehungsweise unser ›Wahres Wesen‹ bleibt.«
»Stopp. Jetzt mal langsam zum Mitschreiben.«
»Pass auf«, lächelt mein Liebster, »ich glaube, ich habe da ein Beispiel, das dir gefallen wird. Denk mal an deinen eigenen Beruf. Du bist Schauspielerin. Jede Rolle, die du spielst, ist individuell. Das bist nicht du. Und doch wiederum du. Andererseits bist du es. Du passt dich der Rolle an und gibst ihr mit Make-up, Frisur, Kostüm und deiner Körperhaltung und Gestik ein ganz bestimmtes Profil, ein anderes Gesicht, eine andere Gestalt. Aber diese Figur, die du da spielst, ist nur so lange ›lebendig‹, wie du auf der Bühne stehst. Wenn du abgehst, sehen die Zuschauer sie nicht mehr. Sie ist quasi ›gestorben‹, sie befindet sich in der ›Nichtexistenz‹. Aber du selbst, das wahre Wesen dahinter, existierst weiter. Wieder ›sichtbar‹ wirst du allerdings erst, wenn du in einer Rolle auf der Bühne stehst.«
»Das ist ein Beispiel von Shakespeare, nicht von dir, du Scherzkeks. Warte, ich krieg's sicher noch auf die Reihe …

»Die ganze Welt ist eine Bühne
Und alle Frau'n und Männer bloße Spieler.
Sie treten auf und gehen wieder ab.
Sein Leben lang spielt einer manche Rollen,
Durch sieben Akte hin …«[15]

Schauspielschule, *Wie es Euch gefällt*. Das ist lange her.«
»Mes compliments, Madame. Auch wenn ich nicht alles verstanden habe, es klang sehr schön. Was ich meine, wird in der einen Stelle

im fünften Akt von *Macbeth* noch ein bisschen klarer. Ich kann's aber nur auf Englisch:

> »Life's but a walking shadow, a poor player,
> That struts and frets his hour upon the stage,
> And then is heard no more: it is a tale,
> Told by an idiot, full of sound and fury,
> Signifying nothing …«[16]

Da sitzen sie nun, ein französischer Regisseur und eine deutsche Schauspielerin, auf den Überresten eines Kriegsbunkers an einem berühmten Strand in der Normandie, philosophieren über das Leben und zitieren Shakespeare. Es ist erstaunlich, wie nah Shakespeare mit seinen Bildern und Allegorien an der buddhistischen Weisheit war. Sie sind einfach und klar: Wir sind nur Spieler auf einer Bühne und bald wieder vergessen – »a poor player … is heard no more« – der arme Schauspieler, der nicht mehr gehört wird. Das bedeutet, dass mit seinem Abgang die Rolle beendet ist. Er ist sozusagen vorübergehend »gestorben«, bis er eine neue Rolle bekommt, also die Umstände wieder passen, das heißt, bis ein Theater ihn wieder engagiert. Wenn er beim letzten Mal überzeugt hat, das heißt gute Ursachen gesetzt und damit gutes Karma angesammelt hat, wird das schnell wieder passieren. Und wenn Shakespeare Macbeth sagen lässt: »It's a tale, told by an idiot, full of sound and fury, signifying nothing – ein Märchen nur, erzählt von einem Dummkopf mit viel Getöse, das nichts bedeutet« – dann meint er damit – ganz im Sinne des Buddhismus, dass unser kleines irdisches Dasein nicht das Wichtigste im Universum ist! Und je mehr wir uns aufplustern, umso alberner wird es. Endlich fügt sich alles für mich zu einem klaren Bild zusammen.

»Also unsere Identität ist im Grunde wie die Rolle, die ich spiele. Eine neue Rolle ist eine neue Identität, sie sieht anders aus, hat andere Kostüme und so weiter. Darunter aber bleibt meine ›Entität‹, das ›Wahre Wesen‹, das der neuen Figur Leben und Struktur gibt, erhalten. Ersetzen wir jetzt ›Rolle‹ durch ›wiedergeborenes Leben‹, wird klar, dass es keine individuelle Seele gibt. Richtig?«, fasse ich zusammen.

»Stimmt genau. Und da alle ›Entitäten‹, ob manifestiert oder nicht, ein großes universelles Ganzes bilden, sind sie somit untrennbar miteinander verbunden. Deswegen kann ich sagen, dass mein Bruder und ich auf irgendeine Weise miteinander verbunden sind. Sieh her«, sagt mein Mann und deutet auf das riesige Meer, das sich in Cinemascope vor uns erstreckt. »Was siehst du?«

»Ähm, Wasser. Na ja, das Meer eben.«

»Und?«

»Es ist windig, deswegen sind die Wellen ganz schön hoch.«

»Eben: Wellen. Jetzt such dir eine Welle aus. Versuche, den Anfang zu finden, dort, wo sie entsteht. Verfolge sie, wie sie hochsteigt, bricht und dann wieder verschwindet.«

Ein schönes Spiel. Könnte ich stundenlang machen. Hat was unglaublich Beruhigendes.

»Siehst du, genau das meine ich mit ›Verbundenheit‹. Wir alle, ob gerade sichtbar manifestiert, also gerade lebendig …«

»Du meinst, so richtig mit Körper und so?«

»Genau. Wir alle, auch wenn wir gerade nicht sichtbar, also sozusagen ›tot‹ sind, bilden zusammen das Meer. Die einzelne Welle besteht aus dem gleichen Wasser wie das übrige Meer. Sie hebt sich nur für einen kurzen Moment davon ab, dann, wenn sie eine Identität erhält, also eine ›Welle‹ wird. Danach verschmilzt sie wieder mit dem Rest des Meeres. Sie ist jedoch nicht ›tot‹ im Sinne von ›weg sein‹. Das ist kein Argument, nur weil sie nicht mehr sichtbar ist, sie ist nur …«

»Untendrunter. Also ich meine, sie ›wellt‹ in der Tiefe des Meeres so lange weiter, bis sie wieder genügend Kraft hat, an der Oberfläche eine neue Welle zu bilden. Hab verstanden. Das ergibt wirklich Sinn.«

»Und wie du siehst, gibt es verschiedene Wellen – tiens, là!«, mein Mann deutet nach rechts. »Eine riesengroße! Die perfekte Surferwelle!« Sie zieht sich lang dahin, steigt elegant in die Höhe, immer weiter hinauf, bis sie sich am oberen Ende kräuselt und mit einem Donnern in sich zusammenbricht. Es gibt noch einen kleinen Rückwärtssog, dann kehrt an der Stelle wieder Ruhe ein als wäre nichts gewesen.

Die Größe und Dauer der Welle ist also abhängig vom Zusammenspiel der Kräfte und der Energien in der Tiefe des Meeres. Damit ist die Lebenskraft des Universums gemeint. Je größer die Lebenskraft, desto größer ist auch die Welle, desto kraftvoller und länger ist das Leben. Deshalb bemühen wir uns, unsere Lebenskraft durch das Chanten zu erhöhen – um wie die Welle aus der Tiefe des Meeres mehr von dieser unendlichen Energie zu schöpfen.

Das beantwortet auch die brennende Frage, warum manche Menschen so früh sterben müssen, warum ihr Leben so kurz ist. Es hat nichts mit einer »Prüfung Gottes« oder mit »Strafe« zu tun. Nein, es geht simpel um die Lebenskraft. Das mag banal klingen, aber ich glaube, dass das Leben einfacher funktioniert, als wir denken. Zum einen kommt ein Mensch vielleicht nur mit einer geringen Lebenskraft auf die Welt und muss schnell wieder »auftanken«. Zum anderen gibt es Menschen, die anderen so viel Lebenskraft geben – und ich meine das durchaus positiv im Sinne von schenken – dass sie frühzeitig erschöpft sind und ihr »Wahres Wesen« eine Ruhepause braucht. Betrachtet man dieses Weggehen als Teil eines Ganzen, das heißt der universellen Ordnung, ist nichts Furchtbares daran, außer dem Schmerz der Hinterbliebenen.

Wahnsinn! In der Lektion über den Tod hatte ich etwas unendlich Wichtiges über das Leben gelernt!

Als hätte der Mann an meiner Seite meine Gedanken erraten, sagt er nach einer Weile: »Leben und Tod sind eins. Darum ist der Tod nicht furchtbar, abgesehen davon, dass es wehtut, die zu verlieren, die wir lieben.«

Ich rücke ein bisschen näher an ihn heran. »Ja, und das ist ganz normal.« In Gedanken an die Menschen, die ich bisher verloren hatte, füge ich hinzu: »Und das Sterben? Was weißt du darüber?«

»Hm, einer eurer Dichter hat etwas sehr Schönes und Treffendes dazu geschrieben. Ich glaube, sein Name ist Hebbel. Er sagt: ›Ist der Tod nur ein Schlaf, wie kann dich das Sterben erschrecken? Hast du es je noch gespürt, wenn du des Abends einschliefst?‹ Ich persönlich kann mir das gut vorstellen. Im Buddhismus geht es darum, während unseres ganzen Lebens so viel Lebenskraft wie möglich anzusammeln und den eigenen Lebenszustand zu erhöhen. Damit wird dann auch der Übergang in die unsichtbare Existenz leichter.«

»Aber warum sterben wir dann überhaupt, wenn wir doch sowieso wiedergeboren werden? Wenn das Leben ewig ist, warum dann das ganze Theater mit dem dauernden Geborenwerden, um dann wieder zu sterben?«

»Ich glaube, das kannst du dir selbst beantworten. Denke einmal an *Vera*, unseren letzten Film in Südafrika. Wer hat sich denn da beschwert über 20 Drehtage à 18 Stunden und im Anschluss daran fast eine Woche durchgeschlafen? Du hattest deine Rolle beendet und dich ausgeruht. Dein ›Wahres Wesen‹ musste wieder Lebensenergie tanken. Bis zur nächsten Rolle. Alles klar?«

»Mehr als klar«, muss ich zugeben, »schlafen und ›tot‹ sein dienen dazu, die Batterien wieder aufzuladen. Der einzige Unterschied besteht darin, dass ich, wenn ich aus dem ›normalen‹ Schlaf aufwache, noch dasselbe Gesicht habe. Was man im anderen Fall nicht unbedingt behaupten kann.«

»Das hast du jetzt sehr schön auf den Punkt gebracht«, sagt mein Mann und küsst mich auf die Nasenspitze.

»Mal ehrlich«, frage ich ihn, »andauernd wird über das ewige Leben geredet. Die Wissenschaftler basteln daran und die Literatur ist seit Jahrhunderten voll davon: *Das Bildnis des Dorian Gray*, *Gullivers Reisen*, *Der Tod steht ihr gut*, *Dracula* und was weiß ich nicht noch alles. Würdest du gerne ewig leben? So wie Dracula?«

»Wenn ich so eine feine Beute wie dich kriegen würde …«

»Ach komm! Bleib auf dem Teppich! Das ist ein ernstes Thema!«

»Ja, das ist es. Und ich finde, wir sind jetzt schon ein bisschen zu lange ernst genug. Meine ehrliche Antwort lautet: Nie und nimmer.

Das wäre eine grauenvolle Vorstellung. Das ist nur im Kino so toll und sexy. Es wäre an der Zeit, einmal einen Film über einen Vampir zu machen, der total unglücklich über sein ewiges Leben ist und sich nichts sehnlicher wünscht, als den normalen Kreislauf des Lebens wieder betreten zu dürfen.«

»Da müsste eben einfach jemand kommen, am besten eine Frau – die spiele dann ich –, die ihm den Buddhismus näherbringt. Da gibt es auch keine Kreuze, von denen er Ausschlag kriegt. Und weil er sich verliebt, fängt er an zu chanten – und der Zauber ist gebrochen.«

»Und wenn sie nicht gestorben sind, dann leben sie noch heute …«

»Lass mich doch. Ich finde die Geschichte hübsch. Und sterben werden sie auf jeden Fall. Das ist ja der Sinn der Sache.«

Mein Mann und ich haben so oft herumgesponnen und uns Geschichten ausgedacht. Es ist schön, seine Kreativität mit jemandem zu teilen.

In Gedanken an dieses Wochenende in der Normandie spaziere ich nun – wieder einmal – am Wasser entlang und lasse die Vergangenheit Revue passieren. Ich blicke über den beinahe wellenlosen Bodensee und denke darüber nach, wie sehr sich mein Weltbild mittlerweile verändert hat. Trotz der Totensonntagsstimmung an diesem Spätnachmittag habe ich eine heitere Ruhe in mir. Ich habe das Leben und den Tod als Tatsache der universellen Wirklichkeit angenommen.

Trets

Ganz im Süden von Frankreich, zwischen Marseille und Aix-en-Provence, liegt am Fuße des Bergmassivs Mont Sainte Victoire das kleine Örtchen Trets. Schmucklose Häuser bilden enge Gässchen, in denen seit dem Mittelalter die Zeit stehen geblieben zu sein scheint. Auf dem Marktplatz wird sonntags Boule gespielt und am Abend des 14. Juli mit viel Tamtam die Fête Nationale gefeiert. Es gibt eine Bar, ein kleines Bistro mit Plastiksesseln auf der Straße und sogar ein »Schlösschen« im Graf-von-Monte-Christo-Stil, in dem meist Ausstellungen zeitgenössischer Künstler zu sehen sind. Am Ortsrand findet man die üblichen großen Supermärkte wie Champion und SuperU. Rund um Trets erstrecken sich die Weingüter der Côtes de Provence. Hier wachsen meine Rotwein-Favoriten! Die hügelige Landschaft im typisch provenzalischen Braungrün wird überragt von den majestätischen Felsplateaus des Mont Sainte Victoire, das bei Sonnenaufgang erst zartrosa und dann in hellen Blautönen schimmert, in der Mittagshitze silberweiß, fast blendend strahlt und sich bei Sonnenuntergang rotgolden färbt und in lilapurpurblau den Tag beendet. Der Mont Sainte Victoire war das Lieblingsmotiv des Malers Paul Cézanne. Eine ungeheure Kraft geht von diesem Berg aus. Das war wohl mit einer der Gründe, warum die Organisation Soka Gakkai beschlossen hatte, ihr internationales Kultur- und Studienzentrum in Trets, an der Schnittstelle zwischen Europa und Afrika, anzusiedeln.

Daisaku Ikeda sagt dazu Folgendes: »Wie dieser ›König der Felsen‹ wünsche ich mir, dass jeder Einzelne von Ihnen einen unerschütterlichen, felsenfesten Glauben besitzt, ich wünsche mir, dass Sie eine unzerstörbare Kette von wertvollen Menschen, die für den Weltfrieden arbeiten, schaffen, die mit dieser Bergkette und den Felsen vergleichbar sind. Das Studium, welches Sie hier abhalten, ermöglicht die Vertiefung unseres Glaubens und die Öffnung des Weges für einen dauerhaften Frieden ...«[17]

Ich muss gestehen, ich hatte ziemliches Herzklopfen, als der Bus, der einen Teil von uns Kursteilnehmern am Flughafen in Marseille aufgelesen hatte, in die von Pinien gesäumte Auffahrt zum Europazentrum einbog.

Trotz vieler Hindernisse hatte ich mich entschlossen, zum ersten Mal diesen Kurs zu besuchen und wie Alice eine Reise in das Wunderland hinter dem Spiegel zu unternehmen, eine Reise in mein eigenes, innerstes Selbst. Ich wollte versuchen, zusammen mit anderen das »Wahre Wesen des Lebens« zu begreifen. Nun war ich also tatsächlich in Trets und war gespannt, was mich hier erwartete. Ausgiebiges Studium, das war mir klar, und vermutlich würde es recht anspruchsvoll werden, weil dies ein »gemischter Europakurs« war, der Teilnehmer aus verschiedenen Ländern vereinte. Die Unterrichtssprachen waren Englisch und Französisch. Da ich keinen einzigen der Kursteilnehmer kannte, galt es für mich gleich zu Anfang, ein großes Hindernis zu überwinden: Ich »fremdel« gerne, soll heißen, Kontaktaufnahmen dauern bei mir etwas länger. Sicher war das eine Aufgabe, die ich vom Universum gestellt bekommen hatte – und lösen sollte.

Ich hatte längst verstanden, dass wir immer wieder Aufgaben gestellt kriegen, damit wir sie lösen. Schaffen wird das nicht oder laufen wir vor der Bewältigung davon, bekommen wir sie erneut präsentiert – wie ein Reste-Essen, das einfach nur auf einem frischen Teller angerichtet ist.

Wir stiegen aus dem Bus. Der Vorplatz flirrte in der Juli-Sonne bei gefühlten 52 Grad Celsius. In weiser Voraussicht hatte ich meine tropentauglichen weißen Leinenkleider eingepackt, die ich von nun an bei jedem Kurs in Trets tragen würde. Inzwischen war ich elf

Mal dort, es ist in jedem Jahr für mich ein absoluter Muss-Termin. Allerdings war ich nie mehr so frei und unbelastet wie bei meiner allerersten Reise.

Ein schlichter Holzbau im Stil einer Jugendherberge begrüßte mich. Alles war sehr einfach gehalten – klar, es war ja auch kein Luxusurlaub. Ich würde mit zwei fremden Mädels ein Zimmer teilen müssen. Ich wusste das natürlich alles vorher und hatte mich darauf eingestellt. Auch Handtücher und eigene Bettwäsche hatte ich mitgebracht. Man weiß ja nie. Die Räume waren alle sehr sauber, denn Putzen gehört zum »Abschiedsritual« eines jeden Kursteilnehmers. Ohne Widerrede. Und das gilt auch für die Männer.

Nachdem ich mich in meiner Zimmerecke so gut es ging häuslich eingerichtet hatte, nutzte ich die bis zum offiziellen Beginn des Kurses verbleibende Zeit für einen Rundgang. Das Zentrum liegt auf einer Anhöhe mitten in einem Pinienhain, der sich nach Norden hin öffnet und den Blick auf das Tafelberg-ähnliche Massiv des Mont Sainte Victoire freigibt. Der gigantische Ausblick hat sich nach meinen zahlreichen Aufenthalten in Trets inzwischen fest auf meiner internen Festplatte eingebrannt. Parallel zum Berg ausgerichtet liegt die »Ikeda-Halle«. »Halle« ist wohl schwer untertrieben, denke ich, in Erinnerung an all die hässlichen Stadthallen, die auf Tourneen mitunter unsere Spielstätten sind. Als Laienorganisation findet die Soka Gakkai den säkularen Begriff »Tempel« nicht so passend. De facto sieht diese »Halle« aber so aus: mit ihrem flachen hellgrünen Dach, das an den Seiten abfällt, wie ein umgedrehtes Boot und auf zwei mächtigen Säulen ruht, die den Haupteingang flankieren.

Als ich am Nachmittag zur Eröffnungszeremonie durch diesen Eingang schreite – ich verwende dieses Wort absichtlich, denn »gehen« scheint mir für diesen besonderen Moment an diesem besonderen Ort zu banal –, den schlichten Vorraum aus Glas, Beton und Holz durchquere und schließlich in den »Hauptversammlungsraum« gelange, verschlägt es mir den Atem. Ich kenne die Kulturzentren in Paris, Frankfurt und Wien (das dortige Zentrum war zu jener Zeit noch eher improvisiert und ziemlich klein). Auch in Rom bin ich gewesen. War mir Letzteres schon imposant erschienen – Trets übertrifft einfach alle Erwartungen. Auf der Bühne, fast so breit wie die eines Stadttheaters, thront ein riesiger, mit Gold ausgeschlagener und Ornamenten verzierter Butsudan. Darin hängt, in gigantischer Größe, der »Europa-Gohonson«. Ein paar Deckenstrahler verleihen dem Ganzen eine scheinbar »überirdische« Leuchtkraft.

»Che bello!«, höre ich eine blondgefärbte Italienerin neben mir flüstern. Ein russisches Pärchen geht schnurstracks auf die Bühne zu, auf der in zwei Halbkreisen vor dem Gohonson circa 30 Stühle stehen. In der Mitte sitzt ein Mann mit schütterem Haar vor einem Mikrofon mit dem Rücken zum Eingang und chantet. Nach und nach gesellen sich die Kursteilnehmer dazu und fallen in den »Gesang« ein. Manche nehmen auf der Bühne Platz, manche unten im Saal ganz hinten. Wie es Schüler oft tun, denke ich und muss grinsen. Ja, auch ich wage mich nicht sehr weit vor und setze mich in eine der hinteren Reihen. »T'es la première fois à Trets?«, fragt eine leise Stimme in fließendem Französisch hinter mir. Ich nicke. Ja, ich bin zum ersten Mal hier. »Dann nichts wie rauf mit dir nach oben!«, sagt die Stimme, die zu der Frau gehört, die uns am Eingang so freundlich in Empfang genommen hatte, eine Japanerin, Ärztin in Paris, wie ich später erfahre, und die für den Kurs die Aufgabe übernommen hatte, uns 250 Menschen unter einen Hut zu bringen und für einen reibungslosen Ablauf zu sorgen. »Alle Neuen so nahe wie möglich zum Gohonson! In Zukunft wirst du nur noch dort sitzen, wenn du früh genug da bist«, zwinkert sie mir zu, »alors, vas-y! Aber denk nicht einmal im Traum daran, dass das ein Ehrenplatz ist! Wenn du vor den anderen sitzt, hast du die Aufgabe, ihre Gebete zum Gohonson zu unterstützen. Compris?« Diese Information war für mich zwar neu, aber einleuchtend. In der Organisation gibt es keine Hierarchien und Eitelkeiten, und wenn man doch einmal ein solches Verhalten an den Tag legt – kein Mensch ist unfehlbar –, wird dafür gechantet, es besiegen zu können. Die Aufgabe eines Leiters oder Verantwortlichen in unserer Organisation besteht nicht darin, den »Chef« zu spielen, sondern aufgrund seiner Erfahrungen die Mitglieder zu unterstützen und zu ermutigen. Ein Leiter gibt auf keinen Fall Anweisungen. Wenn Kritik geübt werden muss, wird das mit Liebe und nicht besserwisserisch getan. Ich selbst befand mich ausgerechnet während eines Kurses in Trets einmal in einer solchen Situation. Es war verdammt schwer, mein kleines Ego zurückzupfeifen und der betreffenden Dame mit aller Liebe und Güte, sanft wie ein Lämmchen, zu erklären, dass es respektlos ist, in einer Zimmergemeinschaft auf wenigen Quadratmetern jeden Morgen um halb fünf eine Stunde zu duschen und anschließend das taillenlange Haar einer ausgiebigen Föhn-Behandlung zu unterziehen. Für solche Prozeduren gibt es am Nachmittag immer ein Zeitfenster. In einer gewissen Weise war es der Buddhazustand, der mich dazu befähigte, so mit ihr zu reden. Ansonsten wäre ich ihr höchstwahrscheinlich an die Gurgel gegangen ...

Der Buddha ist in Trets allgegenwärtig, denn alle arbeiten daran, ihn aus der Tiefe ihres Lebens hervorzubringen. Man spürt das an der Fröhlichkeit und Aufgeschlossenheit der Menschen. Jeder kommt hierher nach Trets mit seinem ganz persönlichen karmischen Gepäck, mit seinen Problemen, Schwierigkeiten und Mustern, die er auflösen will. Die Entschlossenheit jedes Einzelnen überträgt sich auf die Gruppe. Dazu trägt auch das gemeinsame Chanten bei. Die universelle Lebenskraft potenziert sich ins Hundertfache.

In meinem ersten Kurs erlebte ich das alles wie ein Frischling – naiv, staunend, mit großen Augen und weit aufgesperrten Ohren. Ich sog das zu Lernende auf, machte Notizen wie ein Student im Hörsaal und war von den Erfahrungen und Entschlüssen, die manche Mitglieder mutig vor versammelter Mannschaft vortrugen, tief berührt. Niemals wäre mir in den Sinn gekommen, dass auch ich einmal dort oben auf der Bühne stehen würde, vor dem Europa-Gohonson, an einem Rednerpult mit Mikrofon, um vor allen Kursteilnehmern meine eigene Geschichte vorzutragen, die Geschichte einer Reise durch die Welt meiner ganz persönlichen Hölle. Damals, im Juli 1998, war meine Welt noch vollkommen in Ordnung. Genau 13 Jahre später sollte das ganz anders sein ...

»Wir haben heute Abend gemeinsam Tischdienst, hast du das gesehen?«, sprach mich eine sommersprossige, rothaarige Frau an, die offensichtlich aus Deutschland stammte. »Ich bin C. – ich lebe auf Mallorca. Die Mitglieder in Deutschland haben ihre eigenen Kurse, deshalb nehme ich immer an den internationalen Trainingskursen teil. Komm, ich zeige dir alles. Ich kenne mich aus, denn ich komme schon seit über zehn Jahren hierher. Um den laufenden Betrieb hier im Zentrum kümmern sich die anwesenden Mitglieder. Personal gibt es nur in der Küche, den Rest machen wir. Draußen an der Rezeption hängt eine Liste, auf der steht, wer welche Aufgaben übernehmen muss.«

Alles klar. Ich decke mit meiner Neubekanntschaft C. und einigen anderen die Tische fürs Abendessen ein. Es fühlte sich ein bisschen an wie Schullandheim, jedoch mit einem kleinen Unterschied: Hier würden wir mit Sicherheit nicht mehr unseren Lehrerinnen das Nachthemd am Bettlaken festnähen. Einige von Ihnen, verehrte Leser, besitzen vielleicht Erfahrungen mit Seminaren. Der Aufenthalt in Trets gestaltet sich ähnlich: Es gibt einen ausgearbeiteten Stundenplan mit regelmäßigen Pausen, in denen man Zeit hat für persönliche Gespräche sowie die Möglichkeit, das Gelernte zu verarbeiten. Das gemeinsame Gebet, also das Chanten sowie die Zeremonie des Gongyo verbinden uns nach dem Prinzip von »Viele Körper – ein Geist« jedoch bedeutend stärker miteinander, als gewöhnliche Seminarteilnehmer es erleben. Die Kursbesucher in Trets teilen alles miteinander, ihren Glauben, ihre persönlichen Sorgen (wenn sie das wollen), ihre Arbeitskraft und das Essen. Es gibt keine Bestellungen nach Karte, auf Zehnertischen werden mehrere Platten aufgestellt, die gerecht geteilt werden. Hungern muss hier niemand und da wir in Frankreich sind, gibt es selbstverständlich auch Wein. Und Fleisch. Das ist schließlich kein tibetanisches Kloster!

Apropos Essen – ich werde oft gefragt, ob ich Vegetarierin bin. Viele gehen davon aus, weil sie das irgendwie für »buddhistisch« halten. Nein, ich bin es nicht. Wie Sie wahrscheinlich inzwischen mitbekommen haben, ist der Buddhismus Nichiren Daishonins, den ich praktiziere, ein Buddhismus der Vernunft und somit nicht jenseits-, sondern diesseitsbezogen, eine Philosophie, eine Religion für Menschen, die mitten im modernen Leben stehen und die aufgrund der Witterung in ihrem Land und gemäß des »Dresscodes« ihre Berufes auch keine orangefarbenen Saris mit Jesuslatschen tragen können und wollen. Der Buddhismus lehrt natürlich den Respekt vor jeglichem Leben, also auch dem Leben der Tiere. Trotzdem gehören Tiere und deren Produkte irgendwie zur normalen Nahrungskette in der Natur. Dass Tierhaltung und Schlachtung mit respektvollem Umgang einhergehen sollten, versteht sich wohl von selbst. Ich sehe das auf jeden Fall so, auch wenn der Tierschutz in unseren Landen mitunter eigenartige Blüten treibt und für manche Herrschaften ein sehr profitables Unternehmen geworden ist. Apropos Blüten: Auch Pflanzen sind Lebewesen, die nicht gedankenlos ›verputzt‹ werden sollten. Und damit ich mir hier keine ewigen Feinde schaffe, gibt's dazu noch eine ganz private Gratiserklärung obendrauf. Ich habe es wirklich mal versucht und ein paar Jahre lang vegetarisch gelebt. Medizinisches Fazit: eine Gewichtszunahme von sieben Kilo, dauernde Müdigkeit, Muskelschwund und eine schwere Anämie. Nein danke, das ist nichts für mich mit Blutgruppe null und als Typ des »Jägers und Sammlers«. Die Indianer bedanken sich bei den Tieren für die »Opfergabe«. Das ist eine schöne Geste. Wollen wir es dabei belassen …

Nach einer unruhigen Nacht – wer ist schon daran gewöhnt, zu dritt auf engem Raum in 80 Zentimeter breiten Einzelbetten zu schlafen – verließ ich noch vor dem allgemeinen Weckruf das Zimmer und erlebte, wie der Mont Sainte Victoire im Licht der aufgehenden Sonne sein Farbspektrum entfaltete. Doch ich war nicht die Einzige, die wach war: Aus einem der Zimmer war der Klang energischen Chantens nicht zu überhören. Die Tür stand offen. In dem kleinen Raum gab es einen wunderschönen Butsudan aus Ebenholz mit einem Gohonson in normaler Größe, elektrische Kerzen, ein paar Stühle und einen Ventilator. Sonst nichts. Ein kleines Schild an der Tür verriet mir: »Petit Butsudan, ouvert pour la pratique entre 6 et 23 heures.« Es war also ein Raum, der allen, die chanten wollten, von frühmorgens bis spätabends offen stand.

Ich habe inzwischen viele, viele Stunden in diesem kleinen Raum verbracht, um mir – während ich chantete – über mein Leben klar zu werden. Und ich bekam jedes Mal eine Antwort: Ursache – Wirkung. Oft nicht so, wie ich sie mir vorgestellt hatte, aber immer so, dass sie mich weiterbrachte. An meinem allerersten Morgen in Trets setzte ich mich einfach dazu, chantete eine Stunde mit diesen Menschen, die ich nicht kannte, und ließ mich von der Energie, die sich entfaltete, anstecken.

Während meiner Aufenthalte in Trets nutzte ich die Möglichkeit, sehr viel zu chanten, oft tat ich das stundenlang. Sie können sich das nicht vorstellen? Das konnte ich anfangs auch nicht. Aber gemeinsam ist es leichter, da gibt man nicht so schnell auf. Allein, muss ich gestehen, kriege ich oft nicht die Kurve. Löwen sind nun einmal faul. Das ist nicht als Ausrede zu verstehen. Ich muss mich tatsächlich jeden Tag zum Chanten aufraffen. Die schon erwähnten »teuflischen Funktionen« und »destruktiven Kräfte« setzen zusätzlich alles daran, die Menschen davon abzuhalten, ihr Leben auf Hochglanz zu polieren. Man wird irgendwie »runtergezogen«, bis dann gar nichts mehr geht und die Negativität die Kontrolle übernimmt.

»Das Gebet ist der Mut durchzuhalten« sagt Ikeda – und ich denke, das gilt für alle Religionen, Philosophien und Glaubensbekenntnisse. Das Gebet ist in gewisser Weise ein Kampf, ein Ringen darum, unsere Schwächen und unser mangelndes Selbstvertrauen zu überwinden, das angestrengte Bemühen, nie aufzuhören, daran zu glauben, dass wir unsere Situation verändern können. Beten ist auch ein Weg, ein Mittel, Ängste zu zerstören, Sorgen zu vertreiben und die Hoffnung nie sterben zu lassen. Das Gebet bedeutet Anstrengung, aber ja! Es erfordert eine Menge Disziplin. Aber nur dann, nur wenn wir beten beziehungsweise chanten, wenn wir uns intensiv unserem Glück widmen, greifen die Zahnräder unseres Lebens mit denen des Universums ineinander und drehen sich in Richtung

Glück. Und wenn wir gemeinsam mit anderen beten, ist es noch effizienter, motiviert uns selbst und lässt uns, wie gesagt, nicht so leicht aufgeben.

Hierzu, liebe Leser, ein ganz banales Beispiel aus dem alltäglichen Leben: Im Fitnessstudio oder bei den Weight Watchers setzen Sie Ihre guten Vorsätze in der Regel um, oder? Und wie klappt das allein zu Hause? Na ja ... Deshalb ist auch der Buddhismus keine »Solonummer«.

Zur Versinnbildlichung dafür, dass wir ach so normalen Menschen immer wieder vergessen, dass wir die Buddhaschaft besitzen, weil wir abgelenkt sind durch unseren stressigen Alltagssalat voller Probleme und Sorgen oder auch durch zu viel vorübergehende Freude, hier als »Sweet Reminder« eine kleine Parabel aus dem Lotos-Sutra, die ich in meinem ersten Jahr in Trets gehört habe:

> *Vor langer Zeit im fernen Indien lebte ein Mann, der war so bettelarm, dass er nichts besaß außer dem zerlumpten Gewand, das er am Leibe trug. Schon längst hatte er den Geschmack von köstlichen Speisen und einem guten Wein vergessen. In seiner Not wandte er sich an einen Freund aus guten Tagen. Dieser bat den armen Mann in sein Haus, bewirtete ihn mit den erlesensten Speisen, reichte ihm den köstlichsten Wein und gab ihm ein weiches Lager mit vielen Decken und flauschigen Kissen. Den Wein, der sich wie Nektar in seiner durstigen Kehle anfühlte, nicht gewöhnt, schlief der arme Mann sehr bald ein. Gerührt betrachtete der reiche Mann seinen schlafenden Gast, empfand Mitleid für ihn und beschloss, ihm zu helfen. Da er jedoch noch in der Nacht zu einer Geschäftsreise aufbrechen musste, hatte er eine Idee: Er nähte einen kostbaren Juwel von unschätzbarem Wert in das Gewand des armen Mannes ein. Sicher würde er es am nächsten Morgen bemerken und somit in der Lage sein, ein neues Leben zu beginnen. Er würde anständige Kleider tragen, sich jeden Tag satt essen, einen guten Wein trinken, ein schönes Haus haben mit einem weichen Lager, das er mit einer liebevollen Frau teilen würde ... Jedoch der arme Mann bemerkte nichts, als er erwachte ...*

(Der Freund hätte ihm ja vielleicht auch einen Zettel schreiben können, oder? – Anmerkung der Autorin.)

Er zog also bettelnd weiter, von Stadt zu Stadt, nicht im Geringsten ahnend, wie reich er in Wirklichkeit war. Einmal begegnete er einem bis auf die Rippen abgemagerten Kind, das ihn mit großen hungrigen Augen flehend ansah. Er hätte ihm so gern etwas zu essen oder ein wärmendes Kleidungsstück gegeben – doch er hatte ja selber nichts, stand nur da, mit leeren Händen und war unendlich traurig. Nach längerer Wanderung durch eine arme Gegend, wo niemand Almosen gab und er sich von Gras und Beeren ernähren musste, ließ der arme Mann sich völlig erschöpft in der Nähe einer Herberge nieder. Es ergab sich, dass sein alter Freund auf einer seiner Geschäftsreisen dort haltmachte. Dieser hatte Mühe, den Mann zu erkennen, und fragte bestürzt: ›Wie kommt es, dass du so elend aussiehst, alter Freund?‹ Er reichte ihm die Hand, half ihm auf und nahm ihn mit zu sich nach Hause, wo er ihm erneut frische Gewänder und köstliche Speisen bringen ließ. Nachdem der Mann gebadet, gekleidet und gestärkt war, nahm der Freund das alte Gewand und zeigte ihm das kostbare Juwel, das noch immer in den Lumpen eingenäht war. ›Es war immer da. Aber du wusstest es nicht, mein Freund. Du warst schon die ganze Zeit über reich, und du bist es auch jetzt.‹ Der arme Mann wollte seinen Augen nicht trauen. Das Juwel funkelte in seinen Händen – und in einem einzigen Augenblick erschien vor ihm all das, was er damit hätte tun können: warmes Essen und Kleidung für das Kind mit den großen hungrigen Augen, Festmahle geben für die Armen der Stadt, Tanzen, Singen, Gedichte lesen – einen guten Wein trinken – und all die anderen schönen Dinge, die man tun kann, wenn es nicht an Essen und Kleidung mangelt ... Und schon so lange hatte er diese unerschöpfliche Quelle von Wohltaten bei sich getragen, ohne sich dessen bewusst zu sein. ›Wie dumm ich war!‹, rief er aus und umarmte seinen Freund. ›Ich war so sehr an mein Elend gewöhnt, dass ich nicht im Mindesten versuchte, etwas daran zu ändern. Jetzt begreife ich erst, dass Reichtum und Glück sich nicht an irgendeinem fernen, unerreichbaren Ort befinden, sondern dass sie ganz nahe bei mir sind, als ein Teil meines Lebens. Man muss es nur erkennen.‹«

Ich bin mir sicher, dass Johann Wolfgang von Goethe diese Parabel kannte. Wie sonst hätte er schreiben können: »Willst du immer weiter schweifen? Sieh, das Gute liegt so nah. Lerne nur das Glück ergreifen, denn das Glück ist immer da.«
Diese Zeile in Goethes Gedicht »Erinnerung« zeigt uns, dass östliches Gedankengut, seine Philosophie und Lehre von uns Menschen im Westen gar nicht so weit entfernt ist. Man muss nur ab und zu mal genau hinhören. Die meisten von uns vergessen das jedoch mit schöner Regelmäßigkeit. Ich leider auch. Ich habe dieses Juwel – den Schatz des unzerstörbaren Glücks – trotz intensiver Bemühungen selbst in Trets über Jahre hinweg nicht erkennen können und dieses glitzernde Ding anderswo gesucht – draußen, in einer Welt, die mich von dem Juwel, das eigentlich »in meinen Mantel eingenäht war«, entfernte und mich somit von dem »Wahren Wesen« meines Lebens trennte. Denken Sie daran: Es ist immer da, tief in Ihrem Leben. Vertrauen Sie darauf. Und nur darauf.
Der Mann mit dem schütteren Haar, Peter Kühn, der hauptverantwortliche Leiter Deutschlands, leitete am nächsten Nachmittag das »Studium«. Ich bin sehr dankbar, dass ich diesen wunderbaren, weisen Mann mit dem feinen Humor, der viel zu früh von uns gegangen ist, noch kennenlernen durfte. Er brachte uns die teilweise schwierigen Texte von Nichiren Daishonin auf erfrischende Art und Weise näher. Er erläuterte uns mit einfachen Worten die Briefe, die er den oft verzweifelten Menschen in seiner Zeit zur Ermutigung geschickt hat.
In dem Buddhismus, den ich praktiziere, haben diese Schriften in etwa den gleichen Stellenwert wie die Bibel für die Christen. Doch wie viele Christen auf dieser Erde lesen die Bibel wirklich, geschweige denn studieren sie? In diesem Buch steckt so viel Wahrheit für das Leben. Ehrlich! Und das sagt eine Buddhistin …

Peter Kühn war ein Pragmatiker. Das gefiel mir besonders. Er erzählte uns, dass er zu Beginn seiner buddhistischen Praxis große persönliche Schwierigkeiten hatte. Er vereinbarte mit sich selbst einen »Deal«: Er beschloss, drei Monate lang zu chanten, jeden Tag drei Stunden, komme, was wolle, und danach die Ergebnisse zu überprüfen, also zu sehen, ob eine positive Veränderung eingetreten war oder nicht. Im negativen Falle wollte er sofort und für immer mit der buddhistischen Praxis aufhören. »Das Ergebnis sitzt heute, 30 Jahre später, vor Ihnen«, schloss Peter Kühn mit einem unübersehbaren Augenzwinkern seine Erzählung ab.

Ich hatte das Glück, von Peter Kühn eine persönliche »Führung« zu bekommen, und stellte ihm die Frage, was ich tun könne, um mich weiterzuentwickeln und mein Leben als Schauspielerin zum Strahlen zu bringen. Denn ich hatte damals das Gefühl, beruflich irgendwie die Orientierung verloren zu haben. »Sie sind eine Traumfrau, das wissen Sie. Sie haben eine ganz besondere Ausstrahlung. Ich habe viele Ihrer Filme gesehen. Lassen Sie den Buddha in Ihnen durch Ihre Rollen strahlen. Setzen Sie sich ein Ziel. Beschließen Sie, eine großartige, überaus erfolgreiche Schauspielerin und eine herausragende Persönlichkeit zu werden – und chanten Sie eine Million Daimoku dafür!« Na bravo! Das muss man erst einmal schaffen. Doch meine Entschlossenheit, mich dieser gewaltigen Aufgabe zu stellen und sie zu bewältigen, war bei mir in diesem Lebensabschnitt noch nicht sehr weit entwickelt. Und sie sollte in der Zukunft sogar noch weiter im Treibsand eines Weges versickern, auf den ich mich über eine viel zu lange Zeit hinweg verirren sollte …

Doch zunächst einmal hatte ich Flügel. Der »Gesang« des Daimoku begleitete mich auf meiner Rückreise von Trets. Er war im Summen der Flugzeugturbinen zu hören, im Motorengeräusch des Taxis, im Straßenlärm, einfach überall. Ich war eingehüllt in *Nam Myoho Renge Kyo.*

»Das ist völlig normal«, meinte mein Ehemann, »das war bei mir auch so. Es hat dich durchdrungen und besteht in dir fort, in deinem inneren Ohr, in deinem Unterbewusstsein. Aber es hält nicht an.« Irgendwie schade, dachte ich. Es hat so etwas Friedliches, Beschützendes, und wäre bei der Rückkehr in den Alltag gut zu gebrauchen.

Selbstverständlich ist mir bewusst, dass Trets immer eine Art Parallelwelt war, doch ich bemühte mich jedes Mal, so viel wie möglich daraus mitzunehmen. Doch so viel Mühe ich mir auch gab, eines hatte ich in all den Kursen dort nicht gelernt: dem Buddha in mir zu vertrauen. Und somit war der Boden bereitet für den freien Fall …

Nutzen, Hindernisse und Irrwege

Mein Lebenszustand hatte nach dem ersten Kurs in Trets gewaltigen Aufschwung bekommen. Die guten Vorsätze, regelmäßig zu chanten, hielten auch lange an. So war es selbstverständlich, dass ich den Wunsch hatte, einen eigenen Gohonson zu bekommen. Allerdings stieß ich damit auf ein nicht unbeträchtliches »Hindernis«: In Frankreich wird die Ehefrau zum Haushalt gerechnet und in unserem Haushalt gab es ja schon einen Gohonson. Dass ich fast 70 Prozent des Jahres auf Reisen war, schien niemanden zu beeindrucken und die kleinen Reise-Gohonsons werden in Frankreich nur äußerst selten verliehen. Ich war jedoch entschlossen, dieses »Hindernis« zu überwinden. Ich bin sehr dankbar, dass mir dabei von deutscher Seite ein bisschen geholfen wurde. Am 333. Tag vor dem Millennium erhielt ich also meinen kleinen Reise-Gohonson. Was für ein schönes Datum! Es stand an dem Morgen, an dem ich in unser buddhistisches »Kulturzentrum« nach Sceaux bei Paris fuhr, um ihn in Empfang zu nehmen, in Leuchtschrift am Eiffelturm angeschrieben.

Nun besaß ich ihn also, meinen eigenen Gohonson, zwar nur klitzeklein, aber das war ja der Sinn der Sache, dass nämlich Menschen, die ständig unterwegs sind, ihn immer dabeihaben können. Und das war ich nach wie vor. Zum Teil war ich wegen der Theaterengagements sogar monatelang von zu Hause entfernt. Die Wohnung in Paris hatten wir inzwischen aufgegeben und waren in unser bisheriges Wochenenddomizil in der Normandie übersiedelt. Nach einigen Jahren in dieser Großstadt mit all ihrem Lärm und Dreck sowie der Aggressivität, von der diese einst so wunderschöne Metropole in der heutigen Zeit leider zerfressen wird, kam mir die ländliche Ruhe äußerst gelegen. Tatsächlich lernte ich, das Großstadtkind aus Essen, das mit Metropolen wie Hamburg, Wien und Paris sehr vertraut war, das Landleben schätzen. Ich ziehe es bis heute vor. Deswegen habe ich meinen Wohnsitz in einem winzigen Nest in Südfrankreich und – temporär – in der Stadt Salzburg, von der selbst ein echter Salzburger sagt: »Die ganze Welt ist ein Dorf, nur Salzburg ist kleiner«[18]. Dort findet man Spazierwege und Joggingpfade vor der eigenen Haustür, Kräutergarten, Obstbäume und vieles mehr. Das bin ich und das brauche ich für mich privat. Großstadtflair erlebe ich, wenn ich in München, Wien, Köln oder Düsseldorf Theater spiele.

Mit dem Gohonson an meiner Seite und den jährlichen Kursen in Trets als Tankstelle der Ermutigung setzten massive Veränderungen in meinem Leben ein. Ich hatte ordentlich »umgerührt«, mein Karma in Bewegung gebracht. Das äußerte sich zum einen in einigen wirklich tollen Produktionen, in denen ich Hauptrollen spielen durfte, unter anderem in *Die Sternbergs*, *Jetzt bin ich dran, Liebling!*, *Mit einem Rutsch ins Glück* und *Spiel des Schicksals*, sowie in ein paar gut bezahlten Werbekampagnen. Auch optisch hatte ich mich verändert. Ich sammelte durch meine buddhistische Praxis Glück an – das ist wie ein Bankkonto, auf das man einzahlt. Wenn genug auf dem Konto ist, kann man sich auch einmal ausruhen. Aber Achtung: Das Leben bucht ab, und zwar oft ziemlich viel und ziemlich schnell. Im Laufe der Jahre nahmen viele meinen »inneren Wandel« wahr, da er sich auch im Äußeren manifestierte. Ich wurde zwar älter und das eine oder andere Fältchen manifestierte sich ebenfalls, aber man befand allgemein, dass ich von Jahr zu Jahr schöner wurde. (Bitte, das stammt jetzt nicht von mir!!!) Ich glaube, dieses »innere Strahlen« machte andererseits Menschen, die leider wichtig für mich waren, Angst. Es rief die Feinde auf den

Plan und schuf Hindernisse, die sich mir entgegenstellen – in Form von Kolleginnen, die die Macht besaßen, mir Steine in den Weg zu legen, in Form von Bürokraten in den Chefsesseln der Sender und Produktionsfirmen, die mich wieder so haben wollten, wie ich einmal war: unreflektiert, glatt, pflegeleicht und manipulierbar wie ein Kuchenteig.

Die »Drei Hindernisse« und die »Vier Teufel« – langsam und unbemerkt begannen sie sich anzupirschen an mein im Allgemeinen sich (noch) friedlich dahinschlängelndes Leben. Ich chantete zwar in dieser Zeit – mehr oder weniger regelmäßig –, doch ich hatte kein konkretes Ziel. Ich war wirklich so naiv zu glauben, den Buddhismus in meinem Leben zu haben und ein bisschen zu chanten bedeute, dass alles im Leben sofort in Ordnung kommt oder so nett bleibt, wie es war. Von wegen! Ich hätte meine Anstrengungen verdoppeln müssen, doch ich ahnte zu jener Zeit nicht, wie viel mehr an unzerstörbarem Glück und an Lebenskraft ich auf meinem »Bankkonto« hätte haben müssen, um nicht in das Dunkel der »spirituellen Insolvenz« abzurutschen. Schwierige Jahre begannen, vor allem für meinen Mann, und es lag nun an mir, ihn zu ermutigen. Ich brauchte dazu mehr Kraft, als ich vermutet hatte. Auch ich selbst musste an mehreren Fronten kämpfen. Letztendlich höhlten diese Belastungen unsere Ehe aus. Sie zerrann uns unter den Händen. Natürlich war das traurig, doch mein Mann und ich sahen ein, dass wir einander loslassen mussten, und gingen sehr erwachsen damit um. Wir schufen die Basis für eine wunderbare Freundschaft, die bis heute besteht.

Nicht ohne Grund hatte das alles so kommen müssen. Heute weiß ich das – und erhielt auch die Antwort auf das Warum. Ich hatte viel dafür gechantet, unsere Ehe zu retten, doch die Antwort des Universums war eine andere und – im Nachhinein gesehen – die richtige. Ob uns das zunächst gefiel, spielt keine Rolle. Wir beide, mein Mann und ich, haben in den vergangenen Jahren Erfahrungen machen müssen, die gemeinsam unmöglich gewesen wären. Zu jener Zeit praktizierte ich seit genau neun Jahren. Es stand wohl eine tief greifende Veränderung an, eine Reise durch mein Karma, die ich – eingehüllt in ein nettes Leben wie in einen sicheren Kokon, beschützt von einer Ehe, – nicht bereit gewesen wäre anzutreten.

»Sag mal, und du willst dir das wirklich antun?«, fragt mich MM, meine geliebte steirische Salzburger Freundin und wirft mir dabei einen schrägen Blick zu. Sie ist in meinem »Mädels-Club« die realistischste von allen, steht mit beiden Beinen fest auf der Erde, besitzt einen klaren Kopf und einen scharfen Verstand. Den braucht sie auch in ihrem Beruf als supererfolgreiche Immobilienmaklerin. Diese Branche ist ein Kampfgeschäft, fast so schlimm wie meine Branche mittlerweile. »Hältst du es wirklich für angebracht, gerade in Kitzbühel auf den Pfaden deiner Erinnerung zu wandeln?«

»Ja«, halte ich ihr entgegen, »weil ein ganzes Kapitel meines Lebens sich zu großen Teilen dort abgespielt hat. Ich habe einfach das Gefühl, ich muss dorthin, muss die Bilder Revue passieren lassen, um zu begreifen, wie ich in dieses Leben hineingeraten bin.«

MM zieht eine Augenbraue hoch. »Ich hoffe, du weißt, was du tust«, sagt sie und drückt mir den Haustürschlüssel in die Hand. »Als du vor zwei Jahren dort warst, hast du es nicht einmal einen halben Tag ausgehalten.«

»Ich weiß, aber das ist jetzt schon wieder eine Weile her. Ich denke, ich werde nur verstehen, was mich an dieser Welt so fasziniert hat, dass ich mein vorangegangenes Leben wie einen alten Regenschirm habe stehen lassen, wenn ich wieder mittendrin bin.«

Ich habe es mir also angetan und bin nach Kitzbühel gefahren. Es ist Dezember und der Zielhang des Hahnenkamms begrüßt mich silberweiß glänzend in der Mittagssonne. Ich bin in MMs Wohnung, genauer gesagt auf dem kleinen Balkon, MMs ganz persönlichem Logenplatz beim Hahnenkamm-Rennen. Das große Promitreff-Hotel in Going, in dem ich viel zu oft gewesen bin, kommt für mich nicht infrage. So auf Tuchfühlung möchte ich dann doch nicht mit meinen Erinnerungen kuscheln. MMs Wohnung ist klein, aber fein und energetisch frei von Vergangenheitsmüll.

Es ist mir heute noch unerklärlich, wie ich in dieses Leben, das eine einzige Illusion war und das mich in eine Welt der totalen fundamentalen Dunkelheit katapultierte, die von Animalität, Hunger, Blindheit, Ärger und Angst beherrscht wurde, hineingeraten bin. In der christlichen Lehre gibt es die Versuchung Jesu durch den Teufel in der Wüste. Da ich überzeugt davon bin, dass Jesus in Indien war, ist mir klar, woher das Bild stammt. Im Moment der Erleuchtung kommen die Feinde, die Zweifel. Einfach formuliert: Wenn man auf dem richtigen Weg ist, tritt garantiert etwas auf den Plan, das einen umpusten will. Das ist die Dualität des Lebens. Es gibt kein Licht ohne Dunkelheit, nichts Positives ohne das Negative – sonst wüssten wir nämlich nicht, was positiv ist! Was wir daraus machen, ist unsere Sache. Ich persönlich habe den Weg durch ein gaaaanz tiefes Tal gewählt. Wie man weiß, besteht die Erde aber nicht nur aus tiefen Tälern. Das geht gar nicht. Irgendwo muss da ein Berg sein, sonst gäbe es kein Tal. Um den nächsten Gipfel zu erreichen, muss man zwangsläufig das Tal durchqueren. Das ist keine Philosophie oder Religion, sondern schlicht Erdkunde oder Mathematik. Ob man allerdings durch das »Tal des Todes« oder durch eine liebliche Tiefebene wandert, entscheidet man selbst. Ich habe Ersteres gewählt. Warum? Schließlich war ich auf dem Weg meiner »menschlichen Revolution« schon so gut vorangekommen. Wahrscheinlich, weil ich lernen sollte, wie man mit richtig großen Schwierigkeiten umgeht und sie überwindet, denn bisher war alles immer sehr leicht für mich gewesen. Vielleicht stand dahinter das Ziel, durch meine Erfahrung andere ermutigen zu können, vielleicht ist das meine Lebensaufgabe. Wir sind in der Lage, alle Hindernisse zu überwinden! Ganz sicher, auch wenn man sich dabei mitunter ordentlich blaue Flecken einhandelt. Da mir aus heutiger Sicht dieses finstere Kapitel meines Lebens mehr als unwirklich erscheint – so, als hätte es nur in meinem Kopf stattgefunden – an dieser Stelle:

Das Märchen vom Sternchen

Es war einmal ein Sternchen, das strahlte und funkelte und glitzerte leuchtend hell am Himmel. So schön und hell, dass ein ganz besonders großer Stern das kleine Sternchen bemerkte und sich von ihm dermaßen angezogen fühlte, dass er es zu sich einlud. Der große Stern leuchtete zwar längst nicht so hell, genauer betrachtet eigentlich eher schwach, aber er hatte ein ungemein anziehendes Lächeln. Das Sternchen wurde von diesem Lächeln ganz betrunken und tauchte in die Welt des großen Sterns ein, fühlte sich angenehm aufgehoben und leuchtete fortan nur noch für ihn. Lange Jahre erfüllte das kleine Sternchen den großen Stern mit seinem Licht und seiner Energie. Alle anderen Sterne beneideten den großen Stern um sein wunderschön glitzerndes kleines Sternchen. Doch eines Tages ereigneten sich große Stürme in der Milchstraße. Viele Sterne drohten zu erlöschen und rückten näher zusammen. Der große Stern verlor sogar ein paar seiner goldenen Zacken – offensichtlich waren sie nicht aus richtigem Gold, wie hätten sie sonst so leicht brechen können? Das machte das kleine Sternchen sehr traurig und mit seiner allerletzten Energie leuchtete es weiterhin für den großen Stern, bis sein Leuchten nur mehr ein schwaches Glühen war. Immer noch aber glaubte das Sternchen an die Zauberkraft des Lächelns vom großen Stern und war überzeugt, dass eines Tages alles gut werden würde. Eines Nachts jedoch kam von Süden eine prächtig funkelnde Sternschnuppe angeflogen, sie glitzerte in allen Farben des Regenbogens und schien alles andere zu überstrahlen. Das blieb natürlich auch dem großen Stern nicht verborgen, der sich seit einiger Zeit schon sehnsüchtig nach einer neuen Energiequelle für sein schwaches Leuchtsystem umgesehen hatte. Und somit kickte er das Sternchen, das ihm all seine Leuchtkraft geschenkt hatte und nun erschöpft und müde war, kurzerhand zurück in die dunkle Milchstraße und glänzte fortan gemeinsam mit der prächtigen Sternschnuppe, die als erste Maßnahme die abgebrochenen Zacken des großen Sterns in der Goldwerkstatt ihres Vaters neu anfertigen ließ. Und wenn sie nicht gestorben sind, dann leben sie noch heute. Was das

Sternchen betrifft: Es hatte beschlossen, in einen tiefen Winterschlaf zu fallen, um seine Energien wieder aufzufrischen und eines Tages heller zu leuchten als je zuvor.

Ein Mann, mit dem ich schon seit einigen Jahren regelmäßig beruflich zu tun hatte und der – wie ich inzwischen weiß – aus bestimmten Gründen (siehe Märchen) schon lange ein Auge auf mich geworfen hatte, stand als vermeintlicher Traumprinz mit den großen, starken Armen eines Actionhelden in den Startlöchern und ließ mich, die ich zu dieser Zeit müde und abgekämpft war und die sich nach ein bisschen Stärke sehnte, nicht mehr aus. Ich hatte mir unbewusst ein »Werkzeug« ausgewählt, das mir den Rückweg in meine Ehe unmöglich machte und mir die Gelegenheit bot, vor einem schwierigen Leben zu flüchten, das Mut und Einsatz von mir gefordert hätte. Ich folgte also dem verführerischen Pfad eines schillernden und aufregenden »Easy-Going«-Lebens, wo man mich auf Händen trug und Geld keine Rolle zu spielen schien.

Man muss sich das einmal vorstellen: Ich habe einen Lebenspartner, der mich in meiner Praxis unterstützte und ermutigte und mit dem ich spirituell und intellektuell auf Augenhöhe war, gegen einen Abenteuerling eingetauscht, der weit entfernt von meinen Wertvorstellungen lebte. Warum? Weil es der einfachere Weg war, der bequemere, lustigere. Meine eigenen teuflischen Funktionen haben mich auf diese Art und Weise von meinem ursprünglichen Weg abgebracht. Sie manifestierten sich in der Gestalt eines Mannes, nennen wir ihn der Einfachheit halber TF: teuflische Funktion. Damit Sie das richtig verstehen, liebe Leser: Es sind meine eigenen »Dämonen«, die sich in anderen Menschen manifestieren, um mich zu behindern. Fremdschuldzuweisungen gibt es bei mir nicht. Das ist ein Grundprinzip im Buddhismus, nachzulesen im Kapitel »Ursache und Wirkung«.

Angesichts des Tempos, in dem mich das Leben durch diese seltsame, fast ausschließlich öffentliche Beziehung jagte, könnte der Film meiner Rückblende in 24-Stunden-Echtzeit gedreht werden, die Telenovela unseres gemeinsamen Lebens, nichts als eine einzige Illusion: ein einziger langer Albtraum von halsbrecherisch rasanten Skitagen in TFs heiß geliebtem Kitzbühel, von nicht enden wollenden Nächten vor laufendem Fernseher in charmanter Unterkunft über einer Autowerkstatt im 16. Wiener Bezirk, von endlos langen Autofahrten in rasendem Tempo Richtung Süden, von exzessivem Schaulaufen bei den Filmfestspielen in Cannes inklusive stundenlanger Bootsbesichtigungen und Partys, inmitten der Lemuren der Bussi-Bussi-Gesellschaft. Es war ein Leben für die Kameras und Fotografen. Das war und ist TFs Leben. Ein Tanz auf dem Vulkan. Und dieses Leben sog mich vollkommen auf. Je weiter ich in diesen Strudel geriet, umso mehr blieb meine buddhistische Praxis auf der Strecke und ich entfernte mich immer weiter von meinem wahren Selbst. Es war ein Teufelskreis.

Ich drehe die Zeit zurück und versuche zu verstehen, wie das alles anfing …

TF war seit einigen Jahren mein Produzent bei einer jährlichen Reihe von Heimatfilmen, auf die ich mich leichtsinnigerweise eingelassen hatte. Somit brach er in mein Leben ein, zunächst in mein berufliches. Ungebremst, mit Vollgas. Für ihn gab es überhaupt nur »Vollgas«. Ich hätte niemals die komplette Reihe mit acht Filmen drehen dürfen. Ein oder zwei wären in Ordnung gewesen, eine nette Facette in meiner Filmografie, aber nicht mehr. Meine lange Verbundenheit mit diesem Projekt und die Tatsache, dass die gesamte Branche mich fortan nur über TF, den »Heimatfilmer«, definierte, stellten für meine Karriere eine absolute Sackgasse dar und ich muss heute mit den Wirkungen der Ursachen fertigwerden, die ich in jener Zeit gesetzt habe. Damals befand ich mich jedoch in einer Art »Zwischenwelt«, jenseits von Zeit und Raum, und viel zu atemlos, um zu bemerken, was da mit meinem Leben passierte. TF hatte sich über mein Leben gestülpt und war omnipräsent. Eine Weile hatten mich meine inneren Stimmen und der Lebenszustand des Buddha noch beschützt und ließen mich TFs unzählige Einladungen auf »sein« Boot oder in dieses Promihotel in Going kategorisch ablehnen. Nach der Trennung von meinem Ehemann war mein Leben jedoch eine Zeit lang nicht besonders stabil. TF sah seine Chance, preschte in die Lücke und fand Raum und Nahrung. Er spielte den Gentleman und überschüttete mich mit perfekt inszenierter Liebe und grenzenloser Bewunderung. Ich fühlte mich seltsamerweise sicher in seiner Gegenwart. Nun ja, ich hatte mich – ungewollt – einfangen lassen von dem ungelenken Charme eines Arbeiterkindes, dem rüden Sex-Appeal eines Kerls, der Stanley Kowalski in Tennessee Williams' *Endstation Sehnsucht* glich. Ich war gebannt und fasziniert, die scheinbare Leichtigkeit seines Seins zog mich an wie die Motte das Licht. Ebenso wie Tennessee Williams' Blanche DuBois – sollte ich sie jemals spielen, habe ich dafür einiges an Erfahrung gesammelt – hätte ich erkennen müssen, dass ich viel zu zerbrechlich und schöngeistig für diesen Typen war und dass es mit uns beiden niemals gut gehen konnte.

Die Leichtigkeit des Seins, TFs überschwänglicher Optimismus, seine ansteckende Fröhlichkeit ... Er sagte oft zu mir, ich sei so »negativ«, obwohl ich »Buddhismus mache«. Bei ihm käme die gute Laune von ganz allein. Ich war damals nicht in der Spur, sonst hätte ich ihm gesagt, dass eine positive Lebenseinstellung allein nicht ausreicht, denn damit ist man sein eigenes Universum und somit weit entfernt von der buddhistischen Lebensweise »Viele Körper – ein Geist«, die Basis für Glück und Frieden, nicht nur auf der Welt, sondern auch zwischen den Geschlechtern. Ein Mensch wie TF ist sein eigenes Universum. In den wenigen Atempausen, die ich in dieser temporeichen Zeit hatte, habe ich mich wirklich bemüht, dieses buddhistische Grundprinzip in unserer Beziehung zu realisieren. Ich hatte keine Chance. Meine teuflischen Funktionen wussten anscheinend genau, in was sie mich da hineinritten. Sie umnebelten meinen Verstand mit der Illusion einer heilen Welt und ich gab TF meinen uneingeschränkten Vertrauenskredit. In jeder Beziehung. Ich überließ ihm die Verantwortung für mein Leben. Was für ein Wahnsinn.

Und TF übernahm – zwar nicht die Verantwortung, denn diesen Begriff gibt es in seinem Wortschatz nicht – jedoch das Ruder und somit Macht und Kontrolle. Und zwar indem er es schaffte, der Himmel weiß wie, weit mehr als drei Viertel des Jahres an meiner Seite zu sein. Sofern ich nicht arbeitete, waren wir im Winter jeden Tag, an dem es Schnee gab, auf der Skipiste. Natürlich liebte ich das – in der Sonne glitzernde weiße Pisten, das Panorama des Wilden Kaisers, Waldspaziergänge, knirschender Schnee unter den Füßen, mittags auf einer Hütte draußen sitzen, Spaghetti all'arrabiata essen (das wärmt so schön) und jede Menge Bekannte treffen. Seine Bekannten, wohlgemerkt. Ich fing langsam, aber sicher an, sein Leben zu leben. TF war permanent um mich herum. Und jeder potenzielle »Konkurrent« wurde von ihm auf sehr subtile Weise aus meinem Leben entfernt, ohne dass ich es mitbekam. Ab Mai war dann Cannes angesagt. Kein Tag der Filmfestspiele wurde ausgelassen, denn das schien äußerst wichtig zu sein. Jedes Jahr lud TF potenzielle »Geschäftspartner«, Adabeis und andere Society-Schmarotzer auf »sein« (geliehenes) Boot zum gemeinsamen Brainstorming ein. Doch glauben Sie mir: Das alles ist viel mehr Schein als Sein. In diesen Meetings werfen die Möchtegerns der Branche mit fiktiven Millionensummen um sich, verkaufen Filme, von denen noch kein Meter gedreht wurde, und lassen abends zwecks »Besetzungsplanung« ein paar Mädels antanzen. Die wirklichen »Macher« kommen für maximal einen Tag nach Cannes und sind sofort wieder weg, möglichst schnell raus aus diesem Jahrmarkt der Eitelkeiten, diesem Tummelplatz von Hochstaplern und Parvenüs. Nun, das weiß ich alles erst heute. Ich muss gestehen, ich steckte damals mittendrin, fand das alles total aufregend und stöckelte im Designerkleidchen auf sündhaft teuren High Heels die Croisette entlang, von Meeting zu Meeting: Hotel Martinez, Café Roma, vom Carlton zum Majestic, dann Palais du Festival und retour. Ich war von morgens bis abends perfekt gestylt, denn wo TF weilte, war meist ein Fotograf nicht weit. Ich hege den Verdacht, dass sich TF in sein Handy einen Peilsender einbauen ließ, damit er auch ja gefunden werden konnte. War Cannes vorbei, ging es nach Hause nach Cap Ferrat. Ich liebte diese zauberhafte Wohnung direkt am Hafen, wo man herrlich sitzen konnte, um die Zeit zu vertrödeln oder zu lesen. Hier hatte ich immer die meiste Muße, mein buddhistisches Wissen zu vertiefen oder an meinen Soloprogrammen und Lesungen zu arbeiten. TF zog es jedoch immer nach Monaco, dorthin, wo seiner Ansicht nach die »Reichen und Wichtigen« leben. Eine Weile hat es mir Spaß gemacht, dabei zu sein, doch dann wurde es mir zu oberflächlich. Ich fand es lächerlich, sich über die Länge seines Bootes und die PS-Zahl seines Autos zu definieren. Das ist doch krank. Es ist ein Leben auf der Überholspur, in dem Unsummen verpulvert werden, um für Dreijährige standesgemäße Geburtstagspartys zu schmeißen, in dem der Champagner ausschließlich rosé ist und nur in der Magnumflasche daherkommt und in dem diese gewisse Sorte Männer – braun gebrannt, Jeans, aufgeknöpftes Designerhemd mit Manschettenknöpfen und halb langer Unfrisur – jede Frau für käuflich hält, solange die Summe stimmt. Man geht zum Lunch in den Jachtklub und lässt sich das Dinner von »Quai des Artistes« auf seiner Jacht servieren. Ein beschauliches Leben. Da kippt man sehr, sehr leicht aus seiner spirituellen Balance.

Mann, ist das kalt draußen. Gegenüber am Hahnenkamm präsentiert sich das rote Kitz schon im Leuchtgewand. Eine einsame Pistenraupe blinkt vor sich hin, noch ist alles friedlich, bevor in einer Woche die Fremden hier einfallen. Vom Lebenberg folge ich dem Pfad hinunter Richtung Pfarrkirche, ich überquere den Friedhof mit seinen schmiedeeisernen Kreuzen, die durch die ewigen Lichter von Allerseelen einen adventroten Schimmer tragen, passiere die Liebfrauenkirche und gehe die Stufen hinab in die Unterstadt in den vorweihnachtlichen Ort hinein. Mit Fellstiefeln an den Füßen und Mütze auf den Ohren hänge ich meinen Gedanken nach. So viele Erinnerungen kleben hier in Kitzbühel. Ich erreiche den Platz vor der »Tenne«. Hier fing alles an. Es war der erste gemeinsame Drehtag, eine Außenszene bei Mitternacht, im Februar bei minus 28 Grad. Himmel, ist das lange her. Doch heute ist es so präsent, dass ich es fast körperlich spüren kann. Ich erinnere mich an die Skidoo-Rennen, bei denen sich TF in seiner gelben Rallye-Jacke für die Dame seines Herzens wie ein Held und Ritter inszenierte. Manchmal glaube ich, dass wir uns aus einem früheren Leben kannten und er mir deshalb so vertraut schien. Wahrscheinlich habe ich ihn deswegen niemals hinterfragt. Ich kaufe mir am Weihnachtsstand vor der Belluna-Bar gegenüber dem Casino einen Punsch und marschiere den Hahnenkammweg hinauf, bis ganz nach oben. Dort steht das Haus einer ehemaligen Freundin, hier war unser Kitzbühel-Zuhause. Es ist dunkel, niemand ist zu Hause. Gott sei Dank. Das fehlte mir noch, dass man mich hier sieht! Ich schüttle die Erinnerungen ab, wie ein Hund das Wasser aus seinem nassen Fell. Das reicht für heute. Ich werde noch meinen guten alten Bekannten, Urbi, den »rasenden Reporter«, auf ein Glas Wein im »Tiefenbrunner« treffen – und dann geht es wieder an den großen Esstisch, der mir hier als Schreibtisch dient.

Wenn wir nicht in Kitzbühel oder Südfrankreich waren, gab es mit Sicherheit in Wien ein paar wichtige Pressetermine, die eine oder andere Party eines Teppichhändlers oder eines Schickimicki-Arztes mit Villa in Bestlage oder Soireen des »Adabei«-Adels in prunkvollen Stadtpalästen, die man – also TF – auf gar keinen Fall verpassen durfte. Nicht zu vergessen die »Pflichtbesuche« von diversen »Clubbings« und »Eröffnungen« – Hauptsache, man wurde gesehen. Der Terminkalender war stets so voll, dass ich in den seltensten Fällen Gelegenheit hatte, alte Freunde zu besuchen oder mit Mitgliedern der buddhistischen Organisation zusammen zu chanten. Ich glaube, in all diesen Jahren nahm ich höchstens fünfmal an Aktivitäten der Soka Gakkai Österreich im Wiener Kulturzentrum teil. Ich ließ meine buddhistische Praxis total schleifen. Da mein heiß geliebtes Salzburg nicht gerade TFs »heiße Liebe« war, blieb ich dort meistens allein und pflegte meinen Freundeskreis, der mich in diesen Jahren sowieso selten zu Gesicht bekam.

Ich habe neulich meine Bücherregale aufgeräumt und dabei auch meine Pressemappen sortiert. Dass die Mappe aus meiner Zeit mit

TF dicker ist als die aus der (doppelt so langen!) Zeit von meinem Ehemann und mir – spricht wohl Bände. Dabei sind die gemeinsamen Filme nicht mitgezählt, denn die haben eigene Ordner.
Wie auch immer. Ich habe mich in der Zeit mit TF tutti kompletti vereinnahmen lassen und meinen Weg mit Buddha so ziemlich vergessen. Und so entsetzlich loyal, wie ich bin, habe ich unbeirrt zu TF gehalten, beruflich wie privat, und bis zur letzten Sekunde daran geglaubt, dass es mir gelingen würde, diesen Mann auf die richtige Spur zu bringen, um gemeinsam etwas Wertvolles zu schaffen.

Tsunami

Wie nicht anders zu erwarten war, krachte dieses oberflächliche Konstrukt von »Spaß-Beziehung« in sich zusammen, als die Zeiten schwierig und stürmisch wurden und ich nicht mehr die Kraft besaß, weder finanziell noch emotional, unser bisheriges Leben am Laufen zu halten. Bis zu einem gewissen Zeitpunkt hatte ich an das Märchen vom Vermögen des Herrn TF geglaubt. Klar, man kann, vor allem in einer Partnerschaft, finanzielle Forderungen mal rückstellen. Aber nicht bis ultimo. Und als ich begreiflicherweise nicht locker ließ, wurde ich ebenfalls »rückgestellt«. In TFs Augen hieß das: »Problem beseitigt«.
Es gibt viele Möglichkeiten, sich von einem Partner zu trennen, im Guten, im Bösen, mit lautem Streit oder leisen Vorwürfen, Türen knallend, kalt, tränenreich oder wie auch immer. Manche schreiben einen Abschiedsbrief, eine E-Mail oder im schlimmsten Fall nur eine SMS. Es gibt aber noch eine Stufe darunter: An einem Vormittag verschwand TF nach dem Screening und der Pressekonferenz zu unserem letzten gemeinsamen Film in Rom einfach spurlos und war fortan über sämtliche Kommunikationsmittel unerreichbar. Diese Show ereignete sich kurz vor Weihnachten. Ganz toll. Bravo! Damit hatte TF wahrlich den Vogel abgeschossen! Ich fiel in eine totale fundamentale Dunkelheit und fand keinen Ausweg aus diesem Labyrinth, diesem Irrgarten aus Verletzung, Nichtverstehen, Wut, Einsamkeit, Ressentiments, der Hoffnung, dass wieder alles gut werden würde, und Zukunftsangst. Immer wieder stand ich vor den gleichen Wänden und blickte in mein Spiegelbild – die Angst,

die ich zum »Honson«, zum Zentrum meines Lebens gemacht hatte. Immer weiter entfernte sich der Gohonson von meinem Herzen. Als hätten sie es gespürt, traten die Mitglieder meiner buddhistischen Organisation wie ein Notarzt-Rettungsteam auf den Plan, ohne dass ich um Hilfe gerufen hatte. Sie erinnerten mich an eines: den »Fallschirm«, den ich immer noch trug! Lieber Himmel, ja! Es war höchste Zeit, die Leine zu ziehen, denn ich befand mich im freien Fall. Endlich machte es Sinn, dass ich ihn all die Jahre bei mir hatte. Die »Rettungsaktion« bestand darin, mich wieder auf meinen buddhistischen Weg zurückzubringen, wieder ganz viel zu chanten. Und die Mitglieder der Organisation waren für mich da, genau in dem Moment, als ich sie brauchte. Sie unterstützten mich tatkräftig – auch ungebeten – und bewahrten mich davor, in meinem karmischen Morast unterzugehen. Ich bekam von ihnen jede Menge Ermutigungen, sie kamen zu mir, chanteten stundenlang mit mir, riefen 20-mal an, um mich an die nächste Versammlung zu erinnern, schickten mir Texte und sogar ganze Bücher von Ikeda. Ich bin unendlich dankbar, dass ich in diesem meinem ganz persönlichen Tsunami daran erinnert wurde, dass es immer einen Weg der Hoffnung und des Sieges gibt. Es war dringend notwendig, mein »Bankkonto« wieder mit Lebenskraft zu füllen und durch Chanten und die tägliche Zeremonie des Gongyo die Schutzfunktionen des Universums wieder zu aktivieren, die sich in den vergangenen Jahren offenbar komplett aus meinem Leben herausgehalten hatten.

Damit Sie das richtig verstehen: Die »Schutzfunktionen« im Buddhismus sind keine Schutzengel im christlichen Sinn, die irgendwo im Himmel herumfliegen. Diesen Job übernehmen ganz normale Menschen in unserem Umfeld. Das bedeutet: Wenn ich chante, aktiviere ich die Schutzfunktion, die anderen Menschen innewohnt, von denen ich dann beschützt werde. Ich selbst kann mir dafür nicht einen bestimmten Menschen aussuchen, sondern das Universum wählt ihn für mich aus, und zwar genau die Person, die zum gegebenen Zeitpunkt am gegebenen Ort am besten für diese Aufgabe geeignet ist. Mein Job ist es, die »universellen Schutzfunktionen«

mit meinen Gebeten zu unterstützen, und zwar mit großer Entschlossenheit und ohne Zweifel, ansonsten gewinnen die negativen Kräfte im täglichen Konflikt »Buddha gegen teuflische Funktionen« wieder die Oberhand. Oft beginnt dann ein Tag schon mit zehn linken Füßen und es ist weit und breit keine »Schutzfunktion« zu erspähen. Es liegt also an unserer persönlichen Einstellung, dies zu ändern. Verpassen wir der Negativität in unserem Leben den K.-o.-Schlag! Das ist die Strategie des Lotos-Sutra.

Also chantete ich in diesem nie enden wollenden Winter gemeinsam mit den Mitgliedern der Soka Gakkai aus Salzburg und Wien, entschlossen, energisch, verzweifelt. Und ich erwartete positiven Nutzen, sofort, wenigstens »zum Trost« eine Filmrolle. Doch es tat sich gar nichts – im Gegenteil, es wurde immer schlimmer. Tag für Tag erfuhr ich neue widerliche Tatsachen, die sogar die schönen Momente aus der vergangenen Beziehung radikal vernichteten, bis nichts mehr blieb als ein Haufen grauer Asche. Immerhin hatte es die beste Freundin von allen und persönliche PR-Frau geschafft, den Ball in den Medien einigermaßen flach zu halten, und mir somit einen vorprogrammierten »Rosenkrieg« erspart. Apropos Freunde: Die paar, die ich habe, waren da, sie waren in jener Zeit beständig an meiner Seite. Sie waren die »Schutzfunktionen«, mein »positiver Nutzen«: wertvolle Menschen, die mich daran erinnerten, worum es im Leben wirklich geht, nämlich um Loyalität, Zusammenhalt, Respekt und Empathie. All diese Dinge hatte ich bei meinem Partner vermisst. »Wie kannst du so etwas wie Empathie von jemandem erwarten, der nicht einmal weiß, wie man das buchstabiert, der das Gewissen eines Turnschuhs und die emotionale Intelligenz eines Plastik-Dinos besitzt?«, bemerkte meine langjährige Salzburger Freundin A., meine Frau »Doppeldoktor«, sehr scharfsinnig. A., dieser liebe, hingebungsvolle, witzige und intelligente Mensch, war Tag und Nacht für mich da, obwohl sie selbst zu dieser Zeit eine ziemlich eklige Borderline-Beziehung verarbeiten musste. MM traf sich mit mir, so oft es ihr knallvoller Terminkalender zuließ. Merkwürdigerweise hatte sie jedoch nur mittags oder abends für mich Zeit und bestellte mich stets zu ihrem Lieblingsitaliener »Prosecco«. Ich konnte mich des Eindrucks nicht erwehren, dass MM sicherstellen wollte, dass ich in jenen düsteren Zeiten etwas aß. Wie süß! Auch mein Freund J., der als Arzt zwar eher für nachlassende Schönheit denn für lädierte Seelen zuständig war, lud mich immer wieder nach Feierabend in seine Praxis ein, hörte mir geduldig stundenlang zu und ermutigte mich auf sehr profunde Weise. J. wurde in diesen Monaten zu meinem ganz privaten Seelenklempner.

Es ist schon erstaunlich: Menschen stehen schützend hinter uns, das Leben könnte sofort neu beginnen, aber wir halten krampfhaft und wider besseres Wissen an alten Mustern fest. Die Freunde geben jegliche Unterstützung auf dem Weg. Der Informationsfluss ist lückenlos und zeigt uns die Wahrheit über unseren Expartner, sodass wir uns vor Ekel schütteln. Und was tut man? Man kann nicht loslassen. Ich chantete doch tatsächlich dafür, dass alles wieder in Ordnung kommen möge. Etwas hielt mich fest, wie beim Stockholm-Syndrom. Heute sehe ich das glasklar: Ich war über eine viel zu lange Zeit so etwas wie eine »Geisel«, ein »Privateigentum« gewesen, abgetrennt von meinem eigenen Ich, der »wahren Natur« meines Lebens. »Beute-Österreicherin« nannte TF mich in der Öffentlichkeit gerne. Mir war nie in den Sinn gekommen, dass das sehr persönlich und ohne Scherz gemeint war. Nun hatte ich ganz einfach Angst, wieder ich selbst zu sein und die Verantwortung für mein Leben zu übernehmen. »Verantwortung« – mein karmisches Thema, meine große, fette Lern-Aufgabe. Doch Aufgaben haben die besonders ausgeprägte Eigenschaft, dass man sich gern vor ihnen drückt. Die Tsunamiwelle hatte mein bisheriges Leben weggespült. Und was tat ich? Ich stand am Strand und suchte die Trümmer zusammen. Warum wollte ich die Welt der Illusion nicht verlassen? Warum fehlte es mir an Entschlossenheit, mich von den destruktiven Kräften zu verabschieden? Weil ich sie immer noch nicht erkannt hatte! Das war der springende Punkt. Folglich blieb ich nach der offiziellen Trennung mit TF in »good-speaking terms«, schließlich wohnten wir in gewisser Weise ja auch noch zusammen.

Und noch immer verschloss ich die Augen vor der Wahrheit, vor der Erkenntnis, dass der Weg mit TF nicht mein Weg war und mich nur noch tiefer in die fundamentale Dunkelheit der Welt der Hölle ziehen würde. Die teuflischen Funktionen pusteten mir weiterhin Sand in die Augen, übertönten die warnende Stimme in meinem Ohr mit lauter Partymusik und hinderten mich so daran loszulassen. Immerhin gab es auf meine Gebete schon bald konkrete Antworten vom Universum. Es war nicht unbedingt das, was ich mir gewünscht hatte, aber rückblickend betrachtet genau das Richtige im richtigen Augenblick, um nachhaltiges Glück in meinem Leben zu schaffen. Und nur darum geht's. Alles andere ist irrelevant.

Der erste positive Nutzen stellte sich ein, als mein Theaterfreund R., der auf die Schnelle ein Stück für mich geschrieben hatte, mich mit den Worten »Komm sofort her. Du musst raus aus deinem Schlamassel und wir brauchen dich hier!« für ein paar Monate nach Düsseldorf holte. Die neue Aufgabe brachte eine Menge Lebensfreude mit sich. Eine gigantische Schutzfunktion! Überdies befand ich mich aufgrund dieses Engagements zur richtigen Zeit am richtigen Ort (in der Nähe meines Elternhauses), um für das Glück eines anderen Menschen da zu sein, dem es wichtig war, sich von mir verabschieden zu können: meine Mutter. In der Folge wurde ich wiederum selbst zu einer »Schutzfunktion«, indem ich in einer schwierigen Zeit für meinen Vater da sein konnte.

Der zweite Nutzen bestand aus einer Tür, die aufging, als die andere in meinem Leben sich schloss: Eine meiner liebsten Freundinnen, MC, eine Komplizin und Gefährtin aus der guten alten Zeit, war mir vor vielen Jahren irgendwo auf dem Weg durchs Leben abhandengekommen. Zufällig geriet der *Bunte*-Artikel über meine Trennung in ihre Hände und sie spürte mich auf. Sie wollte Trost spenden, eine Hand reichen und falls nötig eine Schulter zum Ausheulen bieten. Hallo, »Schutzfunktion«! Überglücklich über das Wiedersehen erneuerten und vertieften wir unsere Freundschaft. Und da MC, welch wunderbare Fügung, in Südfrankreich unweit von Cap Ferrat wohnt, half sie mir beim Umzug und bot mir eine leer stehende Wohnung in ihrem Haus an. Auch das hat mich sehr glücklich gemacht. Und endlich – zumindest räumlich – von TF befreit. Den Wohnungsschlüssel haben wir, nachdem wir eine Flasche Champagner geleert hatten, mitsamt der Flasche im Meer versenkt. »Rückkehr ausgeschlossen.« Sollte irgendjemand einmal einer Flasche mit einem Schlüssel begegnen, dürfen Sie beides gern behalten! Sie haben gesehen: Man bekommt etwas anderes als dass, was man sich wünscht, doch Sie können fest darauf vertrauen, dass stets die beste Lösung eintritt, auch wenn man das manchmal erst Jahre später begreift.

Mein persönlicher Tsunami war damit allerdings noch nicht vorbei, im Gegenteil. Die erste Welle war nichts verglichen mit der, die noch folgen sollte. Ich redete mir ein, dass es besser sei, TF trotz aller Verletzungen »buddhistisch weise« mit Mitgefühl zu behandeln und keine Hass- und Rachegefühle zu hegen. Ich traf ihn dann und wann. Und obwohl ich längst wusste, dass er das Blaue vom Himmel herunterlog, konnte ich nicht loslassen. Ich kannte mich selbst nicht mehr. Es war Sommer und ich fuhr wie jedes Jahr nach Trets, um an einem Kurs der österreichischen Soka Gakkai teilzunehmen. Ich chantete, kämpfte mit mir, führte Gespräche. Ich suchte Halt und Ermutigung. »Dieser Mann ist wie ein Virus, der sich nicht bekämpfen lässt, wie ein Teufel, der mein Leben vergiftet hat, der meine Lebenskraft raubt und mir in jeder Minute meines Daseins das Atmen erschwert«, fasste ich zusammen.

»Du bist tatsächlich in einem sehr niedrigen Lebenszustand«, sagte eine der hauptverantwortlichen Leiterinnen mitfühlend zu mir. Und ich fühlte mich so richtig schön bedauert. Aber dann bekam ich gleich eins aufs Dach: »Du suchst wieder einmal die Ursachen außerhalb deiner Selbst. So kann das nichts werden, so kommst du nie auf einen grünen Zweig! Und hör auf mit deinen ›Strategien‹ von wegen ›Mitgefühl‹ und so. Setze auf die Strategie des Lotos-Sutra, darauf, dass du auf jeden Fall glücklich werden wirst. Denn das ist der Zustand des Buddha und den trägst du in dir. Dafür musst du chanten. Für nichts anderes!«

»Ich weiß es ja. Doch es ist so schwer!«
»Du lässt dich von den Hindernissen besiegen!«, schaltete sich S., die Salzburger Frauenverantwortliche, ein. ›Schwierigkeiten sind für den Schwachen eine geschlossene Tür‹, sagt Nichiren Daishonin. Der Starke besitzt die Fähigkeit, diese Tür zu öffnen, um seine ›menschliche Revolution‹ voranzutreiben!«
»Ihr seid lieb, aber ich muss erst einmal wieder klar denken können«, entgegnete ich ein bisschen kleinlaut, »ich weiß, dass ich die falschen Entscheidungen getroffen habe.«
S. brummelte etwas auf Japanisch, was so viel wie »papperlapapp« bedeuten sollte, und fügte lächelnd hinzu: »Die Weisheit des Dummen ist nach der Tat.«
Mannmannmann. Sie hielten mir den Spiegel vor. Und sogar in Trets versuchte ich mich herauszureden. Die destruktiven Kräfte hatten mich immer noch ganz schön am Wickel. Liebe Leserinnen, kommen Sie mir jetzt bitte nicht mit Sprüchen wie »Ja, wir Frauen lieben eben zu sehr«. Ich kann Ihnen versichern, das war nicht mein Problem. Echte Liebe kann man nur für einen Menschen empfinden, dem man auf Augenhöhe begegnen kann. Und Liebe ist Verantwortung eines »Ich« für ein »Du«. Das trifft in meinem Fall nun wirklich nicht zu. Was also war das Problem? Ich sagte es schon, eine karmische Aufgabe, die ich zum damaligen Zeitpunkt noch nicht wirklich verinnerlicht hatte. Ich wollte mein persönliches Glück in einer ganz bestimmte Art und Weise erleben, und dafür chantete ich. Ich wollte die Zeit zurückdrehen und mein Leben wiederhaben, so, wie es einmal war. Obwohl ich tief in meinem Inneren wusste, dass ich nicht wirklich glücklich gewesen war. Musste es denn noch dicker kommen, damit ich es endlich kapierte? Ja, es kam noch dicker!
Ich hatte für die Erfüllung meines Wunsches gechantet und damit Ursachen gesetzt, die zu Wirkungen führten, die aufgrund ihres Schmerzpotenzials eigentlich via Amnesty International verboten gehörten. Wie bestellt, trat das Worst-Case-Szenario ein: Die Wiederbegegnung mit dem »Ex« in Begleitung seiner – angeblich nicht

existenten – neuen Gefährtin, die einst gemeinsame Freundin und reiche Partyprinzessin aus Monaco. Er hatte es also geschafft. Applaus! Er war dort angekommen, wo er immer hinwollte. Der ganze »Spaß« fand natürlich in aller Öffentlichkeit statt, vor laufenden Kameras und der neugierigen Fotografenmeute.

Ich hatte den ganzen Vormittag gechantet – und diesmal wirklich nur für Weisheit und richtiges Handeln, dafür, dass ich mir nichts sehnlicher wünschte als ein Beispiel dafür zu sein, dass man alle Schwierigkeiten überwinden und auch aus der ausweglosesten Situation als Sieger hervorgehen kann. Eingehüllt in den schützenden Mantel von *Nam Myoho Renge Kyo* betrat ich an diesem schicksalsschweren Abend in der Wiener Hofburg den roten Teppich. Strahlend, weitaus strahlender als ein sündhaft teures lotosblumenweißes Kleid und zwei Stunden Maske und Friseur es allein vermocht hätten. Ein Bodhisattva auf dem roten Teppich …

Der Moment der Begegnung legte in mir einen Schalter um. TF selbst warf den Scheinwerfer an, indem er nach mehreren Jahren privater Zweisamkeit und zwölf gemeinsam gedrehten Filmen so tat, als wäre er mir nie begegnet. Damit tauchte er die Dunkelheit meines Irrgartens und sich selbst auf einmal in gleißendes Licht. Schlagartig wurde mir in diesem Moment alles klar: Meine eigenen destruktiven Kräfte hatten mich diesem Menschen in die Arme getrieben und mich dieses lebenszeitvergeudende, oberflächliche Leben wählen lassen, um mich von meinem eigentlichen Weg abzubringen. Und ich ließ es geschehen. In dieser Sekunde meines Lebens sah ich zum allererstem Mal das wahre Gesicht dieses Mannes, den ich – was für ein entsetzlicher Gedanke – zum »Honson«, zum Mittelpunkt meines Lebens gemacht hatte. Ich sah einen Menschen, dem zentrale Begriffe des menschlichen Miteinanders wie Respekt, Toleranz, Verantwortung, Treue und Empathie fremd waren und dem es an der Fähigkeit mangelte, sich Problemen zu stellen und mit Schmerz, Tränen, Trauer und Schwierigkeiten umzugehen. Ein Mitglied jener Spaßgesellschaft, in der Alkohol in Strömen fließt und in der es das ganze Jahr über schneit. Ein Wesen, gefangen in der Welt der fundamentalen Dunkelheit, in die ich mich verloren hatte. Au. Das war eine unsanfte Landung, diese Erkenntnis. Aber ich hatte ja meinen »Fallschirm«. Und hab's somit überlebt. Von nun an würde sich alles ändern. In all den Jahren, in denen mich meine persönlichen teuflischen Funktionen unsichtbar gefangen hielten, hatte ich ohne Sinn und Ziel gechantet, Hunderttausende Gebete waren ins Leere gegangen. Richtiges Chanten, darüber hatten wir oft in Trets gesprochen. Offenbar hatte ich es niemals wirklich verstanden. Wie eine ängstliche Maus saß ich im vergangenen Jahr vor dem Gohonson, gefangen in meiner ganz persönlichen Hölle. Ich hatte schlichtweg vergessen, dass ich ein Bodhisattva bin. Bis zum Hals im Schlamm, hatte ich vergessen, dass ich ihn annehmen muss, diesen Schlamm, um wie eine Lotosblume blühen zu können. Tatsächlich gelang es mir, wenn auch unter gewaltiger Kraftanstrengung, diesen ganzen langen Abend in Wien ein strahlender Bodhisattva zu sein. Das belegen unzählige nicht retuschierte Fotos, denen ich selbst kaum glauben kann.

Doch wie es das Universelle Gesetz so will: In dem Moment, in dem wir unsere »menschliche Revolution« vorantreiben, den Buddha in uns wecken, werden die teuflischen Funktionen erst recht wach! Die Reaktion folgte auf dem Fuß – in Form einer abscheulichen Pressekampagne, losgetreten von – na, wem wohl?

Eine Lawine von Gehässigkeit überrollte mich und überschüttete den Markt der Medien mit bösartigen Verleumdungen im Stile von »Der tiefe Fall der Anja Kruse, Haus weg, Mann weg, keine Jobs mehr, pleite« und so weiter und so fort … Schmutziger geht's nicht. Am schlimmsten waren diese Chatforen im Internet, wo ich in einer Art und Weise mit Dreck beschmissen wurde, die man sich nicht einmal in den kühnsten Träumen ausmalen kann. Was sind das für Zeiten, in denen wir leben? In denen das Internet den Marktplatz, auf dem einst die Guillotine stand und die Masse grölend den Hinrichtungen beiwohnte, fast nahtlos ersetzt hat? Heutzutage weidet man sich an der öffentlichen Demontage eines Menschen, besonders, wenn dieser in einer Position ist, die man selbst wahrscheinlich niemals erreichen wird. Ein Klick auf »Registriere dich kostenlos auf Dingsbums.de und vote für deinen Star, egal ob als Freund oder Feind« – und man ist dabei. Anonym, selbstverständlich! Was sind das für Menschen, die so etwas tun? Wie sehr müssen sie in ihrer kleinen Welt der Hölle festhängen. Diese Angriffe und Verleumdungen taten am meisten weh. Und diese ganze Pressekampagne hat mehr Schaden angerichtet als sämtliche Fehlplanungen in meinem Leben zusammengenommen. Ich musste mich selbstverständlich wehren und wurde dabei Gott sei Dank von einem Münchner Anwalt, einem Experten in Sachen »Verleumdungsmaschinerie«, unterstützt, der in diesem Moment für mich ganz konkret zu einer »Schutzfunktion« wurde.

Eine Rechtsanwaltskanzlei ist ein ungewöhnlicher Ort, um sich über seine Aufgabe als Bodhisattva klar zu werden. Zwischen Papierbergen von eidesstattlichen Erklärungen, Pressestatements und strafbewehrter Unterlassungserklärung begriff ich meine Situation als Chance. Zum einen anhand meiner Erfahrung, meine Entwicklung als »Ausübender des Lotos-Sutra« zu zeigen – und zwar öffentlich. Wahrscheinlich ist das mein ganz persönlicher Weg und meine Aufgabe in diesem Leben. Zum Zweiten war es der Zeitpunkt, den Löwen in mir wiederzuwecken und die ängstliche Maus in den Keller zu schicken, wo sie hoffentlich von der Katze gefressen wird – und zum Dritten, angesichts dieser Krise in meinem Leben, einen Riesenbeweis zur Karma-Überwindung mit mir selbst als »Testimonial« anzutreten.

Apropos Krise: Eine Information würde ich gerne mit Ihnen teilen, denn ich finde das total auf den Punkt gebracht: In der japanischen Sprache besteht das Wort »Krise« aus zwei Schriftzeichen. Das erste bedeutet »Gefahr«, das zweite »günstige Gelegenheit«. Besser kann man es nicht ausdrücken: Das Leben, das uns zu Veränderungen zwingt, da wir der »Gefahr« entkommen müssen, trägt in sich die Chance auf Verbesserung! »In jedem Ende liegt ein neuer Anfang«, sagt ein spanischer Philosoph, wahrscheinlich Konfuzius zitierend. Ich habe einen neuen Anfang gemacht und werde aufgrund meiner

Erfahrung niemals wieder »den gleichen Salat auf einem anderen Teller« serviert bekommen, das heißt: karmisches Thema abgebaut! Letzteres ist ein Paradebeispiel für »Gift in Medizin verwandeln«: Ich erkenne meine Schwierigkeiten und Hindernisse beziehungsweise meine karmischen Themen, laufe nicht vor ihnen davon, sondern packe sie am Wickel, funktioniere sie um und nutze sie als positive Treibkraft für mein weiteres Leben. Mit Brachialgewalt hat das Gesetz des Universums mir das mittels meiner ganz persönlichen Erfahrung ins Hirn gehämmert. Ich hätte mir diese Erfahrung liebend gern erspart. Aber es ging wohl nicht anders.

Jeder Winter wird zum Frühling

»Das ist dein Jahr«, hatte die beste Freundin von allen im vergangenen Sommer gesagt. Eine kleine Ewigkeit ist seitdem vergangen. Und? War es mein Jahr?, frage ich mich jetzt, im Januar des neuen, jungen Jahres, sechs Monate später und um gefühlte 200 Seiten weiter in diesem Buch. Sicher nicht im Sinne von beruflichen Höhenflügen, warmen Finanzduschen oder dem Rausch einer neuen Liebe, denn das sind alles Dinge der Welt der vorübergehenden Freude. Viel zu lange habe ich mein Glück darüber definiert und mich von äußeren Umständen abhängig gemacht. Und gerade deswegen sage ich: Ja, es war mein Jahr, denn ich habe mir mein Leben zurückgeholt und habe endlich gelernt, es wirklich wertzuschätzen. Man darf sich nicht allein auf die Anerkennung durch andere Menschen verlassen. Darum geht es nicht. Dieser Illusion bin ich jahrelang hinterhergelaufen. Inzwischen habe ich mich endgültig von den Fesseln meiner eigenen Negativität und den destruktiven Kräften befreit. Ich habe erkannt, dass die Hindernisse, denen ich begegnet bin, gewissermaßen die Antworten auf meine Gebete waren, und zwar von dem Moment an, als ich das erste Mal *Nam Myoho Renge Kyo* ausgesprochen hatte. Dieser Satz hat mir den richtigen Weg gezeigt, der zwar mühsam und beschwerlich war, aber mit dem Resultat, dass ich um vieles reicher bin als zuvor. Ich zweifle nicht mehr an mir und schon gar nicht daran, dass mein Leben einzigartig und wundervoll ist. Weil ich ein Buddha bin. Und meine Mission als Buddha ist, nicht voller Leid durchs Leben zu gehen, sondern glücklich zu sein und dieses Glück mit anderen Menschen zu teilen. »Vertrauen« ist das Schlüsselwort. Wenn wir darauf vertrauen, dass unser Leben wunderbar und einzigartig ist, haben wir gewonnen. Diese fundamentale Erkenntnis hat mein Leben verändert. Weil ich mich verändere, verändert sich auch meine Umgebung, ich nehme sie anders wahr. Und das einzig Beständige ist die Veränderung. Es ist unmöglich, sich dagegen zu wehren. Vermutlich war ich diesbezüglich wohl ein sehr taugliches Fallbeispiel gewesen. Der Moment des Loslassens hat so viel in Bewegung gesetzt – zum einen bekam ich die klare Botschaft: Mache die Bühne wieder zu deiner Heimat. Zum anderen tauchten wertvolle Menschen wieder auf, die in dem Leben, in dem ich mich verlaufen hatte, wie vom Erdboden verschluckt schienen. Warum, ist wohl klar: Wertvolle Menschen mögen keine wertefreien Zonen. Doch inzwischen habe ich neue Ursachen und damit Prioritäten gesetzt. Und schon waren sie da, meine »Schutzfunktionen« in Menschengestalt, die mich seitdem wieder auf meinem Weg durch ein wertvolles Leben begleiten. Sie erschienen im richtigen Moment. Kurz nach MC, die inzwischen meine »französische Familie« ist, kehrte G. in mein Leben zurück, ein Arzt und Philosoph, den ich aus Wiener Zeiten kenne und der inzwischen einer meiner besten Freunde ist, so etwas wie ein Lebenscoach von der »anderen Seite«. Damit will ich sagen, dass es für einen Buddhisten nicht darauf ankommt, sich ausschließlich mit Buddhisten zu umgeben. G. als tiefgläubiger Katholik hat vieles in meinem Leben aus einer anderen Perspektive beleuchtet, was mich wiederum in meinem Weg bestärkt hat, aber auch meinen Sinn für Offenheit und Toleranz geschärft hat. G. kam in dem Augenblick zurück in mein Leben, als – wie das so ist – kurz vor Morgengrauen die Nacht am dunkelsten war. Ein Mensch, der – im Gegensatz zu dem, was vorher war – Toleranz, Liebe, Respekt, Loyalität und Mitgefühl auf zwei Beinen ist. Und nicht nur das. Dieser brillante Geist mit scharfem Verstand und mehreren Hochschuldiplomen, dieser Philosoph und Poet der Sonderklasse erscheint mir nach den

Jahren intellektueller Wüste im Leben von TF wie eine fruchtbare grüne Oase, eine Wohltat für mein völlig verdurstetes Gehirn. Wie sehr hat mir das gefehlt! Tage- oder nächtelang gemütlich im Sofa hängen – ohne TV-Dauerberieselung – über Goethe und Shakespeare philosophieren oder sich über Nietzsche, Heidegger, Oscar Wilde und Simone de Beauvoir die Köpfe heißreden. Was für ein Geschenk, diesen Menschen wiedergefunden zu haben! Eine wundervolle Wirkung auf eine Ursache, da ich nämlich unter anderem dafür gechantet hatte, die Leere in meinem geistigen Leben wieder zu füllen.

Was immer auch geschieht, wir überleben es. Irgendwie. Der große Unterschied in der Akzeptanz von Leid und Schwierigkeiten liegt darin, dass man einen Sinn in allem sieht. Mein Glaube befähigt mich dazu. Das, was hinter mir liegt, was ich erlebt habe, die Menschen, die meinen Weg kreuzten oder auch versucht haben, mich davon anzubringen, sind letztendlich nur Vehikel meines Karmas. Wie ein Auto, das man mir zur Verfügung stellt, um zum Beispiel von Köln nach Hamburg zu fahren. Wenn ich stattdessen in München lande, ist nicht das Auto daran schuld. Verstehen Sie? Doch manchmal muss man sich wohl verirren, um zu erkennen, worauf es im Leben wirklich ankommt. Es geht darum, sich nicht von den Umständen besiegen zu lassen, nicht aufzuhören, an den Sieg zu glauben und daran, dass man mit allen Problemen fertigwird – auch wenn das Ergebnis mitunter anders aussieht, als man es sich vorgestellt hat.

Inzwischen habe ich mein Leben in beide Hände genommen und die Verantwortung dafür übernommen. Das Vergangene hat mir ganz klar meine Muster vor Augen geführt. Und ich bin überzeugt davon, dass ich sie nur mittels meiner buddhistischen Praxis erkennen konnte – indem ich kräftig »umgerührt« habe. Dadurch erhielt ich die Chance, den Teil in mir zu ändern, der die Muster erzeugt hat. Das ist mein Weg mit Buddha: das Auflösen der karmischen Muster. Heute, in diesem Moment, in dem ich die letzten Zeilen schreibe, kann ich sagen: Je weiter ich mich von den alten Mustern entferne, desto mehr Frieden spüre ich in meinem Leben, desto mehr neue Menschen gesellen sich an meine Seite, interessante und wertvolle Menschen, die mit mir neue Wege gehen – beruflich wie privat. Und das stärkt mein Vertrauen. Egal, welchen Glauben Sie praktizieren und leben, Sie sollten immer bei sich selbst anfangen, denn wir sitzen alle im gleichen Boot und tragen Verantwortung füreinander. Indem Sie glücklich werden, machen Sie diese Welt ein bisschen glücklicher und positiver und wir kommen einem dauerhaften Frieden ein Stückchen näher. Auch wenn man nur ein winzig kleines Teilchen ist, darf man nicht davon ausgehen, keine Verantwortung zu haben! Ich hatte in der »Dunkelphase« meines Lebens diese Tatsache trotz »buddhistischer Schulung« ziemlich gründlich vergessen. Deswegen gab es einen Tsunami – um mich daran zu erinnern, wozu ich lebe. Ich bin ganz und gar nicht der Meinung Nietzsches, der behauptet: »Was eigentlich gegen das Leiden empört, ist nicht das Leiden an sich, sondern das Sinnlose des Leidens.« Leid ist durchaus sinnvoll, denn dadurch verschieben sich die Wertigkeiten. Vergessen Sie das nie!

Rainer Maria Rilke schrieb in einem Brief an Friedrich Westhoff im Jahre 1904 die wundervollen Worte:

»Man muss nie verzweifeln, dass etwas verloren geht, ein Mensch oder eine Freude oder ein Glück; es kommt alles noch herrlicher wieder. Was abfallen muss, fällt ab; was zu uns gehört, bleibt uns, denn es geht alles nach Gesetzen vor sich, die größer als unsere Einsicht sind und mit denen wir nur scheinbar im Widerspruch stehen. Man muss in sich selber leben und an das ganze Leben denken, an alle seine Millionen Möglichkeiten, Weiten und Zukünfte, denen gegenüber es nichts Vergangenes und Verlorenes gibt.«[19]

Das bedeutet »Hoffnung« und die tiefe Entschlossenheit, den Glauben an den Sieg über alle Probleme und Hindernisse niemals aufzugeben in dem Wissen, dass das »fundamentale Übel« zwar als negative Funktion in unserem Leben besteht, dass wir es aber sehr wohl bekämpfen können, wenn wir die Zügel nicht schleifen lassen, sondern stets dem Regenbogen in unserem Herzen folgen. Und

auch wenn wir einmal vom Weg abkommen, gibt es stets einen Neubeginn. Jeden Tag. Jetzt. Von heute an. Wir müssen es nur von Herzen wollen. Nur wir selbst schreiben das Textbuch unseres Lebens. Anders als in manchen Bereichen der schreibenden Zunft gibt es keinen »Ghostwriter«. Delegieren geht hier nicht, Davonlaufen auch nicht.
Im Juli letzten Jahres bekam ich die Chance, mich öffentlich zu diesem Thema zu äußern. In der Talkshow ging es primär um »Wertelosigkeit«, »Moralbegriffe« und »Verantwortung dem Leben gegenüber«, – im Hinblick auf Dieter Wedels Politthriller *Das Vermögen des Herrn Süß*, in dem ich zu dieser Zeit in Worms auf der Bühne stand. Da ich sehr schnell erkannt hatte, dass mir mit diesem Stück ein Teil meines vergangenen Lebens begegnete, ging auch mein Gespräch mit der Moderatorin Bettina Böttinger in eine recht persönliche Richtung des Glaubens und der Lebensphilosophie. Da ich in der Sendung sehr viel Wertschätzung erfuhr, gewann ich das Vertrauen, aus der Rolle, die ich in dem Stück spielte, Parallelen zu meiner Person zu ziehen, zum ersten Mal öffentlich über den »Werteverfall« in meinem eigenen Leben zu sprechen und den schwierigen Weg aus der Krise zu schildern. Zu der Gesprächsrunde gehörte auch ein Mann, ein Beerdigungsunternehmer, dessen Leben aufgrund einer Krebserkrankung bald enden würde. Es berührte mich zutiefst, mit welch positiver Einstellung dieser (christliche) Mensch mit seinem Schicksal umging. Es ließ meine eigene Geschichte für mich klein, ja beinahe unbedeutend erscheinen.
Mir wurde wieder einmal deutlich, dass es letztendlich nur um eines geht: um unseren Lebenszustand. Ihn zu erhöhen ist unsere Hauptaufgabe. Das gilt auch in der Stunde unseres Todes, denn es ist sehr wohl von Bedeutung, mit welchem Lebenszustand wir uns aus unserer Existenz »verabschieden«. Klar, unser Verstand und unser Herz weigern sich, in dieser Lebensphase das Wort »glücklich« anzunehmen. Das ist ganz natürlich. Doch im Zustand des Buddha kann man selbst in Krankheit und Tod über ein erfülltes Leben glücklich sein, ohne Angst vor der »Nachtruhe« danach. Ich konnte

diesen hohen Lebenszustand bei einem Freund von mir beobachten: Je mehr die Krankheit seinen inneren Körper zerstörte, desto mehr blühte er äußerlich auf. In den letzten Wochen seines Lebens war er so attraktiv wir nie zuvor.

Mit dem tiefen Wunsch, aufgrund meiner buddhistischen Lebenserfahrung andere Menschen zu ermutigen, fuhr ich nach dieser Talkshow, dem *Kölner Treff*, am 13. Juli letzten Jahres zurück in mein Wormser Domizil. Es war die Initialzündung für dieses Buch. Die letzten Monate haben aus mir einen Eremiten gemacht. Ich habe mich völlig dem Schreiben überlassen. Chanten und schreiben. Meinem Lebenszustand hat das anscheinend gutgetan, denn außerhalb meiner »Schreibwerkstätte« befindet man, ich sähe aus wie »frisch aus dem Urlaub«. Der stets neugierige Kollege in unserem Münchner Theaterensemble bemerkte kürzlich bei den Proben: »Sag mal, die Anja ist aber gut drauf!«, und löcherte meine Wiener Freundin und Kollegin mit Fragen nach einem neuen Freund. Denn einen anderen Grund kann er sich natürlich nicht vorstellen ...

Eine Verkettung von Ursachen, von denen einige um Jahre zurückliegen, hat dazu geführt, dass ich dieses Buch geschrieben habe. Wahrscheinlich, weil es so sein musste. Aufgrund eines verschobenen Filmprojekts habe ich dafür auch genau das notwendige Zeitfenster vom Universum bekommen. Vielleicht, weil nur ein einziger Mensch diese Zeilen dringend braucht. Mein Handeln ist also für diesen Menschen wichtig. Buddhismus ist Handlung, für sich selbst und für andere. Dazu braucht man ein klares Ziel und die Entschlossenheit, glücklich zu werden und Glück zu schaffen. Doch zuerst muss man bei sich selbst anfangen. Das ist wie mit den quietschgelben Sauerstoffmasken im Flugzeug, die man auch erst selbst aufsetzen muss, um dann anderen, die das vielleicht nicht allein können, zu helfen. Umgekehrt macht das wenig Sinn, da würde uns nämlich vorher die Luft ausgehen. Auf unser Leben bezogen bedeutet das, erst den eigenen Lebenszustand zu erhöhen, also unabhängig von den Umständen Zufriedenheit und Glück im eigenen Leben zu schaffen und dann andere zu ermutigen und zu unterstützen, in welcher Form auch immer. Nur so werden wir ein erfülltes Leben haben. Mein Weg ist der lebensnahe Buddhismus von Nichiren Daishonin und das Chanten von *Nam Myoho Renge Kyo*. Damit fand ich meinen ganz persönlichen Zugang zu den Mysterien des Universums. Religion muss anwendbar sein, finde ich, in jeder Lebenslage und Krise, nicht nur hinter Kloster- und Tempelmauern oder auf Tatami-Matten, sondern auch auf der Straße, am Arbeitsplatz, in der Schule, im Theater, am Filmset oder meinetwegen auch in der ärgsten Spielhölle.

Ich möchte Sie ermutigen – welchen Weg auch immer Sie wählen –, achtsam zu sein, Verantwortung zu übernehmen und Empathie in Ihrem Leben hervorzubringen. Und sich nicht von den Umständen abhängig zu machen. Wir sollten damit aufhören, uns Strategien zurechtzubasteln, wie wir das Meer des Lebens durchqueren können, ohne nass zu werden. Weg mit den Luftschlössern der Illusionen! Um es mit Goethe zu sagen: »Ich möchte die Umstände bestimmen und mich nicht von ihnen bestimmen lassen.« Auch hier könnte man meinen, Goethe habe das Lotos-Sutra gründlich studiert. Dort steht nämlich ganz klar: »Man soll Meister seines Herzens werden und nicht sich von seinem Herzen meistern lassen.«

Ziehen Sie keine Schlüsse aufgrund der Realität der Ereignisse, denn letztendlich geht es nicht darum. Wir dürfen eins nicht vergessen: Jede Krise ist eine Chance und je höher unser Lebenszustand ist, desto besser werden wir mit dieser Krise fertig und können einen positiven Nutzen daraus ziehen. Bleiben Sie nicht in der Hoffnungslosigkeit stecken. Gehen Sie einfach weiter, Schritt für Schritt. Aber denken Sie daran: Hoffnung ist nicht die Überzeugung, dass alles gut ausgeht, sondern dass es Sinn macht, egal, wie es ausgeht. Entscheiden wir uns, glücklich zu werden, wie miserabel unsere Situation auch sein mag! Es lohnt sich, dafür zu kämpfen. Alles ist möglich. Denn selbst wenn wir in Problemen ersticken und die Dunkelheit um uns herum endlos erscheint – eines sollten wir niemals vergessen: dass jeder Winter eines Tages zum Frühling wird. Kein Winter dauert ewig. Der Frühling kommt. Unweigerlich. Und garantiert! Das muss man nicht bloß glauben. Man sieht es jedes Jahr aufs Neue in der Natur! Dazu abschließend ein relativ junges Gedicht aus meinen »poetischen Werken« zum Thema Hoffnung:

Jeder Winter wird zum Frühling

Jeder Winter wird zum Frühling,
Jede Nacht hat mal ein End'.
Sei willkommen, junger Morgen,
Hoffnungsträger einer neuen Welt.
Im End' ist stets der Anfang inbegriffen,
In scheinbar toter Erde schläft der Keim
Für neue Sommerblütenpracht,
Und jede Nacht
Ist stets am dunkelsten,
Bevor der Tag erwacht.
In jedem Tode liegt ein neues Leben,
Startbereit,
Dem Zeitenkreislauf hingegeben.
Weckt doch jeder Morgendämm'rungsschimmer
Warmer Frühlingssonne Strahlen Kraft,
Und Saft des neuen Lebens
Entfaltet Blüten, Knospen, Blätter,
Menschenseelen,
Voller Hoffnung
In des Frühlings neues Leben.

Dank

Ich möchte dieses Buch all jenen wertvollen Menschen widmen, die in guten Zeiten mit mir gelacht, aber gerade auch in schlechten Zeiten an meiner Seite geblieben sind und mich unterstützt haben: Jean-Louis Daniel, Angelica Haidbaur, René Heinersdorff, Leandros Karger, Dagmar Konsalik, Marie-Claire Metz, Marlies Muhr, Joshua Sinclair, Monika Studer, Josef Thurner, Familie Tostmann, Silvija Wagner, Wolfram Winkler, Birgitt Wolff, den Mitgliedern der Soka Gakkai Österreich – und last but not least: meinem einfach wundervollen Vater.

Anmerkungen & Quellen

1. Rezitation eines buddhistischen Mantras.

2. Das Lotos-Sutra ist Shakyamuni Buddhas allerletzte Lehre, in der die Lotosblüte das Prinzip von Ursache und Wirkung verkörpert (der Schlamm, in dem die Lotospflanze wächst, befähigt sie, eine wunderschöne Blüte hervorzubringen).

3. Thorwald Dethlefsen, *Schicksal als Chance. Esoterische Psychologie – das Urwissen zur Vollkommenheit des Menschen.* © 1979 C. Bertelsmann Verlag, München, in der Verlagsgruppe Randomhouse GmbH.

4. Taizé ist ein Ort in Burgund in der Nähe von Cluny, wo Pater Roger Schütz eine ökumenische Gemeinde aufgebaut hat, in der jedes Jahr europäische Jugendtreffen stattfinden. Dort wird - konfessionsübergreifend - gebetet und es gibt einen Austausch über Glauben und Kultur - zum Zwecke der Versöhnung der Christen in Europa.

5. Kants kategorischer Imperativ lautet: »Handle so, dass die Maxime deines Willens jederzeit zugleich als Prinzip einer allgemeinen Gesetzgebung gelten könne.«

6. Der Buddhazustand ist der höchste Lebenszustand, in dem man dauerhaft und bedingungslos glücklich ist (siehe Kapitel 6: *Die Zehn Welten*).

7. Daimoku bezeichnet das mehrfache Rezitieren der Worte *Nam Myoho Renge Kyo* in beliebiger Wiederholung.

8. Tina Turner/Kurt Loder: *Ich, Tina – Mein Leben* © 1987 Wilhelm Goldmann Verlag, München, in der Verlagsgruppe Randomhouse GmbH.

9. Edith Stein, auch bekannt unter ihrem Ordensnamen Teresia Benedicta vom Kreuz, war eine deutsche Phliosophion, Nonne und Märyrin der katholischen Kirche. Sie war ursprünglich Jüdin, nahm aber als junge Frau den christlichen Glauben an und trat in den Karmeliterorden ein. 1942 wurde sie im KZ Birkenau ermordet. Ihre philosophischen Schriften befassen sich hauptsächlich mit dem Thema Einfühlung (Empathie).

10. Adabei = Wienerisch für »auch dabei« - meist C-Promis und darunter.

11. Friedrich Schiller, *Kabale und Liebe*, IV, 7. Szene

12. Kosen-rufu ist ein zentrales Thema im Nichiren-Buddhismus und bedeutet »erklären, das Gesetz verbreiten«. Das bedeutet unter anderem, andere zu lehren, wie man Nam Myoho Renge Kyo chantet oder ihnen die buddhistische Grundsätze nahezubringen und zwar mit dem Zweck, die betreffenden Menschen zu ihrem Glück zu führen, was letztendlich mit »Weltfrieden« gleichgesetzt werden kann.

13. Richard Causton: *Der Buddha des Alltags. Einführung in den Buddhismus Nichiren Daishonins.* © 1998 Soka Gakkai International Deutschland SGID

14. Nichiren Daishonin, *Über die Verwirklichung der Buddhaschaft in diesem Leben,* © 2007 Soka Gakkai Internationale Deutschland SGID.

15. William Shakespeare, *Wie es euch gefällt*, II, 7. Szene

16. William Shakespeare, *Macbeth*, V, 5. Szene

17. Aus der Rede von Daisaku Ikeda anlässlich seines ersten Besuches im europäischen buddhistischen Trainingszentrum der Soka Gakkai in Trets, Südfrankreich am 14.6.1981.

18. © Lindy Leitner, ein echter Salzburger

19. Rainer Maria Rilke, *An Friedrich Westhoff*, 29. April 1904

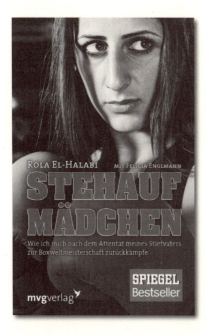

208 Seiten
Preis: 17,99 € (D)
ISBN 978-3-86882-277-9

Rola El Halabi
Felicia Englmann

STEHAUF-MÄDCHEN

Wie ich mich nach dem Attentat meines Stiefvaters zur Boxweltmeisterschaft zurückkämpfe

Am 1. April 2011 sitzt Rola El-Halabi in ihrer Umkleide, um sich auf den Weltmeisterschafts-Titelkampf an diesem Abend vorzubereiten. Plötzlich kommt es vor der Türe zu Tumulten, Schüsse fallen, und ihr Stiefvater und Manager Roy El-Halabi stürmt mit vorgehaltener Pistole herein.

Dann schießt er auf Rola, aus wenigen Metern Entfernung. Der erste Schuss trifft ihre rechte Hand, ihre Schlaghand. Die nachfolgenden drei Schüsse treffen ihren linken Fuß, ihr linkes Knie und ihren rechten Fuß.

Ihr Traum ist es, wieder um den Weltmeistertitel zu boxen. Und egal, wie dieser Kampf dann ausgeht – sie wird als Siegerin daraus hervorgehen. Das Buch ist mehr als nur eine tragische Geschichte. Es bietet einen Blick hinter die Kulissen des Boxsports und einer vermeintlich liberalen arabischen Familie in Deutschland.

192 Seiten
Preis: 17,99 € (D)
ISBN 978-3-86882-268-7

Natascha Ochsenknecht
AUGEN ZU UND DURCH
Die Geschichte meiner Familie jenseits des roten Teppichs

Man könnte meinen, dass bei den Prominenten das Leben irgendwie einfacher ist. Sie müssen sich um Geld keine Sorgen machen, der Alltag besteht aus Partys und Wohltätigkeitsveranstaltungen und die Familien funktionieren von ganz alleine. Könnte man meinen.

Die Wirklichkeit sieht aber etwas anders aus. Natascha Ochsenknecht erzählt offen und ungeschminkt ihre Geschichte und die ihrer Familie, die – so verrückt sie auch in der Öffentlichkeit erscheinen mag – noch viel mehr zu bieten hat als außergewöhnliche Vornamen und Auftritte auf dem roten Teppich. Natascha Ochsenknecht erzählt entwaffnend offen von ihrem Leben in der Glamourwelt und Phasen tiefer Depression, von der großen Liebe, großer Enttäuschung und einer Wunschfamilie, die gemeinsam unglaubliche Krisen meistert und am Ende dennoch zerbricht. Vor allem aber erzählt sie davon, wie sich ein Leben an der Seite eines bekannten Schauspielers anfühlt, wie man sich nach einer schmerzhaften Trennung neu orientiert und wie man ein neues Leben beginnt, wenn alle dabei zusehen.

336 Seiten
Preis: 19,99 € (D)
ISBN 978-3-86882-238-0

Portia de Rossi
DAS SCHWERE LOS DER LEICHTIGKEIT
Vom Kampf mit dem eigenen Körper

Portia de Rossi wog nur noch 38 Kilogramm, als sie am Set einer Hollywood-Produktion zusammenbrach. Nach außen hin war sie blond, schlank und schön, glamourös und erfolgreich. Doch innerlich war sie fast tot. Sie beschreibt unaufgeregt und eindringlich, wie der Druck Hollywoods, dünn zu sein, in Kombination mit ihrer geheim gehaltenen Homosexualität dazu führte, dass sie sich in ihrer Haut nie wohlfühlte und immer tiefer in die Magersucht hineinrutschte.

Das Abnehmen wurde für sie zur einzigen Möglichkeit, Macht und Kontrolle über ihr Leben zu haben, bis es zu einer Krankheit wurde, die sie beinahe tötete und ihre Familie zerstörte. In ungewöhnlich offenen, mutigen Worten erzählt de Rossi mit erzählerischem Feingefühl ihre Geschichte und lässt uns tief in ihre Seele und ihr Leben als Hollywoodstar blicken. Sie lässt uns die verquere Logik ihres täglichen Strebens nach Perfektion verstehen und die Anstrengung wertschätzen, die sie zur Überwindung ihrer Probleme aufwenden musste. Eine erschreckende und zugleich hoffnungsvolle Geschichte für alle, die auf Kriegsfuß mit sich selbst oder ihrem Körper stehen.

Wenn Sie **Interesse** an **unseren Büchern** haben,

z. B. als Geschenk für Ihre Kundenbindungsprojekte, fordern Sie unsere attraktiven Sonderkonditionen an.

Weitere Informationen erhalten Sie von unserem Vertriebsteam unter +49 89 651285-154

oder schreiben Sie uns per E-Mail an:
vertrieb@mvg-verlag.de

mvgverlag